Der Wein erfreut des Menschen Herz

En souvenir
des dégustations
que nous avons
faites ensemble

[illegible]

12.12.74

Herbert de Bary

Der Wein

erfreut
des Menschen Herz

SÜDWEST VERLAG MÜNCHEN

ISBN 3 517 00480 4
Umschlagfoto: Christian Teubner, Füssen
Illustrationen und Karten: Gudrun und Adrian Cornford
Layout: Hans-Peter Piehl
Gesamtherstellung: Welsermühl, Wels/Österreich

Inhalt

Ergo bibamus

Die elf bekanntesten Anbaugebiete der Bundesrepublik 92

Weinatlas 112

Die dreizehn weinbautreibenden Länder Europas 113

Die sechzehn außereuropäischen weinbautreibenden Länder 163

Einleitung

Wir wenden uns an alle Einsichtigen, die offen zugeben, noch nicht alles über den Wein zu wissen, obwohl sie gern zu den Weinkennern, zu dem auserwählten Kreis der »connaisseurs«, gerechnet werden möchten!
Schon die alten Griechen und Römer meinten zu Recht, der Wein erfreue des Menschen Herz. Er macht unbeschwert und beredt. Der Mensch genießt die Mahlzeit doppelt, wenn der rechte Wein dabei Pate steht. Das Essen mundet dann besser; und wird man nach dem ersten Schluck seine Alltagssorgen los, dann schließen sich die Sinne auf.
So hat das Weintrinken, das bis 1933 einer kleinen Schicht vorbehalten war und damals bei vier Litern pro Kopf der deutschen Bevölkerung lag, stark zugenommen. Wein ist im Begriff, zum Volksgetränk zu werden. Hier ist eine aufschlußreiche Vergleichstabelle des Weinverbrauchs pro Kopf und Jahr in

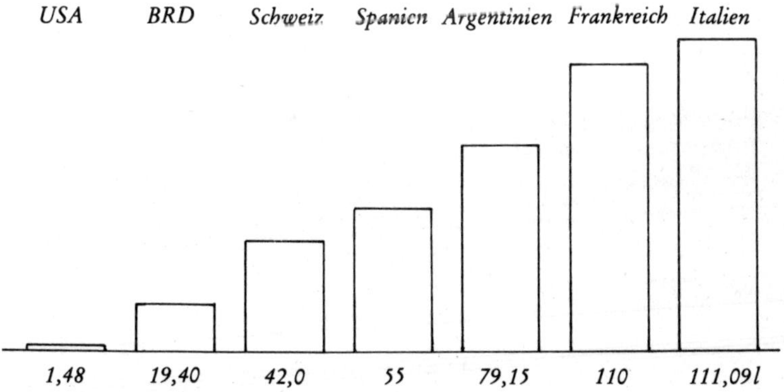

Dem deutschen Mehrverbrauch in den letzten vierzig Jahren steht eine erheblich gestiegene Traubenernte gegenüber. Teils wurde die Anbaufläche vergrößert, teils wurde durch geeignete Trauben-Neuzüchtungen emsiger Winzer und Forscher die geerntete Menge bis auf 10 Millionen Hektoliter (1 Milliarde Liter) in außergewöhnlich ertragreichen Jahren erhöht. Da 1,2 Milliarden Liter im Inland konsumiert werden und der Ertrag unserer normalen Durchschnittsernte bei etwas über der Hälfte liegt, muß eine beträchtliche Weinmenge Jahr für Jahr importiert werden. Weil die großen europäischen weinbautreibenden Länder etwa zehnmal mehr ernten als wir, kommen wir meist recht preiswert an deren Konsumweine heran – preiswerter als wir selbst Wein erzeugen können auf unseren vielfach terrassierten Parzellen an Rhein und Mosel.

Durch das vorliegende Buch soll der Leser an die Quellen der modernen Kennerschaft wieder herangeführt werden. Noch unsere Urgroßeltern mieden den Genuß von Brunnenwasser, weil dies häufig der Anlaß für schwere Krankheiten war. So stand in früherer Zeit auf den Ämtern der Stadt Frankfurt, wie alte Chroniken zu berichten wissen, ein Weinkrug, aus dem jeder kostenlos seinen Durst löschen durfte. Ja, das waren noch Zeiten!

Überdies galt das Gebot: Wer Wein anders machte, als Gott ihn geschaffen hat, dem wurden mitten auf dem Markt die Fässer in Stücke geschlagen, so daß der verfälschte Inhalt in die Gosse floß. Damals war Wein ein volkstümliches Getränk, jeder verstand etwas davon, war mit den Fachworten vertraut, konnte selbständig urteilen und mißachtete den eigennützigen, gewinnsüchtigen Pantscher, den Schmierer, den Weinverfälscher.

Allerdings war der Wein in diesen zurückliegenden Zeiten nicht so verfeinert wie heute. Die Trauben wurden im gemischten Satz (d. h. ohne Unterschied der verschiedenen Rebsorten) angebaut und gelesen, und man ließ sie im großen und ganzen durchgären. Das Ergebnis war dementsprechend ein meist harter, oft knochenharter, trockener, durststillender, leicht säuerlicher Wein, der manchen unsauberen, anstößigen Mikroben- oder Stallgeschmack an sich haben mochte.

Daher hatten, von einigen Ausnahmen feiner Herrschafts- und Schloßabzüge abgesehen, die Weine eher Landweincharakter und blieben hauptsächlich ein durstlöschendes Anregungsmittel. Sie waren kein Genußmittel mit so differenzierten Geschmacksnuancen und edlen, ausgeklügelten Eigenschaften wie heute.

Es war die Rheingauer Weinaristokratie, der Fürst Metternich, die Grafen Matuschka-Greiffenclau, die Barone Langwerth von Simmern, von Eltz, Ritter und Edler v. Oetinger, Ritter zu Groenesteyn und wie sie alle hießen, die am deutschen Wein die ersten Verfeinerungen vornahmen. Sie belieferten die Höfe und den Hochadel. In diesen Kreisen genügte der nur durststillende Landwein wahrlich nicht. Dort wurde zu allen Zeiten höchste Qualität verlangt.

Im Rheingau wurden auf dem Johannisberg durch einen Zufall die ersten Spätlesen bereitet. Der Bote, der in dem berühmten Weinjahr 1783 von der Abtei Fulda kam, um im Auftrag des Besitzers der Weinberge den Lesebeginn anzukündigen – denn vorher durfte nicht geerntet werden –, hatte sich verspätet. Dieser Anlaß ergab die ersten unfreiwilligen spätgelesenen Weine.

Langsam färbte der neue Stil mit verfeinerter Trinkgewohnheit auf benachbarte Gebiete ab und wurde schließlich vom Moselgebiet aufgegriffen: der Moselwein war bis zur Jahrhundertwende ein schlichter Landwein. Aus dunkelgrünen Gläsern wurde er getrunken, damit man nicht auf seine Trübung aufmerksam wurde. Zudem war es schwierig, an die Mosel zu gelangen. Man mußte das »Saufbähnchen« benutzen. Da ging's immer lustig zu! Auch manch vergessen geglaubter Streit wurde dort beim Wein ausgefochten. Rückblickend muß man sagen; die klugen und emsigen Moselaner haben es sehr weit gebracht und bereiten heute ein duftiges Gewebe »gewoben aus Blüten«. Und die dortige Winzerschaft stellt die tauglichsten und schlausten Weinkontrolleure.

Dank der modernen Technik kommt immer Überraschenderes auf den Tisch, und manchem Feinschmecker läuft dabei das Wasser im Mund zusammen!

Wie der Weinstock zu uns kam

Es wird angenommen, daß in den Gegenden südlich vom Kaspischen Meer, am Ursitz des semitischen Stammes, wo man die Heimat des Weinstockes zu suchen hat, zuerst Wein bereitet worden ist. Von dort her begleitete der Wein die sich ausbreitenden semitischen Stämme an den unteren Euphrat und in die Wüsten und Paradiese des Südwestens. Aus Syrien ging die Weinkultur über ganz Kleinasien und drang von Norden her auf die griechische Halbinsel vor. Der ältere Mettrank wurde verdrängt. Auch der phönizische Handel trug das Seine dazu bei, die Weinkultur zu verbreiten. Bereits zu Homers Zeiten galt der Weinstock als eine natürliche Gabe des Landes, als ein Geschenk des Zeus für den Dionysos. Nach der Überlieferung wurde der Weinstock in Ägypten schon zu Zeiten des Pyramidenbaues kultiviert. Man unterschied bereits verschiedene Sorten nach Geschmack und Farbe und genoß den Wein bei vielen Gelegenheiten. In Griechenland scheint sich der Weinbau von Thrakien her nach Süden verbreitet zu haben; von den Inseln des Ägäischen Meeres kam er nach Kreta, einem alten Mittelpunkt phönizischer Ansiedlungen, dann nach Naxos und von dort breitete er sich weiter aus. Berühmt waren in jener Zeit Weine von Ikaros und Lesbos. Um 550 vor unserer Zeitrechnung kannten die Karthager bereits die Bereitung von Ausbruchwein. Nach uralter Sitte machte man den Wein durch Zusatz von Terpentin (Harz) haltbar; später brachten die griechischen Seefahrer den Wein nach Italien.
Wie wir wissen, opferte Romulus den Göttern noch Milch; Numa Pompilius verbot, für die Toten Wein auf den Holzstoß zu sprengen. Der älteste Weinbau Italiens erfolgte in Kampanien. Bald darauf gelangte er an die Pomündung. Berühmtheit erlangten auch die vina raetica, d.h. die heutigen Tiroler und Veltiner Weine, welche nach Vergil nur noch von dem Falerner übertroffen werden. In den späteren Zeiten der Republik war Italien ein Weinland geworden, welches Wein ausführte, Getreide aber importierte. Die berühmtesten italienischen Weine waren damals: Falerner, Setiner, Messaliner, Calener und Sorrentiner, alle in Kampanien. Nach Gallien kam der Weinbau etwa 600 vor unserer Zeitrechnung. Cäsar fand vortreffliche Weingärten in Gallia Narbonensis vor. Man kannte damals bereits die Trauben der Bituriger (Bordelais). Ausonius rühmt die Weine der Medulli (Médoc), Plinius den avernischen (Auvergne), den helvetischen und den

bäternanischen (Frontignac). Zugunsten Italiens ließ Domitian die Hälfte der gallischen Weinberge zerstören. Probus hob dieses Verbot wieder auf, und Aurelian bepflanzte die Côte d'Or mit Reben. Daher rührt die Bezeichnung Romannée. Damals wurde der Wein in Ziegenbockbälgen aufbewahrt, die aus einem Stück bestanden und mit Pech ausgeschwenkt waren, oder in tönernen Gefäßen (Amphoren).
Es waren die Gallier, die die ersten hölzernen Fässer gebunden haben. Karl der Große besaß Weinberge in Burgund, woran noch heute die Bezeichnung Charlemagne erinnert. Während der Zeit der Kreuzzüge brachten französische Edelleute ungarische, griechische und syrische Reben in ihre Heimat zurück. Spaniens Weinbau stammte von den Phokäern; nach Plinius war der hispanische Wein in Rom sehr beliebt. Im 16. Jahrhundert wurde die Rebe von Peter Simon vom Rhein nach Malaga gebracht. Madeira wurde 1481 von Heinrich dem Seefahrer mit Reben aus Kreta und Zypern bepflanzt.
Nach Deutschland gelangte die Rebe aus Gallien; gallische und hispanische Legionen am Rhein bauten die Rebe an. An der Mosel aber blühte damals schon der Weinbau und lieferte ein Erzeugnis, welches Ausonius mit dem italienischen Wein verglich. Unter Karolingern und Hohenstaufen verbreitete sich der deutsche Weinbau namentlich auch nach Norden; der Dreißigjährige Krieg und späterhin die Verbesserung der Verkehrsmittel zogen die Grenzen wieder enger. Der strenge Winter von 1437 vernichtete alle Weingärten an der Weichsel, und es wird ausdrücklich berichtet, daß sie nicht wieder angepflanzt worden seien.
Den fränkischen Weinbau begründeten Herzog Priamus und die heilige Adelheid 745. Österreichs Weinbau ist ebenso alt wie der rheinische; der böhmische wurde seit dem 9. Jahrhundert betrieben. Im Jahre 870 pflanzte Ludmilla, die Gemahlin des Herzogs Borivoy, mährische Trauben bei Melnik an. Tiroler Wein aus Glanich und Leitach waren nach Vergil ein Lieblingsgetränk des Kaisers Augustus. Der Kaiser Probus brachte griechische Reben bis an den Fuß der Karpaten. Die Tokajer Weine erhielten ihre volle Berühmtheit am Ende des 15. Jahrhunderts, insbesondere jedoch seit 1560, als man anfing, Ausbruch zu bereiten.
In Südafrika, am Kap, begründeten Hugenotten 1685 den Weinbau. In Nordamerika schlug 1620 der erste Versuch, aus der wilden Rebe Virginias Wein zu bereiten, fehl. Zu Anfang des 19. Jahrhunderts versuchten sich Schweizer Kolonisten im Rotweinbau, doch faßte der Weinstock erst seit

1821 festeren Fuß. Zunächst entwickelte er sich am günstigsten in Ohio, bis schließlich ab 1880 Kalifornien den größten Vorsprung erzielte. China kannte den Wein bereits 2000 Jahre v. Chr., doch anscheinend zunächst nur bei religiösen Opfern. Später wurde die Bereitung und Verwendung untersagt, und die Weingärten mußten vernichtet werden. In Japan soll Traubenanbau betrieben worden sein, doch wurde kein Wein daraus gekeltert. 1880 begründete die Regierung eine Versuchsanpflanzung mit französischen, deutschen und österreichischen Musterreben.

Der Wein in der Bibel

Die Bibel enthält, wie wir im folgenden nachlesen können, zahlreiche Anspielungen und Gleichnisse den Wein betreffend. Bemerkenswert ist, daß der Wein seit zweitausend Jahren ein Symbol darstellt für das Blut Christi. Sehen wir uns doch die einzelnen Stellen der Bibel an, in denen von Wein, Weinstock oder Weintreter*) die Rede ist. Neben den gleichnishaften Hintergründen, neben den Symbolen dafür, interessiert uns, welche Rolle der Wein im Alltag der Menschen damals spielte – wie nahe er ihnen stand. Außer ein paar sachverständigen Weinliebhabern würde heute niemand darauf kommen, Wein oder Weinstock zur Erläuterung eines Vergleichs heranzuziehen. Der moderne Mensch würde eher einen Vergleich ziehen zwischen dem Alter des Weins und dem des Menschen; geläufiger ist vielmehr der Vergleich von Wein und Weiblichkeit. Jedenfalls können wir aus

*) Bis zur Jahrhundertwende und in manchen Gegenden selbst darüber hinaus wurden die geernteten Trauben in größeren Kufen barfuß oder mit plumpen hölzernen oder groben ledernen Stiefeln bekleideten Füßen zerquetscht. Die Landarbeiter, die diese Tätigkeit verrichteten, nannte man Weintreter. Sie gehörten einer eigenen Berufsgruppe an. Es müssen fröhliche Gesellen gewesen sein, denn sie faßten sich häufig an den Händen an und sangen dabei volkstümliche Lieder. Die Arbeit erforderte viel Muskelkraft, und die Aufgabe der Weintreter war es, eine hohe Ausbeute von Most bzw. Maische (60 bis 80 %) zu erreichen. Der Verfasser hat vor wenigen Jahren bei einem Volksfest in Jerez de la Frontera (Spanien) noch Weintreter in bunter Kleidung in die Bütte steigen sehen. Sie hatten Stiefel an, aus deren Sohle kräftige Nägel herausstachen, um die Trauben besser vermaischen zu können. Auch sie stampften lustig singend in dem Traubenbrei herum. Die Zuschauer gaben ihnen den Spitznamen »picadores«, wie die reitenden Kämpfer bei den spanischen Stierkämpfen genannt werden.

jenen Stellen der Bibel, die den Wein anführen, ersehen, welche Bedeutung er im täglichen Leben einnahm bei Anbau, Ernte (Lese) und als Getränk im allgemeinen:

1. MOSE 9, 20–21: Noah aber, der Ackermann, pflanzte als erster einen Weinberg. Und da er von dem Wein trank, ward er trunken, und lag im Zelt aufgedeckt;
1. MOSE 14, 18: Aber Melchisedek, der König von Salem, trug Brot und Wein heraus. Und er war ein Priester Gottes des Höchsten;
1. MOSE 19, 31–33: Da sprach die Älteste zu der Jüngeren: Unser Vater ist alt, und kein Mann ist mehr im Lande, der zu uns eingehen könnte nach aller Welt Weise. So komm, laß uns unserm Vater Wein zu trinken geben und uns zu ihm legen, daß wir uns Nachkommen schaffen von unserem Vater;
1. MOSE 27, 28: Gott gebe dir vom Tau des Himmels und von der Fettigkeit der Erde und Korn und Wein die Fülle;
1. MOSE 40, 9–10: Da erzählte der oberste Schenk seinen Traum und sprach zu Joseph: Mir hat geträumt, daß ein Weinstock vor mir wäre, der hatte drei Reben, und er grünte, wuchs und blühte, und seine Trauben wurden reif;
5. MOSE 28, 39: Weinberge wirst du pflanzen und bauen, aber weder Wein trinken noch Trauben lesen; denn die Würmer werden's verzehren;
RICHTER 9, 12–13: da sprachen die Bäume zum Weinstock: Komm du, und sei unser König! Aber der Weinstock sprach zu ihnen: Soll ich meinen Wein lassen, der Götter und Menschen fröhlich macht, und hingehen, über den Bäumen zu schweben?
RICHTER 13, 4–5: so hüte dich nun, Wein oder starke Getränke zu trinken und Unreines zu essen; denn du wirst schwanger werden und einen Sohn gebären;
1. KÖNIGE 5, 5: so daß Juda und Israel sicher wohnten, jeder unter seinem Weinstock und unter seinem Feigenbaum;
2. KÖNIGE 18, 31: hört nicht auf Hiskia! Denn so spricht der König von Assyrien: Schließt Freundschaft mit mir und kommt zu mir heraus, so soll jedermann von seinem Weinstock und seinem Feigenbaum essen und von seinem Brunnen trinken;
HIOB 32, 19: siehe, mein Inneres ist wie der Most, den man nicht herausläßt und der die neuen Schläuche zerreißt;
PSALM 4, 8: du erfreust mein Herz, ob jene auch viel Wein und Korn haben.
PSALM 80, 9–10: du hast einen Weinstock aus Ägypten geholt, hast vertrie-

ben die Völker und ihn eingepflanzt. Du hast vor ihm Raum gemacht und hast ihn lassen einwurzeln, daß er das Land erfüllt hat;
PSALM 104, 14–15: du lässest Gras wachsen für das Vieh und Saat zu Nutz den Menschen, daß du Brot aus der Erde hervorbringst, daß der Wein erfreue des Menschen Herz und sein Antlitz schön werde vom Öl und das Brot des Menschen Herz stärke;
PSALM 105, 32–33: Er gab ihnen Hagel statt Regen, Feuerflammen in ihrem Lande und schlug ihre Weinstöcke und Feigenbäume und zerbrach die Bäume in ihrem Gebiet;
PSALM 128, 3: dein Weib wird sein wie ein fruchtbarer Weinstock drinnen in deinem Hause, deine Kinder wie junge Ölbäume um deinen Tisch her;
SPRÜCHE 20, 1: der Wein macht Spötter, und starkes Getränk macht wild; wer davon taumelt, wird niemals weise;
SPRÜCHE 21, 17: wer gern in Freuden lebt, wird Mangel haben; und wer Wein und Salböl liebt, wird nicht reich;
SPRÜCHE 23, 30–35: wo man lange beim Wein sitzt und kommt, auszusaufen, was eingeschenkt ist. Sieh den Wein nicht an, wie er so rot ist, und im Glase so schön steht. Er geht glatt ein, aber danach beißt er wie eine Schlange und sticht wie eine Otter. Da werden deine Augen seltsame Dinge sehen und dein Herz wird Verkehrtes reden, und du wirst sein wie einer, der auf hoher See sich schlafen legt, und wie einer, der oben im Mastkorb liegt. Sie schlugen mich, aber es tat mir nicht weh; sie prügelten mich, aber ich fühlte es nicht. Wann werde ich aufwachen? Dann will ich's wieder so treiben;
SPRÜCHE 31, 4: nicht den Königen, Lemuel, ziemt es, Wein zu trinken, nicht den Königen, noch den Fürsten starkes Getränk! Sie könnten beim Trinken des Rechts vergessen und verdrehen die Sache aller elenden Leute. Gebt starkes Getränk denen, die am Umkommen sind und Wein den betrübten Seelen.
PREDIGER SALOMO 9, 7: so geh hin und iß dein Brot mit Freuden, trink deinen Wein mit gutem Mut; denn dieses dein Tun hat Gott schon längst gefallen;
PREDIGER SALOMO 10, 18–19: durch Faulheit sinken die Balken, und durch lässige Hände tropft es im Haus. Man hält Mahlzeiten, um zu lachen, und der Wein erfreut das Leben, und das Geld muß alles zuwege bringen;
HOHELIED SALOMOS 1, 2: er küsse mich mit dem Kusse seines Mundes; denn deine Liebe ist lieblicher als Wein;

HOHELIED SALOMOS 2, 11–13: denn siehe, der Winter ist vergangen, der Regen ist vorbei und dahin. Die Blumen sind aufgegangen im Lande, der Lenz ist herbeigekommen, und die Turteltaube läßt sich hören in unserm Lande. Der Feigenbaum hat Knoten gewonnen, und die Reben duften mit ihren Blüten. Steh auf, meine Freundin, und komm, meine Schöne, komm her;
HOHELIED SALOMOS 8, 2: ich wollte dich führen und in meiner Mutter Haus bringen, in die Kammer derer, die mich gebar. Da wollte ich dich tränken mit gewürztem Wein und mit dem Most meiner Granatäpfel;
JESAJA 5, 1–7: wohlan, ich will meinem lieben Freunde singen, ein Lied von meinem Freunde und seinem Weinberg. Mein Freund hatte einen Weinberg auf einer fetten Höhe. Und er grub ihn um und entsteinte ihn und pflanzte darin edle Reben. Er baute auch einen Turm darin und grub eine Kelter und wartete darauf, daß er gute Trauben brächte; aber er brachte schlechte. Nun richtet, ihr Bürger zu Jerusalem und ihr Männer Judas, zwischen mir und meinem Weinberg! Was sollte man noch mehr tun an meinem Weinberg, das ich nicht getan habe an ihm? Warum hat er denn schlechte Trauben gebracht, während ich darauf wartete, daß er gute brächte? Wohlan, ich will euch zeigen, was ich mit meinem Weinberg tun will! Sein Zaum soll weggenommen werden, daß er verwüstet werde, und seine Mauer soll eingerissen werden, daß er zertreten werde. Ich will ihn wüst liegen lassen, daß er nicht beschnitten noch gehackt werde, sondern Disteln und Dornen darauf wachsen, und will den Wolken gebieten, daß sie nicht darauf regnen;
JESAJA 5, 11–12: weh denen, die des Morgens früh auf sind, dem Saufen nachzugehen, und sitzen bis in die Nacht, daß sie der Wein erhitzt, und haben Harfen, Zittern, Pauken, Pfeifen und Wein in ihrem Wohlleben, aber sehen nicht auf das Werk des Herrn und schauen nicht auf das Tun seiner Hände;
JESAJA 55, 1: wohlan, alle, die ihr durstig seid, kommt her zum Wasser! Und die ihr kein Geld habt, kommt her, kauft und eßt! Kommt her und kauft ohne Geld umsonst Wein und Milch;
JESAJA 56, 12: kommt her, ich will Wein holen, wir wollen uns vollsaufen, und soll morgen sein wie heute und noch viel herrlicher;
JESAJA 63, 2: warum ist denn dein Kleid so rotfarben und dein Kleid wie das eines Keltertreters?*)

---

*) Aus der geschichtlichen Überlieferung ist zu entnehmen, daß in der Antike und auch im späten Mittelalter Rotweinanbau vorherrschend gewesen sein muß

JEREMIA 6, 9: so spricht der Herr Zebaoth: Halte Nachlese am Rest Israels wie am Weinstock, strecke deine Hand immer wieder aus wie ein Winzer nach den Reben;
JEREMIA 25, 15–16: denn so sprach zu mir der Herr, der Gott Israels: Nimm diesen Becher mit dem Wein meines Zorns aus meiner Hand und laß daraus trinken alle Völker, zu denen ich dich sende, daß sie trinken, taumeln und toll werden vor dem Schwert, das ich unter sie schicken will;
JEREMIA 25, 30: und du sollst ihnen alle diese Worte weissagen und zu ihnen sprechen: Der Herr wird brüllen aus der Höhe und seinen Donner hören lassen aus seiner heiligen Wohnung. Er wird brüllen über seine Fluren hin; wie einer, der die Kelter tritt, wird er seinen Ruf erschallen lassen über alle Bewohner der Erde hin;
JEREMIA 35, 5: und ich setzte den Männern vom Hause Rechah Krüge voll Wein und Schalen vor und sprach zu ihnen: Trinkt Wein;
JEREMIA 51, 7: ein goldener Kelch, der alle Welt trunken gemacht hat, war Babel in der Hand des Herrn. Alle Völker haben von seinem Wein getrunken; darum sind die Völker so toll geworden;
HOSEA 14, 6–8: ich will für Israel wie ein Tau sein, daß es blühen soll wie eine Lilie, und seine Wurzeln sollen ausschlagen wie eine Linde und seine Zweige sich ausbreiten, daß es so schön sei wie ein Ölbaum und so guten Geruch gebe wie die Linde. Und sie sollen wieder unter meinem Schatten sitzen; von Korn sollen sie sich nähren und blühen wie ein Weinstock. Man soll sie rühmen wie den Wein vom Libanon;
JOEL 2, 22: fürchtet euch nicht, ihr Tiere auf dem Felde; denn die Auen in der Steppe sollen grünen, und die Bäume ihre Früchte bringen, und die Feigenbäume und Weinstöcke sollen reichlich tragen;
AMOS 2, 12: aber ihr gebt den Gottgeweihten Wein zu trinken und gebietet den Propheten und sprecht: Ihr sollt nicht weissagen;
MICHA 1, 6: und ich will Samaria zu Steinhaufen im Felde machen, die man für Weinberge nimmt;
MICHA 7, 1: ach, es geht mir wie einem, der Obst pflücken will, der im Weinberge Nachlese hält, da man keine Trauben findet zu essen, und ich wollte doch gerne die besten Früchte haben;
MATTHÄUS 21, 33–41: höret ein anderes Gleichnis: Es war ein Hausvater, der pflanzte einen Weinberg und führte einen Zaun darum und grub eine Kelter darin und baute einen Turm und gab ihn an Weingärtner in Pacht und zog außer Landes. Da nun herbeikam die Zeit der Früchte, sandte er seine

Knechte zu den Weingärtnern, daß sie seine Früchte empfingen. Da nahmen die Weingärtner seine Knechte; einen schlugen sie, den andern töteten sie, den dritten steinigten sie. Abermals sandte er andere Knechte, mehr als das erste Mal; und sie taten ihnen also. Zuletzt sandte er seinen Sohn zu ihnen und sprach: Sie werden sich vor meinem Sohn scheuen. Da aber die Weingärtner den Sohn sahen, sprachen sie untereinander: Das ist der Erbe, kommt, laßt uns ihn töten und sein Erbgut an uns bringen! Und sie nahmen ihn und stießen ihn zum Weinberge hinaus und töteten ihn. Wenn nun der Herr des Weinberges kommen wird, was wird er diesen Weingärtnern tun? Sie sprachen zu ihm: Er wird die Bösewichte übel umbringen und seinen Weinberg an andere Weingärtner vergeben, die ihm die Früchte zu rechter Zeit geben;
MARKUS 2, 22: und niemand füllt jungen Wein in alte Schläuche; sonst zerreißt der junge Wein die Schläuche, und der Wein kommt um samt den Schläuchen; sondern man soll jungen Wein in neue Schläuche füllen;
LUKAS 10, 33–34: ein Samariter aber reiste und kam dahin; und da er ihn sah, jammerte ihn sein, ging zu ihm, goß Öl und Wein auf seine Wunden, und verband sie ihm und hob ihn auf sein Tier und führte ihn in eine Herberge und pflegte sein;
JOHANNES 2, 2–3: Jesus aber und seine Jünger wurden auch auf die Hochzeit geladen. Und da es an Wein gebrach, spricht die Mutter Jesu zu ihm: Sie haben nicht Wein;
JOHANNES 15, 1–5: Ich bin der rechte Weinstock, und mein Vater der Weingärtner. Eine jegliche Rebe an mir, die nicht Frucht bringt, wird er wegnehmen; und eine jegliche, die da Frucht bringt, wird er reinigen, daß sie mehr Frucht bringe. Ihr seid schon rein um des Wortes willen, das ich zu euch geredet habe. Bleibet in mir und ich in euch. Gleichwie die Rebe kann keine Frucht bringen von sich selber, sie bleibe denn am Weinstock, so auch ihr nicht, ihr bleibet denn in mir. Ich bin der Weinstock, ihr seid die Reben. Wer in mir bleibt und ich in ihm, der bringt viel Frucht: denn ohne mich könnt ihr nichts tun;
1. TIMOTHEUS 5, 23: trinke nicht mehr nur Wasser, sondern brauche ein wenig Wein um deines Magens willen, weil du oft krank bist;
OFFENBARUNG 14, 17–20: und ein andrer Engel kam aus dem Tempel im Himmel, der hatte auch ein scharfes Winzermesser. Und ein andrer Engel kam vom Altar, der hatte Macht über das Feuer und rief mit großer Stimme zu dem, der das scharfe Messer hatte und sprach: Schlag an mit deinem

scharfen Winzermesser und schneide die Trauben am Weinstock der Erde, denn seine Beeren sind reif!

Der Orientale ehrt das Wasser. Überall sind Wasser und Brot unentbehrlich. Der Weinstock gehört zu den für Palästina charakteristischen Gewächsen. Daher war der Genuß von Wein den Israeliten von jeher vertraut. Der Wein gehörte als Freudenbringer zum Fest, doch die Alten verwendeten ihn auch in der Behandlung von Wunden. Eine Verdünnung mit Wasser wie sie unter griechischem Einfluß in der Makkabäerzeit aufkam, wird von Prophet Jesaja verworfen. In biblischer Zeit wurde aus Wein auch Essig bereitet. Erntearbeiter und römische Legionäre tunkten ihr Brot hinein; andere arme Bevölkerungsschichten vermischten Wasser mit Essig, um sich zu erfrischen. Wie der Bibel zu entnehmen ist, lebte während der Weinlese die ganze Familie im Weinberg: eine Freudenzeit. Die Freude trat besonders zutage während des Zertretens der abgeschnittenen Trauben in der Kelter; der süße Saft floß durch Rinnen, die aus dem Fels herausgehauen waren in Kufen, um sich darin zu klären. Danach wurde er in Krügen, Schläuchen oder Ziegenbälgen aufbewahrt. Nachdem er lange genug auf der Hefe gelegen hatte (in der Bibel ein Bild für ungestörte Ruhe), wurde er in andere Behälter gefüllt (abgestochen) und hierbei umsichtig geseiht*) und von der Hefe geschieden. Auch das Einkochen des Traubenmostes zu sirupartigem Traubenhonig war bekannt. Danach wird verständlich, wenn Palästina als das Land gerühmt wird, in dem »Milch und Honig fließen«. In 4. Mose 13, 27 zeigen die Kundschafter als Beweis dafür nicht eine Wabe, sondern eine Traube.
Doch auch die Juden hielten den Wein immer in Ehren. Sie achteten ihn, so daß er dem Talmud zufolge eines der acht Elemente ist, aus dem sich unser Organismus zusammensetzt; zudem erfrischt er den Geist, erwärmt das Herz, regt den Appetit an, heilt eitrige Wunden, ist die Milch der Greise, und der Rabbiner befeuchtete damit die Lippen seiner Neophyten.
Der Islam will zwar im irdischen Leben vom Wein nichts wissen; trotzdem erwähnt ihn der Koran mehrere Male. Die im Koran gegebenen Trinkverbote sind jedoch keineswegs ein Hindernis, ein Paradies zu versprechen, in dem der Wein in Strömen fließt ...

---

*) In Südtirol fließt der Lagreinkretzer noch heute durch die »Kretze«, den Seihkorb, womit verhindert wird, daß Trub und Tresterbestandteile in den Wein gelangen

Die Sage erzählt, daß der Rebschnitt, von dem bekanntlich Menge und Güte des Weines abhängen, auf einen Esel zurückzuführen sei. Das gefräßige Grautier vergnügte sich nämlich damit, bald den einen, bald den anderen jungen Trieb der damals noch wild wachsenden Trauben anzuknabbern. Dadurch tat er die Bedeutung des Rebschnitts kund, ohne es zu wollen und zu wissen. Die ganze Geschichte der Menschheit kennt den Wein. Immer spricht sie ihm, je nach seiner Herkunft, besondere Eigenschaften zu. Die Bezeichnung des Weins nach seiner Herkunft ist uralt. Schon die Pharaonen kannten Weine von unterschiedlicher Herkunft und Art. Fünf Weinsorten seien auf dem Gabentisch des Königs Pepi II., der vor dreitausendfünfhundert Jahren vor unserer Zeitrechnung in Memphis herrschte, vorhanden gewesen: der Wein vom Delta, der von Pelusium, der von Letopolis, Rotwein und Weißwein. Vor Beginn unserer Zeitrechnung war an dem Giebel eines persischen Königspalastes die Inschrift zu Ehren des Weins eingemeißelt: »Der Wein ist nahrhaft, theologisch und vertreibt die Würmer.«

Rebsortenkunde (Ampelographie)

1. Deutsche Weißweinsorten

Riesling

Der deutsche Wein verdankt seinen weltweiten guten Ruf innerhalb der anderen europäischen Weine vorzugsweise der Rieslingrebe. Es ist die Traubensorte, die überwiegend an der Mosel, der Saar und der Ruwer, im Rheingau, am Mittelrhein, an der Nahe und in der Pfalz angebaut wird. Für die Rieslingweine ist ein edles, anhaltendes Bukett, eine rassige Säure und eine lange Zeit der Lagerfähigkeit charakteristisch. Die Riesling-Auslesen, -Beerenauslesen und -Trockenbeerenauslesen aus den besten Lagen stehen an der Spitze der deutschen Prädikatsweine. In Baden finden wir den Riesling um Bühl und teilweise in der rebenumkränzten Ortenau, wo er unter der Bezeichnung »Klingelberger« bekannt ist. Zur Unterscheidung des echten Riesling von anderen Spielarten wird er im Ausland oft Rheinriesling im Gegensatz zum Welsch-Riesling bezeichnet.

Silvaner

Die Silvanerrebe, auch nach der Herkunft »Österreicher« genannt, gelangte im 17. Jahrhundert nach Franken. Oft wird sie als Frankensilvaner bezeichnet. Nahezu die Hälfte des fränkischen Weinbaugebietes stützt sich auf den Silvaner. In Rheinhessen ist er sehr verbreitet. Er bringt sichere Erträge. Die Weine sind bukettneutral, je nach der Lage kräftig bis breit; es sind süffige Weine von weicherer Art mit einem angemessenen Verhältnis von Alkohol und Säure.

Müller-Thurgau

Diese Sorte wurde 1883 von Professor Müller-Thurgau in Geisenheim (Rhein) gezüchtet. Irreführenderweise wird sie mitunter als »Riesling × Silvaner« bezeichnet. An Klima und Boden stellt sie verhältnismäßig geringe Ansprüche. Es ist eine frühreife Rebsorte mit sicheren und hohen Erträgen, woraus sich ihre zunehmende Verbreitung erklärt. Die Weine zeichnen sich durch ein besonderes, für den Kenner leicht erkennbares Sortenbukett aus und sind infolge ihrer geringen Säure mild und daher dem Klima der Bundesrepublik besonders angepaßt. Der Müller-Thurgau erfreut sich zunehmender Beliebtheit, obwohl er zeitiger getrunken werden soll. Thurgau ist der Mädchenname der Mutter des Züchters. In allen Weinbaugebieten der Bundesrepublik treffen wir diese Traubensorte an. Auf den Keuperböden des Steigerwaldes bringt sie reife, elegante, fruchtige Weine.

Gutedel *(im Ausland Chasselas, in der Schweiz Fendant)*

Zugleich beste Tafeltraube ist sie typisch für das badische Anbaugebiet und wird südlich von Freiburg bis zum Rheinknie nahezu in reinem Satz angepflanzt. Sie liefert milde Weine mit mittlerem Alkoholgehalt von angenehmer Art und zartem Bukett. Nach der Herkunft wird Gutedelwein auch vielfach dort Markgräfler genannt.

Ruländer *(Synonyme Grauer Burgunder, Pinot gris)*

Es handelt sich um eine klimatisch empfindsame Traubensorte; sie hat ihren Namen von einem Kaufmann Ruland aus Speyer, der sie zu Anfang des 18. Jahrhunderts nach Deutschland eingeführt haben soll. Die Ruländertraube reift mittelfrüh, erreicht deshalb in den meisten Jahren hohen Zuckergehalt und liefert volle Weine; der Säuregehalt ist allerdings gering. Hauptanbaugebiete sind in Burgund, im Elsaß, in der Pfalz und am Kaiserstuhl. In der Champagne bilden die Weine des grauen Burgunders den Grundstock für den weltberühmten Champagner.

Traminer

Die Traminerrebe tritt zwar mengenmäßig zurück, bedingt durch ihre Anfälligkeit gegen bestimmte Krankheiten, doch steht ihre Qualität mit Ruländer und Riesling an erster Stelle, besonders in den badischen Gewächsen. In der Ortenau als »Clevner« bekannt, gibt die Traminerrebe körper- und bukettreiche Weine mit mäßiger Säure.

Gewürztraminer

Es ist die älteste Rebsorte des deutschen Weinbaugebietes. Ihr Alter wird auf tausendfünfhundert Jahre geschätzt. Die Weine dieser Gewürzsorte sind ausgesprochene Liebhaberweine. Im Bukett sind sie, wie der Name bereits sagt, würzig, bisweilen aufdringlich, im Körper füllig, im Abgang mit feiner Gewürznote. Diese Rebsorte ist ein unsicherer Träger und daher für den Winzer unwirtschaftlich. In den meisten Gebieten wird sie in kleinerem Umfang mit angepflanzt.

Weißburgunder *(Synonyme Chardonnais, Chablis, Pinot Blanc)*

Es ist eine klimatisch sehr empfindsame Traubensorte, deren Hauptanbaugebiete in Burgund und in der Provence liegen. Der Weißburgunder bringt auf schweren, kalkhaltigen Böden Weine von rassigem Körper und sehr feinem Bukett. Vielfach erlangt er nicht die volle Reife, daher kommt er im Geschmack meist nicht an die französischen Chablisweine heran.

Elbling *(Kleinberger, Klemperich, Räuschling und Alben)*

Man trifft diese Sorten nur in den Konsumgebieten. Der Anbau dieser Mengenträger geht mehr und mehr zurück zugunsten qualitativ besserer Sorten. In Baden finden wir sie vereinzelt im Breisgau und um den Kaiserstuhl. Im übrigen werden sie insbesondere an der Obermosel angepflanzt.

2. Neuzüchtungen

Rieslaner *(früher als Mainriesling bekannt)*

Die Weine des Rieslaners, eine Würzburger Neuzüchtung aus Silvaner und Rheinriesling, zeigen einen edlen, ausgeprägten Sortencharakter mit vornehmem Rieslingbukett. Sie sind fruchtig, körperreich, herzhaft und passen infolgedessen gut in das Frankenland.

Perle

Diese neue Sorte aus einer Kreuzung von Gewürztraminer und Müller-Thurgau ist recht widerstandsfähig gegenüber der Winterkälte und den Maifrösten. Es ist ein sicherer Träger. Ihre Weine sind reif, würzig und zart, mit einem auf die Muttersorte Gewürztraminer hinweisenden besonderen Bukett.

Scheurebe (S 88)

Sie ist nach ihrem Züchter benannt, eine Kreuzung von Riesling × Silvaner, und besonders in Rheinhessen und in der Pfalz stark verbreitet. Die Weine sind körperreich und bukettbetont. Charakteristisch für die Scheurebe ist der in geringeren Lagen und kleineren Jahrgängen an schwarze Johannisbeeren erinnernde, etwas aufdringliche Ton.

Morio Muskat

Eine andere neue Zuchtsorte, die sich ziemlicher Beliebtheit erfreut, entstand aus der Kreuzung von Silvaner und Weißburgunder und wird nach dem Rebzüchter Peter Morio benannt. Nach dem Zweiten Weltkrieg wurde sie insbesondere in der Pfalz und in Rheinhessen angebaut. Ihr Bukett kann mitunter etwas einseitig betont sein durch grasige Säure oder Zitrusgeschmack.

Faber

Diese Kreuzung aus Weißburgunder mit Müller-Thurgau reift sehr frühzeitig und liefert fruchtige Weine mit kräftigem Ausdruck.

Kanzler

Es handelt sich hierbei um eine Kreuzung von Müller-Thurgau und Silvaner, die gern für Prädikatsweine verwendet wird, weil sie sehr früh reift.

Ortega

Eine Kreuzung zwischen Müller-Thurgau- und Siegerrebe wurde nach dem spanischen Philosophen Ortega y Gasset benannt. Die Ortegarebe reift sehr früh. Sie liefert jedes Jahr eine volle Reife und alkoholreiche Weine. Sie haben mitunter ein feines Pfirsich-Muskat-Bukett und sind im Körper voll und rund und kräftig. Sie hinterläßt einen angenehmen und lang währenden Nachgeschmack.

Mariensteiner

Die Mariensteiner-Rebe, eine Kreuzung zwischen Silvaner und Rieslaner, reift etwa gleichzeitig mit dem Silvaner, also ziemlich spät. Sie ist ertragstreu und ertragsfreudig, beansprucht aber gute bis sehr gute Lagen. Infolge ihrer großen Blätter kann sie mehr Traubenzucker hervorbringen als ihre Stammformen. So sind die Mariensteiner Weine im allgemeinen schwerer und eleganter als die Silvaner und zeichnen sich durch ein zart fruchtiges Bukett aus. Im übrigen haben sie gute Lagerfähigkeit.

Albalonga

Bei dieser Kreuzung zwischen Rieslaner und Silvaner haben wir es hier, wie man sagt, mit einer Rückkreuzungsgeneration des Rieslaners (Silvaner × Riesling) zu tun. Die Albalonga-Weine bauen sich langsam aus, sind auf der Flasche lange lagerfähig und zeichnen sich durch vornehme Art und fruchtige Finesse aus.

Osiris

Die Osirisrebe, die besonders im fränkischen Weinbaugebiet zu Hause ist, entstammt einer Rückkreuzung von Rieslaner mit Riesling. Die Weine zeichnen sich durch ein feines Pfirsicharoma aus. Sie haben Stahl und Körper. Infolge der frühen Reifezeit sind Osirisweine auch in sonnenarmen Jahren reifer als reine Rieslinge.

Fontanara

Die Fontanara-Rebe, eine Kreuzung aus Rieslaner und Müller-Thurgau, ist mittelfrüh reif. Die Weine sind fruchtig im Geschmack, elegant und charaktervoll im Körper mit einem deutlichen Hinweis auf Riesling. Besonders im fränkischen Anbaugebiet wird sie gepflanzt.

Verschiedene andere Kreuzungen

Aus dem rheinhessischen Weinbaugebiet sind noch einige Rebsorten neuerer Art bekanntgeworden. Es sind dies die

Huxelrebe
Kreuzung aus Gutedel mit Courtillier musqué,

Siegerrebe
Kreuzung aus Madeleine angevine mit Gewürztraminer.

Aus dem pfälzischen Weinbaugebiet Südliche Weinstraße wurden insbesondere bekannt die

Bacchusrebe
eine Kreuzung von Silvaner mit Riesling mit Müller-Thurgau,

Optima
eine Kreuzung von Silvaner mit Riesling mit Müller-Thurgau.

3. Ausländische Weißweinsorten

Chenin blanc

Diese ergiebige Rebsorte von erlesener Qualität liefert einen frischen, hellen, frühreifenden, feinen und rassigen Wein. Besonders wird sie angebaut an der Loire, in Vouvray, Saumur, Cotton du Layon, doch auch in Kalifornien in zunehmendem Maße.

Folle blanche

Die in Frankreich weitverbreitete und unter den verschiedenartigsten Namen bekannte Variante einer recht ergiebigen Weißweintraube liefert einen leichten, hellen, eintönigen, frischen, stark säurehaltigen Wein. Die Traubenstiele sind so dicht mit Beeren besetzt, daß die Folle blanche außerordentlich empfindlich gegen Mehltau und Schimmel ist und daher in vielen Gebieten gemieden wird. Obwohl die Folle blanche hervorragend zur Branntweinherstellung geeignet ist, hat sie sich auf den dortigen kalkhaltigen Böden der Landschaft Cognac so anfällig gegen die aus Amerika eingeschleppte Reblaus erwiesen, daß sie allmählich von widerstandsfähigeren Sorten verdrängt wird.

Sauvignon

Diese edle Weißweintraube, die eigentlich nur vom Weißburgunder und dem Rheinriesling an Qualität übertroffen wird, führt in Bordeaux bei der Erzeugung von Graves- und Sauternes-Weinen. Auch im Loiretal und in Jugoslawien (Slowenien) wird sie angepflanzt.

Sémillion

Weit verbreitet in Südwestfrankreich, wird sie dort gern im gemischten Satz mit Sauvignon zwischenverpflanzt. Die Weine aus ihr haben Charakter und Klasse, sind jedoch oft wenig säurehaltig, doch frisch und fruchtig. Die Sémillion-Weine kommen am besten heraus, wenn sie etwas Süße aufweisen. Ganz trocken können sie leicht bitter schmecken.

4. Ausländische und deutsche Rotweinsorten

Pinot Noir *(Synonym Blauer Spätburgunder)*

Der Pinot ist die erlesenste Traubensorte, die es im Rotweinanbau gibt. Ihr allein verdanken wir sämtliche großen, roten Edelweine aus Burgund. Als Traubenvariante kennen wir noch den Pinot Meunier, der ergiebiger trägt und daher nicht so hochwertig ist wie die übrigen Vertreter der Pinot-Familie. Der Name Meunier stammt daher, daß die Unterseite der Blätter eine weißliche Färbung haben, als wären sie mit Mehl bestäubt worden (Meunier ist das französische Wort für Müller).

Spätburgunder, Frühburgunder

Er ist eine sehr verbreitete Qualitätsrotweinsorte. Pinot- und deutsche Spätburgunderreben ergeben kräftige, reife, mollig-samtige Weine, wie wir sie insbesondere aus Burgund kennen. Daneben haben wir noch eine sehr wüchsige Rotweinsorte aus der gleichen Familie, den Frühburgunder, der wie sein Name sagt, frühreifend ist. Die Erträge sind niedrig und unsicher. Der Frühburgunder steht an der Spitze der deutschen Rotweinerzeugung; seine Weine sind würzig, samtig, feurig, mit einem ganz feinen, an Veilchen oder Nüsse erinnernden Bukett.

Cabernet

Eine erstklassige Rotweintraube, aus der in Europa die besten Bordeaux-, in USA die kalifornischen Spitzenweine gewonnen werden und in Chile Hervorragendes bereitet wird. Im Bordeauxgebiet unterscheidet man zwischen der Cabernet-Sauvignon-Traube, die vorwiegend im Médoc gebaut wird und den langsam reifenden Wein mit hohem Gerbstoffgehalt liefert, und der Cabernet-Franc-Traube, die in dem Gebiet von St. Emilion angebaut wird, in dem die Weine bekanntlich rascher reifen und weniger Gerbstoff haben.

Cinsault

Hier wird eine erlesene Rotweintraube vorgestellt, aus der man einen vollmundigen, tieffarbenen Wein von hohem Rang und unverwechselbarem Charakter erzielt. Allerdings verwendet man die Cinsault-Traube selten allein, meist wird sie anderen Trauben zugesetzt, so beispielsweise den Weinen von Châteauneuf-du-Pape oder dem Tavel oder auch anderen Roseeweinen.

Gamay

Auf dem vornehmlich aus Lehm und Granit bestehenden Boden des Beaujolaisgebietes spielt die Gamay eine hervorragende Rolle. Dank der besonderen Bodenart überwältigt sie dort selbst die wertvollere Pinotrebe. Weiter nördlich in Burgund gedeiht die Gamay weniger gut, dort ist ihre Anpflanzung durch Gesetz geregelt. Weine, die aus Pinot und Gamay gemeinsam gepreßt und vergoren wurden, müssen als Bourgogne/Passe-tout-grains bezeichnet werden und mindestens ein Drittel Pinot enthalten.

Merlot

Die Merlot ist eine hochwertige Traubensorte, die ganz besonders in Bordeaux eine bedeutende Rolle im Verschnitt mit anderen Sorten, insbesondere dem Cabernet, spielt. Im richtigen Verhältnis gemischt, ergeben die Weine eine pikante Fruchtigkeit und Fülle. Der Merlot ist weniger adstringierend als der Cabernet, er ist im übrigen frühreifender und hat eine ergiebigere Traube. Auch in Südtirol und im Raum Triest ist der Merlot zu Hause und bringt dort einen süffig-lieblichen Wein ohne viel Körper und Finesse, aber mit viel Blume und schöner Fruchtigkeit.

Pedro Ximénez

Das ist die spanische Traubenart, die in Malaga und Jerez de la Frontera weit verbreitet und identisch mit der Rieslingtraube ist. Angeblich soll sie im 16. Jahrhundert von dem deutschen Soldaten Peter Siemens nach Spanien gebracht worden sein. Pedro Ximénez könnte danach die hispanisierte Form jenes deutschen Namens sein. In Montillia gibt diese Sorte einen feinen trockenen Wein, reich an Körper und natürlichem Alkohol. Bei Jerez erreicht sie unbestritten oft 15 bis 16 Grad Alkohol.

Trollinger

In manchen Gebieten auch »Zottler« genannt, gilt diese Traube als spätreifende Sorte und erfordert daher in unserem rauhen Klima eine gute Lage. Sie wird vorzugsweise in Württemberg gebaut; in guten Jahren bringt der Trollinger gern Stoff und Geist zur Haltbarkeit mit. Gutes Bukett und zartes Muskataroma zeichnen sie aus.

Portugieser

Wir finden diese Traubensorte in der Pfalz, in Rheinhessen, in Württemberg und an der Ahr. Qualitativ kommt der Portugieser nicht an den Spätburgunder heran. Weine aus Portugieser sind mild und von schwächerer Farbintensität.

Die Weinansprache

Der Wortschatz des Kenners und seine Bedeutung

Im angehenden Kapitel kommt eine Anzahl von Fachbezeichnungen vor, mit denen bestimmte Geschmackswahrnehmungen festgehalten und charakterisiert werden, und die in spezieller Beziehung zu den Weinen aus den jeweiligen Rebsorten stehen.

Man bedient sich zur Beschreibung des Geschmackes eines Weines eines ganz bestimmten Vokabulars. Dabei gibt es Ausdrücke, die sich auf die Klarheit des Weines, auf seine Blume, auf sein Alter und seine Reife, auf seinen Stoff, seinen Wert und seinen Gesundheits- oder Krankheitszustand und vieles mehr beziehen. Diese überkommenen Bezeichnungen, mit denen in allen weinbautreibenden Ländern in der jeweiligen Landessprache operiert wird und über die der Laie mitunter schmunzeln mag, sieht man auf Preislisten, hört man von Fachleuten bei Proben oder kann sie in Gutachten lesen.

Im gerichtlichen Gutachten wird unterschieden zwischen Aussehen (dem äußeren Eindruck, ob die Flasche gut oder schlecht gefüllt, ob sie sauber oder verschmutzt ist durch ausgeschwitzte Flüssigkeit), Farbe (ob klar oder trüb), Geruch und Geschmack. Die letzten drei Wahrnehmungen bezeichnet man als die eigentliche Sinnenprobe. Die Eindrücke werden durch die dafür vorgesehenen Worte festgehalten. Es schließt sich dann eine Gesamtbeurteilung an. Bei nachteiligem sensorischen Befund gelangen die entsprechenden Weine ins Labor zur chemischen Untersuchung, wobei der beauftragte Chemiker sie auf die bei der Sinnenprüfung festgestellten Mängel analytisch untersucht. Er ist also darauf angewiesen, sich der negativen Geruchs- und Geschmackswahrnehmungen des Spezialisten zu bedienen, um rasch ans Ziel seines Befunds zu kommen. Lägen ihm die aufschlußreichen Fingerzeige des Weinprüfers nicht vor, so wüßte er nicht, auf welche Mängel er zu untersuchen hat.

Die chemische Analyse untermauert also die Sinneswahrnehmung oder widerspricht ihr mit feststehenden Zahlenwerten. Doch sehr viele Feinheiten, die ein geschulter und erfahrener Verkoster in die dafür vorgesehenen Wortbezeichnungen zu fassen vermag, kann die Wissenschaft nicht zahlenmäßig nachweisen. So besteht zum Beispiel die Möglichkeit, daß ein Konsumwein aus verregnetem Jahrgang die gleichen analytischen Zahlen aufweist wie ein altabgelagerter kostbarer Tropfen aus hervorragendem Jahrgang. Der Chemiker kann aufgrund seines Befunds keine Aussage über den gerechten Preis eines Weines riskieren. Dagegen kann der Weinsachverständige mit seiner Zunge im Vergleich mit anderen Weinen, deren Preis feststeht, konstatieren, welcher Preis marktgerecht ist. Deshalb muß manchmal das Gericht einen zweiten Geschmacksfachmann hinzuziehen. Im nachstehenden soll durch das alphabetische Verzeichnis der Fachausdrücke, die sich im Lauf der Zeit als feststehend herausgebildet haben, auch dem Laien einen Einblick gegeben werden in die Welt der differenzierten Sinneseindrücke.

a

abfallend	bei der Weinprobe falsch eingestuft; im sonstigen Gebrauch: alt werdend
Abgang	schöner oder schlechter letzter Geschmackseindruck
abgebaut	Alterserscheinung, Mangel an Frische
abgelebt	überlagert, auch tot oder müde oder lahm
abgesetzt	s. Niederschlag
Adel, adelig	vornehmer, edler Wein, Steigerung von hochfein
adstringierend	durch zu hohen Säure- oder Tanningehalt zusammenziehend
alkoholisch	Alkohol spitz herausschmeckend, auch spritig, brandig (im Zusammenklang mit Süße), schnapsig
alkoholreich	besonders bei Dessertweinen
alt	Mangel an Frische und Kohlensäure, durch Luftzutritt oxydiert
anmutig	lieblich und angenehm, gut gebaut
anregend, ansprechend	frisch, lockend, anreizend für junge Weine mit entsprechend Kohlensäure
Apothekengeschmack, Medizinalgeschmack	negativer Chemikaliengeschmack
Aroma	feine Geruchswerte, die sich aus Estern, Aldehyden und Ketonen zusammensetzen
Art, arteigen	naturgebundener Landschaftsgeschmack
artig	gefälliger, kleinerer Wein, der der angegebenen Sortenart entspricht

Ausbruch	in Österreich und auf dem Balkan (Ungarn) gebräuchliche Bezeichnung für Auslese
Ausdruck	s. Art
ausdruckslos	kleiner Wein, matt, zu unterkühlt probiert
ausgebaut	fertig entwickelt, lagerreif
ausgeglichen	s. harmonisch
ausgezogen	mißhandelter, strapazierter »leerer« Wein
Auslese	typisch deutscher Prädikatsbegriff, daher auch in Rumänien bekannt geworden, wo das Deutschtum im Banat verbreitet ist; in Südtirol mißbräuchlich verwendet für Kalterer See »Auslese«, die nach hiesigem Geschmacksempfinden keinen Auslesecharakter aufweist

b

bauernhell	Wein ohne letzte Brillanz, jedenfalls nicht blitzblank
berauschend	s. Kopfwehwein
bestechend	vollendet
bissig	säurebetont
bitter, Bittre	Überschuß an Gerbstoff oder durch Bakterien erzeugt
Bittermandel	Fremdgeschmack aufgrund zu intensiver Blauschönung*)
blaß	bei Weißwein armseliger Wein ohne Ausdruck; bei weißgekelterten Rotweinen, Roseeweinen, Rotling, Schillerwein ohne genügend Farbstoff; bei pale Sherry blaßfarbig, also hell, nicht ins Bräunliche spielend
blind	ohne Glanz, leicht schleierig
Blume, blumig	flüchtige Bukettstoffe, angenehm in der Nase
Bodengeschmack	besonderer Lageton, auch Erdgeschmack, Geschmäckle oder Bodengefährtle
brandig	unharmonisch sauer-süß, Alkohol unangenehm hervortretend
breit	Fülle, ohne die zu erwartende Feinheit
Bukett	s. Blume
burgundähnlich	an Burgunder erinnernd

---

*) Enthält ein Wein zuviel Eisen oder Kupfer, dann wird er nach dem im Jahre 1923 zugelassenen Verfahren des Chemikers Dr. Möslinger mit Ferrocyankalium bzw. Kaliumferrocyanid behandelt oder, wie es in der Fachsprache heißt, »gemöslingert«. So werden die Metallbestandteile ausgefällt und der Wein nimmt vorübergehend eine Farbe an, die an Berliner Blau erinnert

Buttersäurestich, buttersäurestichig	unangenehm säuerlicher Geruch und Geschmack kränkelnder Weine

c

Charakter	s. Art
Christbaum	Niederschlag in Christbaumform; s. auch Niederschlag

d

dick	zu extrakt- und körperreich oder mit zuviel unvergorenem Zucker, auch dickflüssig
drückt	treibt, Entwicklung fehlerhafter Kohlensäure
Duft, duftig	feinblumig; s. auch Blume
dumpf	eingeschlossen, modrig
dünn	kleiner Wein mit wenig Stoff
durcheinander	zerschlagen, besonders nach dem Versand

e

echt, Echtheit	auf Reinheit und auch auf Wahrheit in der Bezeichnung hinweisend
edel	für hochwertige Weine mit feiner Süße und Botrytiston *) und in Wortverbindungen gebraucht wie edelsüß
ehrlich	gediegener Wein, fehlerfrei
Eigenart	ein besonderer und aparter Geschmack, der nicht recht zu definieren ist
elegant	bestechend durch schöne Art und Harmonie, mehr für magere Weine angewendet als für volle und wuchtige
entwickelt	Ausbaubezeichnung für fertigen Wein
Erdgeschmack	s. Bodengeschmack
Essenz	anwendbar bei Trockenbeerenauslesen; in Ungarn konzentrierter Most, sogenannte Tokajer Essenz, aus der die mehrbuttigen **) Ausbrüche hergestellt werden

*) Der Befall der reifen Beeren durch den Edelfäulepilz Botrytis Cinerea bewirkt eine verstärkte Anreicherung von Zucker in den Trauben. Diese Tatsache in Verbindung mit dem edelfaulen Geschmack wird als Botrytiston bezeichnet

**) feinen Tokajer Ausbruchweinen werden mehrere Butten (Hohlmaß) mit aufgerissenen Trauben zugegeben

Essigstich	ein unangenehm säuerlicher Stich, der auf Verdorbenheit des Weines hinweist; in der Weinanalyse als »flüchtige Säure« bezeichnet
Extrakt	die im Wein gelösten Stoffe mit Ausnahme des Alkohols; man bezeichnet sie auch als Körper

f

Farbe, farbentstellt	zwischen Weiß und Rot gibt es viele Farbunterschiede; manche spielen ins Helle und sind farblos, andere ins Bräunliche, was man beim Weißwein als hochfarbig bezeichnet und beim Rotwein als Fehlfarbe. Daneben hat jede einzelne Rebsorte ihre charakteristische Farbe
farblos	auf die Farbe bezogen, hellfarbig, blaß; als Charakterisierung »nichtssagend«
farbstark	von goldgelber Farbe bei Weißwein und tiefdunkel bei Rotwein
Faßgeschmack	ein dumpfer Geschmack, aus unsauberen, meist verschimmelten Fässern herrührend
faulig	aus Traubenfäule oder faulender Hefe stammend
Federweißer	milchig-trüber, fast zuckerfreier Most, durch die Gärung oft warm
fehlerhaft	Wein mit anstößig fremdartigen Absonderlichkeiten
fein, feine Art	über dem Durchschnitt stehend
Fenster	s. Schlieren
fertig	in positiver Bedeutung für gutausgebaute Faßweine; in negativer Bedeutung für abgebaute, tote Weine
fest	kräftiger Wein mit reichlich Säure, aber noch nicht unangenehm
fett	schmalzig, ölig, viel Extrakt
Feuer, feurig	besonders für kräftig-alkoholreiche Rotweine gebräuchlich, doch auch auf die Farbe bezüglich
Filtergeschmack	ein Beigeschmack nach feuchtem, muffigem Papier, den schlecht gereinigte Filtermasse verursacht
Finesse	bestechende, oft fruchtige Art edler Weine, reifebedingt
firn	ein bei älteren Weinen ausgeprägter eigener Geschmack, der an trockene Brotrinden erinnert. Wenn edle Lagerbukette in Firnbukette übergehen, spricht man von Edelfirne

flach	kleiner Wein ohne »Relief«, d.h. ohne Eigenart, leblos, wie abgestanden
flaschenkrank	vorübergehendes Durcheinandersein des Weines nach Abfüllung, das etwa 3 Wochen anhält
flüchtig	zarte Duft- und Geschmacksstoffe
flüchtige Säure	s. Essigstich
forciert	vorzeitig haltbar gemachte Weine mit nur 6 Wochen Haltbarkeitsgarantie
fremd	störender, weinfremder Beigeschmack
frisch	belebende junge Weine mit Kohlensäure
Frostgeschmack	widerlicher, verkrampfter Geschmack unguter Jahrgänge
Frucht, fruchtig	guter Wein mit Sortenbukett, z.B. nach Aprikosen, Pfirsichen
frühreif	s. heurig
Fuchsgeschmack, foxig	abstoßender Geschmack nach Hybriden (Wildreben und deren Kreuzungen), als Wanzengeschmack empfunden, mitunter an Brombeeren erinnernd
Fülle	vollmundiger Wein; s. auch voll

g

Gär, Gör (Gähr, Göhr):	Wein mit reizvollen Gärbuketten
gärig	in Gärung befindlicher Wein, der noch vergärbaren Zucker enthält, auch Nachgärung
Gaumenschmeichler	verführerischer Wein, Kätzchen sagen die Franzosen
gebrochen	trüb und durcheinander
gedeckt	Verschnitt deutschen Rotweines mit ausländischem Deckwein zwecks Farbintensivierung
gediegen	ehrlicher, unfrisierter, meist kleinerer Wein
Gehalt, gehaltvoll	guter, voller Wein mit schönem Extrakt
gepantscht	überstreckt, durch verbotene Zusätze geschmiert, getaufter Wein oder mit Fruchtwein (Apfelwein) vermischt
gerbstoffreich, gerbsäurereich	für herbe rauhe, ziehende Rotweine mit viel Tannin
Geschmäckle	besonders in Süddeutschland geläufig für Landwein mit kleinem, nicht unangenehmem Beigeschmack
geschmeidig	auch glatt, für runde Weine mit abgeschliffener Säure
gespalten	wie durcheinander, für Weine, die noch keine Einheit bilden

gestoppt	meist unharmonisch süße Weine, die mit Schwefel in der Gärung unterbrochen wurden
gestört	wie durcheinander, auch Wein in Nachgärung
getauft	s. gepantscht
Gewächs	Wein aus renommiertem Gut oder Schloß
gezehrt	für trockenen Wein mit »aufgezehrtem« Zucker, besonders für Sherry gebräuchlich
gezuckert	für Zuckerung wurde bisher gezuckert oder verbessert gesagt, seit dem Weingesetz des Jahres 1971 »angereichert«
glanzhell	durchsichtige, einwandfrei klare Weißweine
glatt	wie geschmeidig
goldgelb	sattes Gelb bei großen, alten Weinen (nicht zu verwechseln mit hochfarbig für überlagerte, oxydierte Weine)
Grasgeschmack, grasig	grasiger Unreife-Geschmack schlechter oder frostiger Jahrgänge
grob	Gegenteil von zart, besonders bei Rotwein
grün	unreifer Wein mit giftiger Säure
grünlich	infolge erhöhten Chlorophyllgehaltes sind dies portugiesische vinho verde und Mosel-Saar-Ruwer-Rieslinge

h

hängt	steckengebliebene Weine und solche, die im Abgang am Gaumen haften bleiben, »hängen«
harmonisch	richtiges Verhältnis aller Bestandteile im Wein
harntreibend	verschiedene Weine des In- und Auslandes, besonders auch Mosel, stehen in diesem Ruf
hart	säurebetonter Wein, vor allem Übermaß an Apfelsäure
harzig	Wein mit harzähnlichem Terpentingeschmack; in Griechenland werden die Weine geharzt, s. auch reziniert
Hefegeschmack, hefig	der oft milchig-fehlerhafte Wein riecht und schmeckt nach zersetzter Hefe (Hefeböckser)
herb	besonders bei Rotwein mit recht viel Gerbstoff (Tannin), zusammenziehend (nicht zu verwechseln mit hart oder sauer)
Herrenwein	vollendeter, vielfach durchgegorener Kneipwein, wie manche DLG *)-gelb-gesiegelten Diabetikerweine

*) Deutsche Landwirtschafts-Gesellschaft, Frankfurt a. M.

Herrschaftswein	besonders aus Ungarn bzw. dem einstigen Österreich-Ungarn geläufige Bezeichnung für Wein aus Herrschaftsgütern mit einwandfreier Kellerwirtschaft
herzhaft	gediegen, leicht säurebetont
heurig	frühreif, Weine wie der Beaujolais, die heurig »im Jahr auf die Ernte« getrunken werden sollten
hinten	Abgangs-Geschmackswahrnehmung, auch Schwanz
hochfarbig	schwefelarme, oxydierte, fehlerhafte oder überlagerte Weine von betont gelber oder gelbbrauner Farbe
hochfein	besonders guter Jahrgang mit individuellem Spiel
Holzgeschmack, holzig	ungenügend vorbereitete, unsaubere, nicht weingrün gemachte Fässer, s. auch Lohgeschmack
honigartig	honigsüßer Geschmack von Edelweinen
Hybridengeschmack	grasiger Ton; s. Fuchsgeschmack (von Bastardpflanzen)

j

Jahrgangston	in positiver Bedeutung Botrytiston hervorragender Jahrgänge (Jahrhundertwein), in negativer Bedeutung Frostgeschmack verunglückter Jahrgänge
Jungfernwein	Erstertrag einer Neuanpflanzung
Jungwein	der Wein besitzt Gör nach abgeschlossener Hauptgärung, klärt sich, enthält noch Kohlensäure; Vorstadium: Federweißer

k

Kabinettwein	heute unterster Prädikatswein, früher Rarität aus dem Cabinetkeller (ein vom Hauptkeller abgetrenntes Gewölbe)
kahmig	Faßweine mit Oberflächenvegetation von Kahmpilzen (beim Sherry hoch geschätzt), die durch Kahmhefen geschmacklich und geruchlich nachteilig beeinflußt werden durch Milch- oder Buttersäurestich
Kammgeschmack	bitterer Rappengeschmack; s. auch Rappengeschmack
kantig	s. eckig
kernig	körperreich, kräftig-nerviger Wein mit etwas Säure, wie herzhaft
klein	Wein mit wenig Körper und Alkohol, manchmal sauer
knospig	soviel wie »steckt noch«, unentwickelt, zurück

knochig, harter Knochen	alter, säurebetonter Wein
Kopfwehwein	überschwefelter Wein
Korkschmecker	übler Geruch und Geschmack nach krankem Korken
Körper	extraktreiche Weine mit Geschmacksintensität, man hat »ein Maul voll Wein«, wie man in Rheinhessen sagt
körperarm	arm, dünn, leicht
kräftig	gesunder, lagerfähiger Wein
krank	nicht in Ordnung
kratzig	kratzt, unangenehmes Merkmal stichiger Weine
kristallklar	wie blitzblank
kurz	spitzer Wein ohne Abgang und Schwanz
kurzlebig	kein Lagerwein, baut sich nicht weiter aus

l

laff	wie fad
lahm (lahmer Esel)	müde, leer, langweiliger Wein
lang	auf den Flüssigkeitsgrad bezogen; s. auch zäh und lind
langlebig	kräftiger, lagerfähiger Wein meist guten Jahrgangs
lebendig	anregender, jugendlicher Wein mit fruchtiger Säure und Kohlensäure
leicht	kleiner Wein mit geringem Alkohol- und Extraktgehalt
lieblich	Wein, der sich angenehm und mildgehalten probiert
lind	Lindwerden ist eine Bakterienkrankheit; s. auch zäh
Lohegeschmack	Geschmack nach frischem Eichenholz
Luftgeschmack	Oxydationserscheinung

m

mager	dünn, extraktarm, ausdruckslos im Geschmack
mandelbitter	bei zu stark blaugeschönten Weinen
markant	kräftiger Wein, bei dem bestimmte Eigenarten hervortreten
markig	körperreicher Wein, nachhaltig im Abgang
massiv	deutlich hervortretende Geschmackskomponente
matt	wie alt (überlagert), ohne Frische, also trocken und müde
mäuseln	scheußlicher, an Mäuseharn erinnernder Geschmack, der lange am Gaumen haften bleibt
milchig	milchig getrübt wie Federweißer, für Weine, die noch Hefe enthalten

Milchsäure, milch-säurestichig	Geschmacksfehler nach bakteriellem Säureabbau
mißfarbig	hochfarbig für Weißweine; bei Rotweinen ein ins Bräunliche spielender kränkelnder Farbton
mollig	gehaltvolle, runde Weine, typische Bezeichnung für hochwertige Burgunder
mostig	beim Wein unerwünschter Geschmack, der ordinär wirkt
müde	abgelebt, alternder Wein ohne Frische
muffig	dumpfer eingeschlossener Geschmack; s. auch Schimmelgeschmack
Musik	schönes Spiel von Geschmacksakkorden, etwas Besonderes

n

nachgetrübt, Nachtrübung	blitzblank auf die Flasche gebrachter Wein, der auf Glas nachtrübte
nackt	Wein an dem nichts mehr »dran« ist
Nase	Wein mit feinen Duftstoffen, »der Wein hat Nase«
Nerv, nervig	kräftig, weinige Art mit angenehmer Rasse
Niederschlag	bei Weißwein in Christbaumform; bei Rotwein Satz oder Tanninkrusten; s. auch Christbaum
nobel, noble Art	vornehm

o

ölig	für große, etwas dickflüssige, ältere Weine
ordinär	unterdurchschnittlicher Geschmack, Wein der breiten Masse
oxydiert	nicht luftabgeschlossen, krank

p

pappig	dicksüß, manche Dessertweine wie z. B. Samos mitunter
parfümiert	aufdringliche Duftstoffe, wie manchmal beim Gewürztraminer
passé	s. tot
perlend	Jungweine mit hohem Kohlensäuregehalt perlen im Glas
Perlwein	perlender, leicht moussierender Wein
plump	Wein von hohem Extraktgehalt, viel Körper, doch ohne Charakter, also unharmonisch durch zu stark hervortretende Eigenschaften (Gegensatz ist elegant)

prickelnd	spritzig durch spürbare Kohlensäure, wie Mosel
probierfähig	Wein, bei dem Pflege und Kellerbehandlung abgeschlossen sind; nicht probierfähig: kurz nach dem Abstich, nach Blauschönung oder Filtration, dann sind die Weine gestört und durcheinander

r

rahn	Geruchs- und Geschmacksfehler, durch Luftzutritt und Schwefelmangel entstanden, an trockene Schwarzbrotkrusten erinnernd
ranzig	buttersäurestichig, übergegangener Wein
Rappengeschmack	rapsig: bitterlicher Nachgeschmack von Kämmen und Traubenstielen (den Rappen), die zu stark ausgepreßt wurden
Rasse, rassig	körperreicher Wein mit abgeschliffener, feiner Fruchtsäure
Rauchgeschmack, rauchig	Lageneigentümlichkeit mancher Ruwerweine (vgl. auch Hochheimer »Rauchloch«), angeblich durch Rauch nahegelegener Eisenbahnlinien hervorgerufen
rauh	hoher Gerbstoffgehalt, früher auch für überschwefelte, alte Weine
reich	Fülle, Süße, Spiel, Musik
reif	Wein aus reifem Jahrgang mit genügend Faß- und Flaschenlager
rein, reintönig	ehrlicher, sauberer Wein ohne Nebengeschmack, auch im Sinne von nicht »angereichert« (gezuckert) gebraucht
rezinieren	alte griechische Sitte, Wein mit Harz zu versetzen
roh	eckig, unausgeglichen
Roseewein, Rosé	Sammelbegriff für rosafarbige Weine wie Schillerwein und Rotling in der Bundesrepublik
Rückgrat	nervige Weine von kernig kräftiger Art
rund	glatt und geschmeidig

s

Saft, saftig	vollsaftiger Wein, der kein trockenes Gefühl auf der Zunge hinterläßt
samtig	keine Herbe, an Velour erinnernd
sauber	einwandfrei, Lob für kleine Weine

sauersüß	kleiner, durch Mostzusatz unharmonisch saurer Wein mit Süße
Säure, säurebetont	harte Weine mit hohem Gehalt an Apfelsäure
Säureabbau	Abnahme der Säure durch Weinstein-Ausfall oder durch bakterielle Umwandlung von Apfelsäure in Milchsäure
scharf	so viel Kohlensäure, daß sie unangenehm die Zunge beißt
schäumend	Weine, die wie Sekt schäumen, sind umgeschlagen, schäumender Wein; s. auch Perlwein
Schillerwein	typisch für Württemberg, Gemisch weißer und blauer Sorten (im gemischten Satz gekeltert), Sammelbegriff ist Rosé, Roseewein
Schimmelgeschmack	dumpfer, muffiger Geschmack von fauligem Lesegut, von schimmeligen Gebinden oder bakteriell verunreinigten Schläuchen herrührend
Schimmer	feine Trübung im Glas
Schleier	leichte Trübung des Weines, auch staubig
Schlieren	Adhäsionserscheinung oft großer Weine am Glas (Kirchenfenster)
Schmant	s. kahmig
schmierig	ungut behandelter, säurearmer Wein mit verwischtem Charakter
schnapsig	mehr als brandig, einseitig alkoholisch
schön	glatter, sauberer Wein, ohne gravierende Note
Schwanz, Schweif	guter, nachhaltiger, ausgiebiger Abgang
Schwefelböckser	Geruch nach Schwefelwasserstoff, faulen Eiern
schwer	alkoholreich, kräftig, wuchtig, stark
seidig	geschmeidig, fein gebaut
seifig	besonders bei Cognac gebräuchlich, etwas veraltet, dennoch von manchen begehrt
Sherrybukett	an Sherry erinnernd, artfremd für deutsche Weine, Geruch nach trockenen Brotrinden
solid	gediegen
Sortenbukett	von der Rebe geprägtes Bukett
Spätlese	ungezuckerter Wein aus vollreifen Trauben, nach der allgemeinen Lese geerntet
Spiel	akkordartiger Zusammenklang einer Reihe von wertvollen Geschmackseindrücken
spitz	eckig, hart, hager, säurebetont
Spitze, Spitzenwein	hoch über dem Durchschnitt der Weine stehend
spritig	einseitig hoher Alkoholgehalt; s. auch brandig

spritzig	prickelnd, kohlensäurehaltig, typisch für Mosel
stahlig	rassig, metallisch, fruchtig, typisch für Rheingauer
stärkend	kräftigender Krankenwein, wie mehrbuttiger Tokajer, den man daher häufig in Apotheken sieht
staubig	leichte Trübung durch Schwebeteile
stechend	bei zuviel freier schwefliger Säure (SO_2)*)
steckengeblieben	unentwickelter, zurückgebliebener Wein, wie eine durch Frost erstarrte Knospe im Vergleich zur Blume
Sternliwein	für perlende Gutedel-(in der Schweiz »Fendant«-)Weine, im Glas einen Stern von Bläschen bildend, typisch für Schweizer Weißwein
Stich, stichig	Essigstich, Buttersäurestich, Milchsäurestich, bakterielle Fehlentwicklung, die analytisch als »flüchtige Säure« ausgewiesen wird
stimulierend	anregend
stickig, sticksig	s. Schimmelgeschmack
Stielgeschmack	s. Rappengeschmack
stinkt	unangenehmer, anstößiger Geruch, wie böcksern oder nach Hefe
Stoff, stoffig	kräftig, voller Körper- und Extraktstoffgehalt
Stopfengeschmack	s. Korkschmecker
streng	trockene, unangenehme Eigenart bei zu langem Faßausbau
strohig	stumpf-grasiger Geschmack, langweilig
stumpf	abgelebter Wein, der die Zähne stumpf macht
südweinartig	ölig, auf Beeren- und Trockenbeerenauslesen zutreffend
süffig	animierender Wein, der sich problemlos trinkt
süß	edelsüß, honigsüß, Wein mit unvergorenem Zucker

t

tanninhaltig	für gerbstoffreiche Rotweine
tot	Bezeichnung für abgelebte, überlagerte Weine
totgeschwefelt	überschwefelter Wein mit stechendem Schwefelgeruch, ohne weitere Entwicklung und nicht verkehrsfähig
treibt, drückt, arbeitet, gespannt	verspundete Faßweine drücken im Sommer durch Ausdehnung des Flüssigkeitsvolumens; auf der Flasche kön-

*) freie schweflige Säure plus gebundene schweflige Säure = gesamtschweflige Säure. Nach den EWG-Verordnungen 2592/73 und 2805/73 dürfen Weißweine höchstens 250 mg/l und Rotweine höchstens 200 mg/l gesamtschweflige Säure bei 50 mg/l freier schwefliger Säure enthalten

nen bei beginnender Nachgärung die Stopfen hochgedrückt werden

Trestergeschmack ähnlich dem Grasgeschmack

trocken schal, matt, ohne Leben und Frische, alles Eigenschaften, die man bei deutschen, österreichischen und schweizerischen Weißweinen nicht antreffen sollte, während sie bei südländischen Weißweinen angebracht sind, bei Schaumwein soviel wie herb (dry), d.h. ohne Süße

trübe staubig, milchig, schleirig, blind

typisch Wein mit charakteristischer Eigenart in bezug auf Gebiet, Jahrgang oder Sorte

U

überschwefelt in der Nase stechender Wein mit zuviel freier schwefliger Säure; s. auch stechend

überstreckt extraktarmer, gepantschter Wein mit unerlaubt hohen Mengen an Zuckerwasser oder mit Apfelwein versetzt

umschlagen Trübwerden des Weines durch Nachgärung mit unangenehmer Geruchseinwirkung

unansehnlich staubig, blind, auch für Weine, die unter der Kapsel ausschwitzen

unartig s. Art

unentwickelt Jungweine, die nicht fertig ausgebaut sind

unharmonisch für Weine, bei denen die Geschmackskomponenten Säure, Alkohol, Süße, Kohlensäure noch auseinanderfallen, also noch nicht genügend verbunden sind

unklar nimmt Bezug auf Sortenaroma, Weincharakter, Jahrgang, sofern diese nicht charakteristisch, sondern verwischt sind

unreif kleiner, unharmonischer, grüner Wein mit spitzer Apfelsäure

unrein, unsauber fehlerhafter Wein mit Nebengeruch und Fremdgeschmack

unselbständig geringer Wein, der unverschnitten nicht genießbar ist

unterschwefelt Weine unter 20 mg/l freier schwefliger Säure altern rasch, sind nicht mehr lange haltbar, haben einen eigentümlichen Oxydationston, der an trockene Brotrinden erinnert; man bezeichnet sie auch als rahn; s. auch rahn

V

verbessert	eine seit 1971 außer Gebrauch kommende Bezeichnung für »gezuckert«. Weil Zuckerung den Alkohol erhöht, spricht man im neuen Weinrecht von »Anreicherung«
verdeckt, verhalten, verschlossen	der Wein erinnert an eine Knospe, d. h. die vorhandenen Geruchs- und Geschmacksstoffe haben sich zusammengezogen und sind verdeckt
Verfassung (gute oder schlechte)	bezieht sich auf den Zustand des Weines im Augenblick der Verkostung
verschlossen	s. verdeckt
verschnitten, Verschnitt, verstochen	das richtige Verschneiden (Vermischen) von Wein ist eine Kunst, die darin besteht, ähnlich wie bei der guten Teemischung Weine mit gewissen Mängeln zu harmonisieren
verwässert	Weine aus verregnet eingebrachtem Lesegut oder solche, die gewässert (getauft) worden sind
voll, vollmundig	gute, den Mund ausfüllende Weine, in Rheinhessen sagt man »ein Maul voller Wein«
vollendet	wenn der höchst erreichbare Zustand gewonnen wurde
vollkommen	Wein ohne Mängel, uneingeschränktes Lob
vorne	erste Geschmackswahrnehmung auf der Zunge (Gegenteil von Abgang)
vornehm	große Weine mit ausgeprägtem Charakter

W

warm	ein bei gutem Rotwein erforderlicher Geschmackseindruck
weich	wenn Säuremangel besteht
Weinbereitung	Herstellung von Wein
Weinfälscher	Personengruppe, die vorsätzlich zur eigenen Bereicherung gegen das Weingesetz gerichtete Handlungen vornimmt
Weingrün	beim Weingrünmachen der Fässer wird durch vielfache Wässerung Gerbstoff und Lohe dem Holz entzogen; nicht weingrüngemachte Fässer haben Lohegeschmack
weinhaltig, weinig	gute Weine haben »viel Wein«, d. h. viel Körper
Weinheber	Gerät, um Wein aus dem Faß herauszuziehen
Weinkellner	auf Wein spezialisierte Kellner, besonders in guten Restaurants in Frankreich, »sommelier« genannt

Weinschröter	uralter, ausgestorbener, körperlich schwerer Berufszweig; mit der Schrotleiter wurden die Weinfässer in die Keller befördert, wobei die Schröter ihr Lied sangen; dabei durften die Fässer nicht zerspringen
Weißherbst	weißgekelterte Moste aus blauen Trauben, eine besonders in Süddeutschland unter dieser Bezeichnung beheimatete Spezialität
wuchtig	schwerer, voller, alkoholreicher Wein, oft bei Pfälzern und bei guten Burgundern gebrauchte Bezeichnung
würzig	ein oft sortenbedingter Würzgeschmack, wie bei Morio-Muskat oder Gewürztraminer

Z

zäh	dickflüssiges Schleimigwerden von Wein, wobei er mitunter Fäden zieht
zart	feinnerviger, nicht so kräftiger Wein
zehren, gezehrt	typische Bezeichnung beim Sherry; gezehrt heißt mager, ganz ohne Süße und ist eine Steigerung von »trocken«; im negativen Sinn können auch Anbruchweine gezehrt oder rahn schmecken infolge oxydativer Veränderung
zerfallen, zerschlagen	ein vorübergehender Zustand, z. B. nach dem Transport, wenn der Wein sich »durcheinander« bei der Probe zeigt
Zibeben	am Stock angeschnittene Trauben, die rosinenartig zusammenschrumpfen zur Qualitätserhöhung, wie man es im Ausland, z. B. auf Pantelleria (kleine Nachbarinsel von Sizilien), oft sehen kann
zickend	der Wein ist zäh, enthält Schleim, hätte durch einen Separator laufen müssen, denn er riecht und schmeckt nach ranziger Butter
zieht	unreife Säure, grün, zieht den Mund zusammen, adstringierend
Zuckerrest, Restzucker	ein im Wein verbliebener Zuckerrest kann bis 20 g/l und mehr betragen; die Höhe hängt mit der gezügelten Gärführung zusammen; im Elsaß und in der Schweiz sind solche vielfach gekünstelten Weine unerwünscht
Zukunft	große Lageraussichten
zurück	noch unentwickelt, unentfaltet, wie eine stehengebliebene Knospe
zusammenziehend	der Wein hat Gerbstoff, ist aber zu säurebetont

Worin besteht beim Wein die Qualität?

Von den zahlreichen Gesichtern, die uns begegnen, sind es nur einige wenige, die durch reine Schönheit unseren Blick für eine Weile gefangenhalten. Sehen wir das gleiche Gesicht einige Zeit später wieder, so kann jene Schönheit verschwunden sein. Diese Feststellung läßt den Schluß zu, daß ganz kleine, vielleicht altersmäßig bedingte Verschiebungen und Veränderungen von Proportionen zu einem anderen Gesamturteil führen können. Auch auf den Wein trifft diese Beobachtung zu, der, wie wir wissen, keine tote Konserve, sondern ein lebendiges Produkt darstellt und damit Veränderungen unterworfen ist.

Unter der Unzahl von Weinen, die ein Weinfreund im Laufe seines Lebens probiert, sind nur einzelne, die in Erinnerung bleiben und zum Erlebnis wurden. Warum wohl? Sie müssen von einem besonderen Anreiz und von außergewöhnlicher Güte gewesen sein. Mit welchem Instrument ermitteln wir diese Qualität?

Die maßgebenden Komponenten beim Wein – Alkohol, Extrakt, Zuckergehalt und Säure – sind analytisch meß- und erfaßbar. Durch Erfahrung kennt die Wissenschaft diejenigen Zahlen, die beim Wein zu erwarten sind. Dennoch können zwei grundverschieden mundende Weine, z. B. ein stark überalterter, kaum noch genußfähiger und ein ansprechend guter und frischer, die gleichen Zahlenwerte aufweisen. Es müssen demnach noch andere Größen im Spiel sein, die nicht durch analytisches Messen und Wägen aufspürbar sind.

Es handelt sich hier in der Tat um zarte ätherische Duftstoffe ganz besonderer Art, die der Chemiker im Laboratorium nicht feststellen kann. Güte des Weins ist etwas selten Vorkommendes, etwas Vollkommenes. Nicht in Fülle und Schwere oder etwa nur in einer betonten Süße liegt das Typische, das Berückende, sondern das elegante Zusammenspiel aller Werte vermittelt das köstlich lukullische Erlebnis.

Durch die Zungen- oder Sinnenprobe ist eine sichere Prüfmethode gegeben zur selbständigen Beurteilung des Weins. Color, odor, sapor – Farbe, Geruch, Geschmack – sind die drei Sinnesmerkmale. Ein Wein, der trübe oder blind ist, gleicht einem Patienten, dessen Auge matt und gebrochen erscheint. Die Nase – wie der Fachmann vom Duft des Weins sagt – muß nicht nur sauber und rein, ohne Schweiß oder Stich sein, sondern Feinheiten erkennen lassen; den Duft nach Früchten, etwa nach Aprikosen oder Pfirsichen, und dies nur in zartberührender Weise. Alles Aufdringliche, Penetrante und Parfümierte wirkt auf den Kenner ordinär und abstoßend. Der Geschmack als dritter und letzter Faktor soll die Wahrnehmung von Auge und Nase harmonisch zu einem Ganzen vereinen und bestätigen. Ehe Güte und Qualität des Weins festgestellt werden können, müssen zuvor alle diejenigen Weine als ausgesondert – eliminiert wie die internationalen Profi-Weinkoster sagen – gelten, die in den vorstehend angedeuteten drei Prüfungen nicht voll befriedigten, da sie entweder zu klein oder krank, vielleicht sogar übergegangen oder verdorben sind. Kurz gesagt, sie haben Mängel und Unarten, sind nicht harmonisch und bilden kein geschlossenes, abgerundetes Ganzes. Für einen Wein von »Güte« gilt, gleichgültig, ob er einen zarteren oder ganz reichen Inhalt hat, als oberstes Gesetz: »Harmonie in allen Geschmacksstoffen.« Sie lassen sich durch die Zungenprobe in den einzelnen Komponenten feststellen.

Der *Körper* ergibt sich aus dem Gehalt an Extrakt, Glycerin und Gerbstoff und macht den Wein zart, saftig, stoffig, wuchtig.

Der *Fruchtgeschmack* sollte jedem Wein eigen sein, auch wenn er noch so klein und bescheiden ist. Er macht das Wesen des Weines aus und kann sich in vielen feinen Übergängen steigern vom zarten, feinen Wohlgeschmack, über schöne Art, zur delikaten Fruchtwürze und vollendeten Finesse.

Alkohol gibt dem Wein das Feuer und stuft sich ab in leicht, kräftig, schwer, feurig. In Frankreich wird im Gegensatz zur Bundesrepublik der Wert eines Weines nach seinen Alkoholgraden bestimmt.

Ein Wein ohne *Süße* ist trocken und kalt. Die Stufen der Süße gehen von der zarten, lieblichen, saftigen, bestechenden bis zur öligen Honigsüße der Beerenauslese.

Säure belebt den Wein, macht ihn haltbar und pikant. Sie ist für einen guten Wein unentbehrlich: feine, rassige, reife, delikate Fruchtsäure.

Auch *Kohlensäure* soll im Wein enthalten sein, denn sie bestimmt sein Leben. Aufwärts von frisch, spritzig, feinprickelnd, görig bis zur edlen Flaschengör und abwärts von ausgebaut, abgeklärt zur edlen Firne bewegt sie sich, je nach Alter des Weins.

Nur das Gleichgewicht all dieser Stoffe gibt einem Wein die Harmonie, die sich im Zusammenwirken der erwähnten Einzelstoffe schon im Duft offenbart. Diese Wahrnehmungen sind nur mit aufgeschlossenen, feinempfindlichen und geschulten Sinnen zu erkennen. Wer einmal eine Anzahl edler, differenzierter Weine sorgfältig durchgekostet hat, wird ohne zu zögern bestätigen können:

Weinprobieren ist ein interessantes, schönes und intensives Erlebnis.

Es ist die Aufgabe des verantwortungsvollen Weinkaufmannes, ständig auszusortieren und durch Pflege die begehrten Güte-Eigenschaften zu erzielen. Eine schöne Frau mit wohlproportionierten Maßen kann recht langweilig sein, wenn nicht Eleganz der Bewegung, Timbre der Stimme oder Charme des Blickes Geist und Seele erkennen lassen. So kann auch Wein mit wohlausgewogenen analytischen Zahlenwerten bei aller fehlerlosen Reinheit ein langweiliges Getränk ohne Anregung sein. Wein mit dem hohen Prädikat »Güte« muß außerdem in vornehmer Art die Merkmale seiner Herkunft, wie z. B. den Stahl des Rheingaues oder den beschwingenden Duft der Mosel, erkennen lassen. Daneben muß er Anreiz besitzen, locken und begeistern, wie eine bezaubernde Frau es durch den Reiz ihres Augenaufschlages zu tun versteht.

Die verständnisvolle Pflege des Einzelfasses – man kauft Wein nicht in einer Fabrik –, die Sorge um den Ausbau, der Abstich im richtigen Zeitpunkt und die Probe in regelmäßigen Abständen zählen zu den Maßnahmen einer intensiven Beobachtung des Zöglings, die uns als grundlegende Voraussetzung für die Erreichung von Qualität im höheren Sinne zu sein scheint. Nur mit Fingerspitzengefühl und Liebe zum Wein, mit Opfern und Kosten ist dies zu erreichen. Bei dem einen Wein begeistert sein edler Stoff und Körper, bei dem anderen wiederum die Frische und die ausgeglichene Fruchtsäure in bezug zum Ganzen, beim dritten wiederum lockt die zarte Eleganz, verbunden mit feiner Süße.

Auf jeder Preisstufe – von der alleruntersten vielleicht abgesehen – gibt es Gewächse, die Güte erlangten. Die Frage, ob der zu beurteilende Wein durch Mostzuckerung verbessert wurde oder nicht, ist belanglos, solange das Güteprinzip im Vordergrund stand. Diese Tendenz kommt auch im Weingesetz von 1971 deutlich zum Ausdruck, wonach QbA *) verbessert sein darf.

In einem gutgeführten Weinhaus kommen die heranreifenden Sorten erst kurz vor Erreichen des Gütehöhepunktes zum Vertrieb, damit der Käufer

*) Abkürzung für Qualitätswein bestimmter Anbaugebiete

das Erzeugnis zum günstigsten Zeitpunkt erwerben kann. Gesundheit des Weins und lange Lebensdauer sind Gütemerkmale reifer Sonnenjahrgänge. Die Auswahl eines Getränkes, an das so vielseitige Ansprüche gestellt werden – denn es soll des Menschen Herz erfreuen –, erfordert Zeit und Sorgfalt. Man vergleiche, man probiere und bemühe sich, das Erinnerungsvermögen für kostbare Weine zu schulen und zu steigern; dann ist man erst auf dem richtigen Weg, um Qualität beim Wein vom Standpunkt des gehobenen Geschmacksanspruchs zu erkennen und ihre Bedeutung zu schätzen.

Übung macht den Meister

Wie erwirbt man Kenntnisse im Weinfach und wodurch wird eine sichere Zungenprobe erlangt? Die Antwort lautet: »Übung macht den Meister.« Selbstverständlich muß eine Begabung zur Sinnenprobe vorhanden sein, die dem absoluten Gehör vergleichbar ist. Die Probe und Beurteilung von Wein verlangt jedoch vor allem jahrelange Übung und Erfahrung, so wie die Beherrschung des Handwerks für jede Kunst Voraussetzung ist.
Starkes Rauchen beeinträchtigt die Feinheit des Gaumens, deshalb darf beim Kosten von Wein nicht geraucht werden. In keiner Kellerei ist Gästen oder Personal das Rauchen im Keller gestattet. Anders ist es dagegen zu Hause beim Weintrinken. Eine Weinprobe stellt keinen Genuß in diesem Sinne dar, sie ist eine ernsthafte Handlung und erfordert Anstrengung der Sinne, die sich dabei auf den Wein konzentrieren. Bei großen Proben sind oft hundert, auch zweihundert und mehr Sorten in Probiergläschen aufgestellt. Die Verkostung von mehr als zweihundertzwanzig Sorten ist an einem normalen Arbeitstag geistig und körperlich unmöglich zu bewältigen. Bei der Probe müssen Notizen gemacht werden, und manchmal bedarf es der Rückprobe oder eines nochmaligen Vergleiches. Bei öffentlichen Versteigerungen ergehen gedruckte Prospekte mit Freispalten, in denen Probe-Ergebnisse vermerkt werden.
Zur Erlangung von Weinkenntnissen sollte man sich am zweckmäßigsten an einen erfahrenen Fachmann wenden. Man lasse sich den Keller zeigen und die einzelnen Behandlungsvorgänge erläutern. Dann schreite man zur Probe verschiedenartiger Weine einer bestimmten Preisklasse aus den ein-

zelnen Gebieten, gegebenenfalls sogar des In- und Auslandes, und vergesse nicht, sich Notizen zu machen. Solange man die Fachausdrücke noch nicht beherrscht, benutze man selbstgebildete Ausdrücke, um die aufgenommenen Geschmackseindrücke im Gedächtnis zu behalten. Man sollte auch nicht versäumen, zurückzuprobieren und hierbei die Notizen zu überprüfen, abzuändern oder zu berichtigen. Schließlich vergleiche man seine Wahrnehmungen mit denen eines anerkannten und geschulten Kosters, der eine sichere Zungenprobe besitzt. Fachleute finden sich gern bereit, nähere Erklärungen zu jedem Wein zu geben, seine Eigenart und seine Vorzüge zu schildern und zu begründen. Geologische und geographische Aufschlüsse lasse man sich anhand der Lagenkarte erteilen.

Es bedarf keiner Frage, daß selbst unter Fachleuten eine Weinprobe bis zu einem gewissen Grad subjektiv und abhängig ist von Umgebung, Stimmung sowie von der Speise, die man vorher zu sich genommen hat. Die Weinprobe erfordert starke Konzentration, Ruhe, Zeit und gute körperliche Verfassung. Im Zustand innerer Unruhe sollte man keinesfalls probieren. Am sichersten probiert man auf nüchternen Magen, vor dem Mittagessen, abgesondert in einem ruhigen Raum. Erst nach langjähriger täglicher Übung ist es möglich, Jahrgang (bzw. ob jung, mittelalt oder alt), Traubensorte und Weinbaugebiet, in Ausnahmefällen weitere Einzelheiten mit Sicherheit zu bestimmen, wie z. B., ob das Erzeugnis echt, fragwürdig oder gefälscht ist, ob der Wein gesund, kränklich bzw. verludert oder krank und ungenießbar ist. Ganz besonders künden Auge und Nase solche Mängel an. Die Geschmackswahrnehmung ist für den aufgeschlossenen Verkoster der zusammengefaßte Beweis der von Auge und Nase empfundenen und getroffenen Feststellungen.

Laien und sogar die Mehrzahl der nicht beruflichen Weinfreunde sind mit verbundenen Augen kaum in der Lage, Weißwein von Rotwein zu unterscheiden. Ein Versuch in dieser Richtung wirkt belehrend und ernüchternd. Er läßt die sogenannten Weinkenner, die sich gern brüsten, verstummen. Bei einem solchen Versuch darf man nicht zwei Proben reichen, da der Zufall dabei eine zu starke Rolle spielte. Man gibt drei oder vier Proben und kann so weit gehen, nur eine Sorte einzuschenken. Dann erlebt man Fehlurteile! Unter Laien hört man oft die Ausdrücke »verschönter« oder »gepantschter« Wein. Die erste Aussage ist ganz laienhaft, denn jeder Wein muß geschönt werden, um haltbar auf der Flasche und blitzblank im Glas zu sein, wie es der Abnehmer fordert. Es gibt sehr verschiedenartige Schönungen wie die Eiweiß-, die Blau- und die Rotschönung. Das sind gesetzlich zugelassene, althergebrachte Kellerbehandlungsmittel, die einen gewissen Zweck verfolgen. Sie dienen der Klärung des Weins. So wird zum Beispiel bei der Blauschönung dem Wein das überschüssige Eisen entzogen, das häufig die Ursache für langwierige Trübungen ist. Der Vorgang wird deswegen als Blauschönung bezeichnet, weil der behandelte Wein vorübergehend eine blaue Farbe annimmt, die später im Trub ausgeschieden wird.

Unter »gepanschtem« Wein versteht der Fachmann einen gefälschten, den gesetzlichen Bestimmungen nicht entsprechenden Wein, insbesondere einen durch verbotenen Wasser-, Trester-*) oder Apfelweinzusatz »gestreckten« Wein. Stößt man auf solche Weine, so werden sie durch Sicherstellung aus dem Verkehr gezogen; der Verantwortliche wird bestraft.

Dagegen sollte die Bedeutung des Weinverschnitts, woran der Unkundige gern herummäkelt, nicht verkannt werden. Er muß natürlich gesetzlich statthaft sein. Die modern gewordenen Typen- und Markenweine (wie zum Beispiel »Goldener Oktober«), mitunter als Deutsche oder Europäische Tafelweine gekennzeichnet, sind das ausgeklügelte Ergebnis wohlgelungener Mischung. Auch bei Tee oder Kaffee schätzt der Kenner die gute Mischung. Oft ist ein »blended tea« viel angenehmer und ausgeglichener, als das unangetastete Naturprodukt mit seinen Ecken und Kanten oder mit einer einseitigen Geschmacksbetonung. Wenn gewisse Kreise sich in dem Glauben befinden, daß jedwede Mischung mit reeller Handlungsweise nicht vereinbar sei, so kann man solcher Auffassung nicht energisch genug entgegentreten.

Es ist eine bekannte Tatsache, daß die Qualität der Traubenernte eines Gebietes in einzelnen Jahren recht unterschiedlich ausfällt. Das weintrinkende Publikum, das sich an einen bestimmten Wein gewöhnt hat, verlangt jedoch, daß der gleiche Wein nachgeliefert wird. Das gewünschte Produkt entsteht dadurch, daß verschiedene Weine miteinander vermischt, verschnitten (verstochen) werden. Der Weltruf der französischen Weine und Cognacs beruht auf der besonderen Vervollkommnung in der Kunst des Verschneidens. Die Stellung des Verschnittmeisters (maître de coupage) ist angesehen und gut dotiert. Champagner und Cognac können nur auf dem

---

*) das sind die Rückstände beim Keltern und Bierbrauen

Weg geschickter Weinmischung entstehen, auch die weltberühmten Bordeauxweine mit Schloß- oder Erzeugerangabe sind immer das Ergebnis sinnvoller Weinmischung, die aus verschiedenen zugelassenen Traubensorten jener Gegend besteht.

Impulse durch Weinbruderschaften und andere weinkulturelle Vereinigungen

Zum Genuß der edlen Weine
wünschen wir uns einen fröhlichen –
und ob der Gottesgaben andächtigen –
Genießer.

Die vielen weinkulturellen Vereinigungen, die nach dem Zweiten Weltkrieg in der Bundesrepublik entstanden, wurden offenbar durch das französische Vorbild der Confrérie des Chevaliers du Tastevin angeregt*).
Diese in dem ausgezeichneten Burgunder-Jahrgang 1934 gegründete größte und bekannteste französische Weinbruderschaft steht unter dem Wortspiel-Wahlspruch »Jamais en vain, toujours en vin« (Im Zweifelsfalle immer der Wein) und hat ihren Tagungsort auf Schloß Clos Vougeot (Burgund).
Der Herzog von Aumale, einer der berühmtesten Heerführer Frankreichs aus dem letzten Jahrhundert, ließ den Weinreben beim Vorbeimarsch seiner Truppen militärische Ehren erweisen. Wie die Überlieferung berichtet, sei ein militärischer Befehl selten mit größerer Bereitwilligkeit ausgeführt worden wie derjenige in nächster Nähe des genannten Schlosses.
Die Bruderschaften und Weinorden mit mittelalterlichen Gebräuchen werden wieder ins Leben gerufen und sind zugleich ein wirksames Werbemittel. Überall entstanden weitere derartige Confréries, so die Jurade von Saint-Emilion, und selbst an der Loire die Confrérie de la Chantepleure in Vouvray. Doch das Château de Clos Vougeot und seine Confrérie des Chevaliers du Tastevin stehen in der Skala der französischen Weinorden an der

---

*) Die Ordensbezeichnung leitet sich ab von tâte de vin (Weinprobe) und tâte-vin (Stechheber, wie er beim Probenziehen aus Gebinden üblich ist)

Spitze. Über dreihundert Sitzungen ihres Kapitels fanden in den ehrwürdigen Räumen des Schlosses, inmitten der Reben gelegen, statt. Zu den Mitgliedern des Ordens gehören die ehemaligen französischen Staatspräsidenten de Gaulle und René Coty, Schauspieler wie Maurice Chevalier und Fernandel, der Filmregisseur Alfred Hitchcock, Diplomaten wie Duff Cooper, François-Poncet und Charles Bohlen oder Generäle wie Norstad und Gruenther. In den vierzig Jahren seit Bestehen des Weinordens haben weit über hunderttausend Gäste an seinen Kapitelsitzungen teilgenommen, zu deren Höhepunkt jeweils ein Essen mit über fünfhundert Personen, sieben Gängen und sechs verschiedenen hochwertigen Burgundern in den im Jahre 1110 erbauten Kellern des Renaissance-Schlosses gehört. Dabei ist der Andrang so groß, daß jedesmal an die hundert Anmeldungen zurückgestellt werden müssen.

Die acht Conseils des Ordens, die sich durch Wahlen selbst ergänzen, unterhalten die Tischrunde während des mehr als vierstündigen Diners mit Reden. Französische Wortspiele perlen wie Kaskaden über die Zuhörer dahin. Prominente Gäste werden aufgerufen und vorgestellt, während die unermüdlichen »Garçons de Bourgogne« einige Arien zum besten geben.

Mit Ausnahme von zwei Brauchtum-Vereinen mit Weinzeremonien ist die älteste deutsche Vereinigung zur Pflege der Weinkultur das 1951 gegründete Collegium vini, Frankfurt a. M. Die Gesellschaft bezweckt die Pflege des Verständnisses für den rechten Umgang mit dem Wein als einem Bestandteil unseres kulturellen Lebens. Sie will die notwendigen Kenntnisse zur Beurteilung des Weines vermitteln, über die sozialen und wirtschaftlichen Verhältnisse im Weinbau unterrichten, zur Beschäftigung mit der Literatur über den Wein und mit der Kulturgeschichte des Weines anregen sowie dazu beitragen, den deutschen Wein in seiner Vielfalt zu bewahren und ihm den gebührenden Platz unter den anderen europäischen und außereuropäischen Weinen zu erhalten.

Neben festlichen Weinproben finden Schulungsproben für die Junioren sowie Arbeits- und Jahrgangsproben für die interessierten Mitglieder und Kenner statt. Diese Proben, bei denen auch ausländische Weine vertreten sind, werden zuvor von einem Gremium Weinsachverständiger in sogenannten Dreiergruppen oder Tonleitern gestellt.

Der kulturelle Einfluß des Vereins ist erheblich. So wurden die deutschen Weine anläßlich der Beschickung der Weltausstellung in Brüssel von Sachverständigen des Collegiums bei der Vorprobe ausgesucht. Doch auch der

edelste und größte Wein bleibt unerkannt und unbewertet, wenn ihn nicht Menschen dankbar zu genießen verstehen, die über die entsprechende Bildung der Sinne und die Offenheit des Gemüts verfügen.
Es folgt nun eine Übersicht der ermittelten in- und ausländischen Orden, die allerdings keine Gewähr für Vollständigkeit bietet:

1. Confrérie St. Etienne, Ammerschwihr (Elsaß), gegr. 1947
2. Weinzunft »Bacchus«/Zechgesellschaft, Bacharach, gegr. 1960
3. Die Weinbruderschaft zu Berlin, Berlin, gegr. 1957
4. Weinbruderschaft Mosel-Saar-Ruwer, Bernkastel-Kues, gegr. 1967
   Wahlspruch: *Amata vitis – beata sitis*
5. Gilde St. Vincent de Belgique, Bruxelles (Belgien)
6. Rheingauer Weinkonvent, Kloster Eberbach, gegr. 1971
7. Collegium vini, Frankfurt a. M., gegr. 1951
8. Internationaler Hansenorden zu St. Goar, St. Goar, gegr. 1945
   Gruß: *Heil und Humpen*
9. Österreichische Weinbruderschaft, Gumpoldskirchen, gegr. 1971
10. Weinbruderschaft zu Hamburg, Hamburg, gegr. 1964
11. Weinbruderschaft zu Hannover, Hannover, gegr. 1964
12. Weinbruderschaft Heidelberg, Heidelberg, gegr. 1972
13. Weinbruderschaft von Krems, Krems (Wachau), gegr. 1970
    Wahlspruch: *Vinum chremisense, decus et gloria mensae*
14. Weinorden an der Nahe, Bad Kreuznach, gegr. 1969
    Wahlspruch: *In vino vigor*
15. Die Ehrbare Mainzer Weinzunft von 1443, Mainz, gegr. 1954
    Wahlspruch: *Ergo bibamus*
16. Erste Badische Weinbruderschaft zu Meersburg am Bodensee, Meersburg, gegr. 1966
17. Weinbruderschaft St. Martin zu Mülheim a. d. Ruhr, Mülheim/Ruhr, gegr. 1969
18. Münchner Großkomturei der Weinbruderschaft der Pfalz, München, gegr. 1960

19. Weinorden »In Vino Pax«, München, gegr. 1964
Wahlspruch: *In vino pax*
20. Die Weinbruderschaft der Pfalz, Neustadt, Weinstr., gegr. 1954
Wahlspruch: *In vite vita*
21. *Confrérie des Chevaliers du Tastevin, Nuits-St.-Georges (Burgund), gegr. 1934*
Wahlspruch: Jamais en vain, toujours en vin
22. Nürnberger Komturei der Weinbruderschaft der Pfalz, Nürnberg, gegr. 1969
23. Weinbruderschaft Rheinhessen zu Sankt Katharinen, Oppenheim/Rh., gegr. 1970
24. Orden der Ritter vom steifen Löffel zu Seligenstadt, Seligenstadt, gegr. 1937/38
Wahlspruch: *Wer leer mich trank in einem Zug,*
hat frei Geleit mit Recht und Fug
25. Ordre de la Channe, Sierre (Wallis), gegr. 1957
26. Gesellschaft für Geschichte des Weines, Wiesbaden, gegr. 1959
27. Confrérie des Commandeurs des Domaines Schenk, Klostergut Fremersberg (Baden), gegr. 1974.

Das neue Weinrecht

(Weingesetz vom 14. Juli 1971 und die Brüsseler EWG-Bestimmungen) hilft dem noch unbewanderten Weinverbraucher

Das »Neue Weinrecht« ist seit dem 14. Juli 1971 in Kraft und stellt eine Verflechtung nationaler Vorschriften und supranationalen Rechtes, den sogenannten Brüsseler EWG-Bestimmungen, dar. Eine eingehende Darstellung bzw. Erläuterung der neuen Vorschriften muß Kommentatoren vorbehalten bleiben. Hier sollen nur einige gravierende Neuerungen behandelt werden, um das Vertrauen des Verbrauchers, der den nach dem neuen Recht hergestellten und bezeichneten Wein trinken soll, zu stärken.

Mit der Veröffentlichung des neuen deutschen Weingesetzes ist ein nahezu zwanzigjähriger Kampf um die Neugestaltung des mittlerweile veralteten Weingesetzes von 1930 beendet worden. Das erste deutsche Weingesetz stammt aus dem Jahre 1892 und bestand aus 13 Paragraphen; in der davorliegenden Zeit wurden die Fässer des Weinfälschers auf dem Markt öffentlich in Stücke geschlagen – der Inhalt floß in die Gosse. 1901 folgte ein Gesetz mit 22 Paragraphen und 1909 ein weiteres mit 34 Paragraphen. Das vierte Weingesetz wurde 1930 von Reichstag gleichfalls mit 34 Paragraphen und zusätzlich mit einer Fülle von Ausführungsverordnungen verabschiedet. Das Weingesetz von 1969 mit 97 Paragraphen und 68 nie erlassenen Ausführungsbestimmungen kam nie zum Tragen. Es wurde durch die Brüsseler EWG-Bestimmungen und das Anpassungsgesetz von 1971, das sogenannte neue Weinrecht mit 75 Paragraphen und einer Unzahl von Sonderbestimmungen, überrundet. Wegen der Rechtschutzbefugnisse der EWG-Organe ist mit einer ständigen Änderung einzelner Bestimmungen zu rechnen, und auf Sicht eine eingefahrene Rechtslage nicht zu erwarten. Auch die großen anderen weinbautreibenden europäischen Länder haben Weingesetze mit scharfen, weingesetzlichen Strafbestimmungen erlassen. Die Versuchung, Wein mit Zuckerwasser, Glycerin, Pottasche, Saccharin, Ochsenblut, Essenzen und anderen Chemikalien nachzuahmen und sich dabei zu bereichern, war für unredliche Elemente von jeher sehr groß. Früher geschah das im kleinen nachts in einem entlegenen Familienkeller. Heute sind da internationale Fälscherbanden ganz im großen am Werk: Die gefälschten Weine werden analysenfest gemacht, so daß sie nur mit der Zunge des erfahrenen Kosters entlarvt werden können. In all diesen Fällen stellen die Ermittlungsbeamten der Staatsanwaltschaft einen übermäßigen Wasserverbrauch fest. Den Fälschern und Kunstweinfabrikanten wird im allgemeinen nach kurzer Zeit das Handwerk gelegt. Der reelle Erzeuger und die europäische Winzerschaft könnten ohne ein gut funktionierendes Weinrecht sonst nicht fortbestehen.

Mit der Gruppeneinteilung des deutschen Weins in

1. Tafelwein,
2. QbA. Qualitätswein bestimmter Anbaugebiete,
3. Qualitätswein mit Prädikat; sogenannte Prädikatsweine sind Kabinett, Spätlese, Auslese, Beeren- und Trockenbeerenauslesen sowie Eiswein,

soll dem weniger bewanderten Verbraucher eine Hilfe beim Einkauf gegeben werden. Mit der höheren Einstufung wird gleichzeitig die Bindung des Lesegutes an die geographische Herkunft immer enger. Nur Tafelwein kann sich in Zukunft noch aus Verschnittanteilen verschiedener in- und ausländischer Gebiete zusammensetzen. Die Verschnittkunst des Weinhandels wird somit gesetzlich auf die unterste Gruppe beschränkt. Die Bereitung eines »Europäischen Tafelweines« ist neu und zugelassen.
Qualitätsweine dagegen müssen aus ein und demselben Weinbaugebiet stammen, z. B. Rheinhessen; Prädikatsweine aus einem einzigen Bereich, z. B. Bernkastel. Letztere müssen durch den neu eingeführten Begriff »Bereich« gekennzeichnet werden, um eine Verwechslung mit dem in Bernkastel selbst gelesenen Wein auszuschalten. Die früheren, oft mißbräuchlich verwendeten Gattungslagen wie Niersteiner Domthal, unter der auch Weine, die in einem gewissen Umkreis gewachsen sind, umbenannt werden konnten, wurden durch festumrissene Großlagen ersetzt. In bezug auf die geographische Bezeichnung räumt der Gesetzgeber also mit der bisherigen Benennungswirrnis auf und begründet die »Weinbergsrolle«. Nur die darin aufgenommenen Lagenamen mit einer Mindestgröße von 5 Hektar dürfen seit Inkrafttreten des neuen Weingesetzes benutzt werden. Für Tafelweine ist die Verwendung einer Lagebezeichnung nicht statthaft, doch können sie unter Phantasiebezeichnungen vertrieben werden. Im übrigen werden bei Tafelwein mindestens 8,5° Alkohol verlangt.
Neu ist auch, daß Qualitätsweine bestimmter Anbaugebiete angereichert werden dürfen; lediglich Prädikatsweine müssen ungezuckert bleiben. Für erstere wird infolgedessen als Ausgangsmostgewicht mindestens 57° Öchsle gefordert, für Prädikatsweine mindestens 70° Öchsele. Vor dem 1. Januar nach der Lese dürfen Prädikatsweine weder abgefüllt noch in den Verkehr gebracht werden.
In Zusammenhang mit der Gruppeneinteilung ist eine Prüfung beider Qualitätsweine eingerichtet worden. Die Eigner haben drei Proben ihrer Weine einer Prüfungskommission des betreffenden Anbaugebietes einzureichen und bekommen Prüfungsnummern zugeteilt, wenn der Wein nicht abgelehnt oder zurückgestuft worden ist. Die amtliche Prüfungsnummer, kurz A.P.Nr. genannt, ist jeweils dem betreffenden Etikett einzudrucken. Eine Sonderstellung im Bereich der Phantasienamen nimmt die Marke Liebfrau(en)milch ein. Hier handelt es sich um eine Typenbezeichnung, unter der bisher rheinhessische Weine von qualitativ guter Beschaffenheit

und lieblicher Art gegeben wurden, so daß für den reellen Weinhändler die Möglichkeit vorhanden ist, jahrzehntelang gleichwertige Weine auszuwählen und nachzuliefern. Die Tendenz geht dahin, in der Zukunft auch Weißweine aus benachbarten Gebieten wie der Pfalz dafür zuzulassen.

So erklärt sich, daß die Typenbezeichnung Liebfraumilch insbesondere für den Export sehr beliebt ist und international eingeführt wurde. Früher gab es auch Liebfraumilch Spätlese und Liebfraumilch Auslese, vorausgesetzt, daß das gewählte Prädikat zutraf. Das neue Weinrecht untersagt die Anwendung eines Prädikats bei Liebfraumilch. Die Marke Liebfraumilch leitet im übrigen ihren geschichtlichen Ursprung von dem kleinen Weingelände an der Wormser Liebfrauenkirche ab. Liebfraumilch »eigenes Gewächs« gibt es nicht und wäre eine irreführende Angabe, weil damit die Eigenart des Phantasienamens ohne jegliche geographische Gebundenheit verwischt würde.

In geringen Weinjahren, wie in allen Fällen, in denen die Natur den Trauben die Entwicklung des nötigen Naturzuckers versagt, kann sich bei der Vergärung der nötige Alkohol nicht bilden. Solche Weine bleiben daher, wie der Fachausdruck besagt, »unselbständig« – sie sind in Ermangelung der nötigen Alkoholmenge nicht haltbar.

Um das wertvolle Ernteergebnis zu verwerten und genußfertig zu machen, ist es nötig, solchem Wein bzw. Most den fehlenden natürlichen Zuckergehalt durch Zusatz gelösten Rüben- oder Rohrzuckers einzuverleiben. Dieser durch das Weingesetz geregelte Vorgang hieß bisher »Verbesserung« und wird nunmehr als »Anreicherung« bezeichnet. Auch in anderen weinbautreibenden Ländern wie Frankreich darf gezuckert werden. Man spricht dort von »chaptalisieren«. Das Wort stammt nach dem Erfinder des Zuckerns von Wein, dem napoleonischen Landwirtschaftsminister Chaptal. Es handelt sich bei diesem Vorgang nicht, wie der Laie leichthin annimmt, um ein »Süßen« des Weines, sondern um die Herbeiführung jenes Verwandlungsprozesses, der aus dem im Wein aufgelösten Zucker Alkohol und Kohlensäure entstehen läßt, damit der Wein seinen Mindestalkoholgehalt erreicht und sich konserviert.

In der Bundesrepublik darf dem Wein, wenn er zuviel Säure hat, durch Naß- oder Trockenzuckerung Wasser und Zucker bezw. Zuckerwasser oder nur Zucker zugesetzt werden. Wasser deshalb, weil man auf diese Weise eine grasige Säure verdünnen kann; Zucker, um den nötigen Alkohol zu erzielen. Die Möglichkeit zur Naßzuckerung endet 1979.

Im Ausland bestehen andere Vorschriften. In Frankreich kann man zum Beispiel, wenn ein Wein zuwenig Alkohol hat, nicht nur aufzuckern, sondern auch aufspriten, d. h. vom staatlichen Monopolamt gewonnenen Alkoholsprit aus Wein zusetzen. Das ist bei uns streng verboten. Außerdem darf man in Frankreich Zitronensäure zusetzen, weil dort die Trauben besonders in Südfrankreich zuwenig natürliche Säure haben. Wer in der Bundesrepublik Zitronensäure oder Alkoholsprit zusetzt, ist ein Weinfälscher. Wasserzusatz ist bei französischen Weinen nicht nur nach dem Weingesetz verboten, sondern auch deshalb sinnwidrig, weil man dort aufsäuern und nicht säureverdünnen muß. Es ist also nicht vom guten oder bösen Willen des jeweiligen Gesetzgebers abhängig, ob man mit Zuckerwasser oder mit Säure und Alkoholsprit arbeitet, sondern diese Hilfsmittel haben sich aus den Naturgegebenheiten folgerichtig entwickelt. Ein uraltes Kellerbehandlungsmittel zur Haltbarmachung des Weins und zur Vernichtung nachteiliger Bakterien ist das Schwefeln der Fässer und des Weins selbst. Ursprünglich wurde Schwefelspan dazu benutzt. Alle Weingesetze des In- und Auslandes lassen davon nur kleine Mengen zu, da man längst weiß, daß zu große derartige Beigaben der menschlichen Gesundheit abträglich sein können, besonders kräftigen Trinkern. Zu stark geschwefelte Weine haben einen unangenehm stechenden Geruch.

Erstmals sind im Weingesetz von 1969 Zahlenwerte für schweflige Säure angeführt, die bisher nicht festlagen und daher von Land zu Land unterschiedlich und Anlaß zu großer Rechtsunsicherheit waren. In sehr guten Weinjahren, in denen der Wein länger als gewöhnlich lagert, bis er zum Verbrauch gelangt, sollten für die Schwefelung stillschweigend etwas höhere Werte toleriert werden. Die freie schweflige Säure hat die Tendenz, sich bei längerer Lagerzeit sehr weit aufzubrauchen, indem sie sich von freier schwefliger Säure zur gebundenen umwandelt. Freie schweflige Säure plus gebundene schweflige Säure ergibt die gesamtschweflige Säure. Zu geringe Schwefelgaben führen zwangsläufig zum Hochfarbigwerden des Weins, was sich im Geschmack als rahn (unangenehmer Fehlgeschmack nach trockenen Brotkrusten, Oxydation) kundtut.

Für Weine, die nach dem 1.10.1973 hergestellt sind, dürfen nach den EWG-Verordnungen 2592/73 und 2805/73 für den Gehalt an gesamtschwefliger Säure die nachstehenden Werte nicht überschritten werden:

Weißweine mit weniger als 5 g/l Restzucker 250 mg,

Rotweine mit weniger als 5 g/l Restzucker 200 mg,

Weißweine mit mehr als 5 g/l Restzuckergehalt einschließlich Kabinettweine, Spätlesen und Auslesen 300 mg,

Rotweine mit mehr als 5 g/l Restzuckergehalt 250 mg,

Beerenauslesen und Trockenbeerenauslesen 400 mg.

Die nach dem Weingesetz von 1971 zulässigen Gehalte an freier SO_2, nämlich Beeren- und Trockenbeerenauslesen 75 mg/l, Auslesen, Eiswein und andere Weine, die in einem Liter mehr als 14 Grad Gesamtalkohol enthalten, 60 mg/l und sonstige Weine 50 mg/l, sind durch die beiden vorerwähnten EWG-Verordnungen nicht betroffen.

Die Gruppe der Qualitätsweine kann aus elf verschiedenen deutschen Weinbaugebieten stammen, von denen das zutreffende auf dem Flaschenschild zu bezeichnen ist: Ahr, Hessische Bergstraße, Mittelrhein, Mosel-Saar-Ruwer, Nahe, Rheingau, Rheinhessen, Rheinpfalz, Franken, Württemberg, Baden. Für Tafelweine sind folgende Weinbaugebiete mit ihren Untergebieten festgelegt:

1. Rhein und Mosel
   a) Rhein,
   b) Mosel;
2. Main;
3. Neckar;
4. Oberrhein
   a) Römertor,
   b) Burgengau.

Auch die zulässigen Weinarten wurden definiert und neu geregelt:

1. Weißwein – nur aus Weißweintrauben;
2. Rotwein – nur aus Rotweintrauben;
3. Roseewein – Wein aus hellgekeltertem Most roter Trauben;
4. Rotling – blaßfarbiger Wein bestehend aus Gemisch von Weißweintrauben und deren Maischen mit Rotweintrauben und deren Maischen;
5. Weißherbst;
6. Schillerwein;
7. Perlwein.

Für die Weine Nr. 3 und 4 dürfen die altbekannten Bezeichnungen Nr. 5 und 6 gewählt werden, wenn die Ausgangsstoffe aus den dafür vorgesehenen süddeutschen Anbaugebieten stammen.
Die Bezeichnung Perlwein kann nur verwendet werden in Verbindung mit einer der vorgenannten sechs Weinarten. Voraussetzung für diese zusätzliche Bezeichnung ist das Vorhandensein eines Kohlensäuredruckes von mindestens 1 und höchstens 2,5 atü. Perlwein wird nur in den Gütestufen Tafelwein und QbA hergestellt.
Einige dem Weinfreund vertraut gewordene Begriffe fallen mit dem Inkrafttreten des neuen Weingesetzes fort. So die Angaben natur, naturrein, Naturwein, Naturgewächs, Wachstum, Originalabfüllung. Eine Reihe von Gründen war für dieses Verbot ausschlaggebend. Die oben genannten Begriffe waren in dem alten Weingesetz von 1930 überbewertet und nicht zutreffend, da Zuckerung weder in der Sinnenprobe noch vom Weinchemiker mit Sicherheit nachgewiesen werden und im übrigen durch Zusatz von Konzentrat umgangen werden kann. Insbesondere sollte jenen Auslandsweinen, die mit Mostkonzentratzusatz die Alkoholanreicherung vornehmen, kein bezeichnungsrechtlicher Vorteil geboten werden. Auch soll endlich mit der Diskriminierung der im Rahmen der gesetzlich zugelassenen Grenzen reell gezuckerten Weine, die das neue Weingesetz fördert, aufgeräumt werden. Im übrigen kann nach heutiger Auffassung der Gesetzgeber die Begriffe naturrein u. a. auch nicht mehr billigen, da alle Weine zwecks Haltbarmachung behandelt, somit verändert und nicht mehr »natur« sind. Diejenigen Verbraucher, die weiterhin naturreine Weine trinken möchten, werden in Zukunft tiefer in die Geldbörse greifen müssen und sich an die Qualitätsweine mit Prädikat zu halten haben. Die gewohnten Zusatz- und Unterscheidungsbezeichnungen »feine«, »feinste«, »allerfeinste« (Spätlese oder Auslese) fallen fort. Als Ersatz für die Wortbildungen mit Original wurde der Begriff »Erzeugerabfüllung« neu gebildet.
Einige typisch deutsche Bezeichnungen, wie Schillerwein, Weißherbst, Kabinett, Spätlese, Auslese, Beerenauslese, Trockenbeerenauslese und Eiswein, wurden im Gesetz für Auslandsweine verboten. Infolge des Protestes ausländischer Erzeuger dürfen die genannten Prädikate zutreffendenfalls allgemein benutzt werden. Bei im Inland abgefülltem Auslandswein muß der Importeur angegeben, bei importierten Flaschenweinen der ausländische Abfüller genannt sein. Zur Erhaltung des Charakters der Auslandsweine dürfen in Zukunft hierzulande grundsätzlich nur Weine gleicher Art

und Herkunft miteinander verschnitten werden. Diese Vorschrift wird sich zwar nur bei Konsumweinen auswirken, weil die Einfuhr der besseren Weine mehr und mehr auf der Flasche erfolgt.
Auch die Begriffe für Schaumwein und Sekt werden durch das neue Weingesetz gewandelt, so daß sie nicht mehr identisch sind. Nach dem neuen Weinrecht wird das Weinetikett völlig anders aussehen: nüchtern, ohne Landschaftsabbildungen und ohne Wappen, dagegen Angaben wie Bereich, amtliche Prüfungsnummer, aus dem Lesegut von ..., Hersteller ... u. a. enthalten.
Das Deutsche Weinsiegel und das Badische Gütezeichen sind in Zukunft die einzig befugten Qualitätshinweise auf der Flasche. Die deutschen Weinbaugebiete gehören zusammen mit dem Weinbaugebiet Luxemburg zur Weinbauzone A mit Ausnahme von Baden. In der Bundesrepublik hat sich nur Baden zur Weinbauzone B erklären lassen, deren Weine im Gesamtalkohol 0,5° höher stehen dürfen. In Frankreich gehören Elsaß, Lothringen, Champagne, Jura, Savoyen und Loire-Tal zur Zone B.

Was ist ein weinhaltiges Getränk?

Er stärkt schwachen Magen,
erfrischt matte Kräfte

Der bedeutendste Kirchenlehrer des Abendlandes, Augustinus, sagte: »Er stärkt schwachen Magen, erfrischt matte Kräfte« und dachte dabei an die damals üblichen Gewürz- und Kräuterweine. Tausendfünfhundert Jahre später definieren Gesetzgeber und Lebensmittelchemie sehr viel prosaischer: Diejenigen Getränke, die nach Beschaffenheit und Zusammensetzung neben gewissen Zusätzen hauptsächlich Traubenwein (700 ccm Wein in 1 Liter Flüssigkeit) enthalten, gehören zu dem Sammelbegriff der weinhaltigen Erzeugnisse.
Hierzu rechnet man Wermut, Aperitif und Kräuterwein (aromatisierte Weine). Dazu gehören auch die sizilianischen Landesprodukte Marsale all uovo (Marsala mit Ei) und die anderen Spezial-Marsalaweine mit Schokolade, Erdbeeren, Bananen oder Mandeln. Auch die geharzten (rezinierten) Weine Griechenlands sind weinhaltige Getränke.

Die Hersteller von weinhaltigen Getränken besitzen ansehnliche und geräumige Fabrikationsbetriebe; hier wird fabriziert, im traditionellen Winzerkeller wird bereitet. Alle Hersteller von weinhaltigen Getränken haben weltweit bekannte Marken geschaffen. Ihr Streben ist auf gleichbleibende, geschmacklich ausbalancierte, rechtlich geschützte und auf von der kleinsten Bar in der Sahara anerkannte Marken gerichtet. Während im Weinkeller vom Winzer und Gutsbesitzer jedes Faß individuell ausgebaut wird und jeder einzelne Wein seinen besonderen Geschmack hat – also eine reichhaltig nuancierte Geschmacksskala geboten wird –, liefern die Fabrikanten weinhaltiger Getränke einheitlich genormte Erzeugnisse.
Der eigentliche und ursprüngliche Sitz der Hersteller von Wermutwein, um mit dem wichtigsten der weinhaltigen Weine zu beginnen, ist Turin (Italien). Dort wurden zuerst die an den benachbarten Hängen wachsenden, besonders geeigneten und neutralen Astiweine mit Wermutkräutern verarbeitet, die diesem weitverbreiteten Getränk jenen ihm eigentümlichen Geschmack sowie seine feine und appetitanregende Würze und Bittere verleihen. Als Vermouth bzw. Vermouth di Torino wird nur der im Ausland (insbesondere Italien, in weniger bedeutendem Umfang auch Frankreich), bzw. in Turin hergestellte Wermutwein bezeichnet.
Alle hingegen in der Bundesrepublik zubereiteten Wermutweine – gleichgültig ob aus deutschem oder ausländischem Grundwein und sonstigen Zutaten – können nur als Deutscher Wermutwein in den Verkehr gelangen. Im übrigen muß die Kennzeichnung als deutscher, italienischer oder französischer Wermutwein aus dem Flaschenschild in deutlicher und unverwischbarer Schrift ersichtlich sein. Der Alkoholgehalt des Wermuts liegt gesetzlich fest mit höchstens 18° pro Liter.
Im deutschen Bundesgebiet sind Aperitifs erst durch die französische Besatzungstruppe populär geworden; vor 1945 war der Begriff Aperitif den deutschen Konsumenten so gut wie unbekannt. Die Herstellung deutscher Aperitifs auf Kräuterbasis hat niemals einen nennenswerten Umfang erlangt. Um so mehr sind die weltweit bekannten ausländischen Marken Campari, Dubonnet, Picon u. a. überall eingeführt.
Unter Aperitif versteht man in Frankreich, dem klassischen Land dieses Getränks, appetitanregende alkoholische Erzeugnisse, die mindestens zur Hälfte aus Wein bereitet sind und vor dem Essen gereicht werden. Digestif nennt man ein die Mahlzeit beschließendes, der Bekömmlichkeit dienendes, hartes oder bitteres Getränk.

Aperitif kann Zusätze von Auszügen aus bestimmten Kräutern, Rinden oder Wurzeln oder oft auch Auszüge aus Früchten, wie die eingangs erwähnten Spezial-Marsalaweine, enthalten sowie durch Hinzufügen von Weindestillat, Branntwein aus Wein und Weinalkohol auf höchstens 18 Vol.-% verstärkt sein.

Was sind Süßmoste und weinähnliche Getränke?

Angeregt durch den französischen Chemiker und Bakteriologen Louis Pasteur, ist es seit 1870 gelungen, durch Erhitzen (Pasteurisieren) Obstsäfte, sogenanntes »flüssiges Obst«, als Süßmoste herzustellen. Süßmost ist der unvergorene Saft frischer Früchte. Der Süßmostverbrauch, gefördert durch Sport und Automobilismus hat sich im In- und Ausland in kurzer Zeit zu beachtlichen Umsatzziffern emporgearbeitet.
Die verbreitetste Methode zum Haltbarmachen von Süßmost ist dessen Erhitzung auf über 68° C. Hefe und Schimmelpilze werden bei dieser Temperatur abgetötet, ohne daß der Saft leidet. Man bedient sich hierzu der Glocke aus Reinaluminium. In ihr wird der hindurchfließende Saft rasch erhitzt. Dann läßt man ihn – unter Luftabschluß in Drucktanks oder Ballons gefüllt, worin er unbegrenzt haltbar ist – langsam abkühlen. Großbetriebe verwenden oftmals anstelle der Glocke den Plattenerhitzer. Man kann die Säfte naturtrüb und naturklar herstellen. Der Saft wird durch so engporige Schichten gepreßt, daß selbst kleinste Hefeteilchen zurückgehalten werden. Die Anwendung dieses Verfahrens bedingt allerdings, daß man den Saft vorher blank filtriert hat. Neben den erwähnten Methoden gibt es noch die Einlagerung nach Böhi unter 8 atü Kohlensäuredruck.
Häufig findet auch die Einlagerung der Säfte unter Tiefkühlung statt, wobei eine Imprägnierung mit nur ca. 3 atü Kohlensäure erfolgt und die Kellertemperatur auf unter 5° C gehalten wird. Dann können die Keime nicht arbeiten. Im Augenblick der Abfüllung wird eines der beiden erstgenannten Verfahren angewandt. Gelegentliche Nachtrübungen oder Eiweißniederschläge haben auf die Güte der Säfte keinen Einfluß. Süßmoste dürfen keinen Alkohol enthalten bzw. dessen Gehalt muß weniger als 5 g/l betragen,

d. h. weniger als 0,6 Vol.-%. Schließlich werden die Säfte auch von Kindern und werdenden Müttern getrunken, die infolge Alkoholgehalts Schaden an ihrer Gesundheit nehmen könnten. Am besten haben sich weißer und roter Traubensaft, Apfelsaft, schwarzer und roter Johannisbeersaft und Sauerkirsch eingeführt.
Unter weinähnlichen Getränken verstehen wir Obst- und Fruchtweine, und zwar:

1. Kernobstweine aus Äpfel oder Birnen mit etwa 5 Vol.-% Alkohol;
2. Fruchtweine, insbesondere aus Beeren, mit 8 Vol.-% Alkohol. In Süddeutschland wird nach Landesbrauch der sogenannte schwäbische, württembergische oder badische Most mit nur 4 Vol.-% bereitet;
3. Obst- bzw. Fruchtdessertweine; weinähnliche Getränke auf Dessertweinbasis sind süßer und alkoholreicher (ca. 13 Vol.-%);
4. Obst- und Fruchtschaumweine mit 5 bis 8 Vol.-% Alkohol;
5. Obst- und Fruchtwermutweine, bei denen 13 Vol.-% Alkohol vorgeschrieben sind. Letztere findet man heutzutage nur noch vereinzelt auf dem Land oder bei Schaustellern.

Eigenarten der Schaumweinbereitung

Die uns so geläufige Bezeichnung »Sekt« müßte genaugenommen im Deutschen »trocken« heißen. Seit der Schauspieler Ludwig Devrient (1784–1832), der als Falstaff nach der Aufführung im Wirtshaus gern »a cup of sack« *) verlangte, dabei aber Champagner meinte, bedeutet Sekt soviel wie Schaumwein aus Trauben.
Die Fabrikation des Champagners steht in enger Beziehung zur Erfindung des Flaschenverschlusses durch Korken, welche Pater Dom Pérignon, dem Kellermeister der Abtei von Hautvillers, zugeschrieben wird und in die Zeit

*) Schon zu Shakespeares Zeiten hieß der trockene Wein aus Spanien »the sack«. Eigentlich hätte es »the seck« heißen müssen. In manchen Mundarten wird e und a ausgetauscht. Aus dieser Unsicherheit blieb schließlich das a bestehen. Und so ist kommerziell die Auffassung entstanden, zum spanischen Wein gehöre ein Sack. Tatsächlich finden wir einen Sherry Dry Sack im Handel, der bis zum heutigen Tag in grobes Sackleinen eingehüllt ist

von 1670 bis 1715 fällt. Bis ins 18. Jahrhundert hinein war der Gebrauch von Flaschen selten und deren fester Verschluß, wie er uns zur alltäglichen Gewohnheit geworden ist, unbekannt; man bediente sich des Weinkruges. Zum luftdichten Verschluß wurde, wie heute noch in südlichen Ländern üblich, Olivenöl aufgegossen.
Der Ursprung des Weinkorkens geht auf eine amüsante Geschichte zurück. Pater Dom Pérignon fand in einem seiner Klostergewölbe den hochstöckeligen Schuh einer jungen Äbtissin aus dem benachbarten Frauenkloster, die während seiner Abwesenheit gekommen war, um ihn zu besuchen. Wie berichtet wird, schnitt er ihren zierlichen Korkabsatz zurecht und steckte ihn auf einen Flaschenhals: So ward der Korken geboren!
Aus der oben erwähnten Wortverwechslung durch den Schauspieler Ludwig Devrient, die zu jenem kuriosem Mißverständnis führte, hat sich inzwischen nach vielen Wandlungen eine feststehende Begriffsbestimmung ergeben: Sekt für moussierende Traubenerzeugnisse.
Der Gesetzgeber hat das eingedeutschte Wort »Sekt« zur Bezeichnung deutschen Qualitätsschaumweins, der mit einem bestimmten Mindestanteil aus inländischen Weintrauben stammt, festgelegt. Das stieß im Rat der EWG-Behörde zwangsläufig auf Widerstände des weinbautreibenden Auslands. Die Unsicherheit, ob die inländische gesetzgeberische Definition rechtens ist oder nicht, bleibt im Augenblick noch bestehen.
Schaumwein ist ein Gattungsbegriff, der in Verbindung mit der verwendeten Fruchtart auch als Bezeichnung für Apfel-, Johannisbeerschaumwein u. a. oder ganz allgemein zur Kennzeichnung von Frucht- oder Obstschaumwein dient.
Weiter ist hier der Asti spumante zu nennen, ein süßer italienischer Schaumwein aus der Turiner Gegend, der ein besonderes und nachhaltiges Muskataroma besitzt. Der deutschen Gesetzgebung entsprechend ist Schaumwein jeweils nach dem Lande der Fertigstellung als deutscher, französischer, italienischer oder spanischer auf dem Flaschenschild zu bezeichnen, und zwar in 0,5 cm großer Schrift.
Welche Bewandtnis hat es dagegen mit dem Champagner? Man wählte diese Benennung, weil er aus Pinot-Trauben, die innerhalb der Grenzen der gleichnamigen französischen Landschaft der Champagne viticole, dem gesetzlich festgelegten Gebiet der Champagner Weingärten, hergestellt sein muß. Dort in den Departements de la Marne, de l'Aisne, de l'Aube, de Seine-et-Marne und de la Haute-Marne muß er auch zu Schaumwein ver-

arbeitet worden sein. Neben der Pinot-Traube verdankt der Champagner seine charakteristischen Merkmale auch der geologischen Bodenformation in den Rebgärten und nicht zuletzt seiner Herstellungsart, »der méthode champenoise«, die sich auf die gute und langjährige Haltbarkeit des Champagners vorteilhaft auswirkt.

Schäumender Champagner ist von weißer Farbe. Er wird zum größten Teil aus Trauben, die wir zwar schwarz nennen, bereitet, obwohl die Beerenhäute außen blau und innen rot sind. Der Saft fließt jedoch weiß. Nachdem der Most in den Gärbottich gefüllt ist, beginnt er ohne menschliches Zutun ungestüm zu gären. Hierbei scheidet er schaumigen Schmant, den sogenannten »Hut« (chapeau), aus. So befreit sich der Saft von allem Staub und Schmutz.

Bevor hier von der Bereitung des Schaumweins und den zulässigen Herstellungsarten die Rede ist, ein Wort über den Quirl. Dabei handelt es sich um ein modernes Gerät, das den Schaumwein und im besonderen den Champagner kaputtmacht. Es gibt Snobs oder auch Barbaren, die das auch mit einer Gabel bewerkstelligen. Alexis Lichine, ein bekannter jüngerer amerikanischer Fachautor, äußert sich über diese Unsitte wie folgt:

»Jeder, der Champagner liebt, ist über die gegenwärtige lächerliche Schrulle schockiert, Quirle zu benutzen, diese Ungeheuerlichkeit, die Unverständigen erlaubt, alle Bläschen aus dem schäumenden Wein herauszuquirlen. Manche gehen sogar so weit, daß sie ihre besonderen Quirle aus Platin oder Gold immer bei sich tragen, um sie in den eleganten Bars in Paris, Rom, London und New York griffbereit zu haben. Mit einigen wenigen Drehungen des Quirls kann in Sekunden alle Pflege und Mühe von Jahren zerstört werden.«

Für die Herstellung der Schaumweine sind vier verschiedene Verfahren zu nennen, die in Geschmack und im Preis mehr oder weniger erheblich voneinander abweichen: das Flaschengär-, das Transvasier-, das Tankgär- und das Imprägnierverfahren.

Der später auf dem Markt aufgetauchte Perlwein mit geringerem Gehalt an Kohlensäure und dementsprechend schwächerer Schaumbildung gehört nicht zur Gruppe der Schaumweine, sondern ist schäumender Wein. Jene den Schaumwein charakterisierenden Zusätze, die wir im nachfolgenden noch kennenlernen, sind nicht darin enthalten. Man bedient sich daher auch zu seiner Ausstattung der Schlegel(wein)flasche. Ebenso werden Sektkork, Agraffe und Stanniolkragen – typische Merkmale für Schaumwein neben der eigentlichen Sektflasche – nicht verwendet. Form und Stabilität der Sektflaschen sind durch den hohen Kohlensäuredruck (bis zu 6 atü), dem diese standhalten müssen, bedingt. Perlwein hat dagegen höchstens 2,5 Atmosphären.

Für die Sektkellerei treffen zunächst die gleichen Gegebenheiten und Voraussetzungen zu, wie wir sie für die Weinkellereien noch kennenlernen werden. Worin besteht nun die Besonderheit der Sektkellerei, abgesehen von der Auswahl der geeigneten Weine mit den für die Sektbereitung typischen Eigenschaften? Schaumweine sind Markenartikel und sollen, was Geschmack und Qualität betrifft, gleichbleibend sein. Es werden zueinander passende Weine in Riesenfässern zu einer »cuvée« *) (Großverschnitt) gemischt. Nach Ausbau und fortgeschrittener Entwicklung wird mit modernsten vollautomatischen Füllmaschinen auf Flaschen abgezogen. Hierbei werden reingezüchtete Weinhefe, d. h. rassereine, aus einer einzigen Zelle gezüchtete Hefe, und Zucker zugegeben. Nunmehr setzt eine zweite Gärung ein, in deren Verlauf während einer Lagerungszeit von vielen Monaten aus Wein Schaumwein entsteht. Der Zucker wird bei diesem Vorgang, ebenso wie bei der Vergärung des Mostes, in Kohlensäure und Alkohol gespalten; die Flüssigkeit wird »moussierend«. Reifung und Abrundung, die edelsten Eigenschaften von Wein und Schaumwein, entwickeln sich nun bei guten Erzeugnissen im Schlummer der Jahre.

Um die bei der zweiten Gärung entstandene Hefe, die wieder ganz naturgemäß Trübung im Wein hervorgerufen hat, aus der Flasche zu entfernen, ist die Hefe auf die innere Fläche des Korkens zu bringen. Hierzu werden bei der Flaschenvergärung, der sogenannten »méthode champenoise«, die Flaschen schräg mit dem Hals nach unten in die Rüttelpulte gesteckt. Dort müssen sie mehrere Wochen lang einzeln mit der Hand gerüttelt werden. Durch den Rüttler wird geprüft, ob die Hefe sich vollkommen auf den Korken abgesetzt hat**).

---

*) Das Wort *cuvée* wird im Französischen in doppelter Bedeutung gebraucht. Normalerweise versteht man darunter eine Mischung verschiedener fertiger Weine zur Schaumweinherstellung. Daneben wird das Wort cuvée sowohl für den bei der ersten Pressung von Trauben ablaufenden Most benutzt als auch für Bottich

**) Beim Öffnen einer Sektflasche, die noch handgerüttelt wurde, sieht man gelegentlich stehengebliebene Kreidestriche am konkaven Flaschenboden. Das sind Kennzeichen und Merkmale, die der Rüttler gesetzt hatte, damit er sich beim nächsten Rütteln entsinnt, ob er die folgende Rütteldrehung der Flasche rechts- oder linksbetont auszuführen hat. Solche Striche stellen eine unmittelbare stillschweigende Verbindung zwischen Kellerfachmann und Verbraucher dar

Wenn das geschehen ist, wandert die Flasche mit dem Kopf nach unten in die Gefrieranlage. Bei einer Untertemperatur von etwa minus 18°C friert die Hefe am Flaschenhals als kleines Eiszäpfchen am Korken an. Zur Entfernung des Eises, das aus der Flasche herausgerissen werden soll, bedient man sich der bei der Gärung entstandenen Kohlensäure. Dieser Vorgang, bei dem der Facharbeiter den gelösten Stopfen geschickt und behend abspringen läßt, damit die herausspritzende Flüssigkeit den Niederschlag mit fortreißt, muß ungemein schnell ausgeführt werden. Es soll noch hinreichend Kohlensäure in der Flasche zurückbleiben! Diesen Kellervorgang bezeichnet man als »Degorgieren«. Auch dieses Wort ist in den deutschen Sprachgebrauch eingegangen. Es bedeutet im Französischen soviel wie »reinigen, überfließen« und weist darauf hin, daß wir in früheren Zeiten die Schaumweinfabrikation und manch andere höhere Lebensgenüsse aus Frankreich übernommen haben.
Im Gegensatz zum Flaschengärverfahren, der »méthode champenoise«, die ursprünglich in der Champagne entwickelt wurde, kann die zweite Gärung statt auf der Flasche auch in Hochtanks – »méthode cuve close« – vorgenommen werden. Dann wird im Gegendruckverfahren auf Flaschen abgefüllt. Diese Art wird als Großraum- oder Tankgärverfahren bezeichnet. Es ermöglicht Sektherstellung in kürzerer Zeit und zu verringerten Kosten. Daß die Gärung in einem größeren Behältnis, in dem die Hefe von Zeit zu Zeit wieder aufwirbelt, d. h. besser ausgelaugt werden kann, zu einem geringwertigeren Erzeugnis führen sollte als die Vergärung auf der Flasche ist naturwissenschaftlich nicht zu erklären. Zwischen dem Flaschengärverfahren der geschilderten Art und der Schaumweinbereitung in Großbehältern steht das Transvasierverfahren. Hierbei macht der Schaumwein die übliche Flaschengärung durch. Zur Enthefung wird er jedoch in einem unter Druck stehenden System aus der Flasche in einen Großraumbehälter (Drucktank) abgesaugt. Darin ist die Abstimmungslösung, die sogenannte »Dosage«, vorbereitet. Mit der Dosage »vermählt«, gelangt die Flüssigkeit durch eine Filteranlage, wo sie von Hefe und sonstigem Trub befreit wird, zur Füllung auf die Flasche. Das Transvasierverfahren wirkt verbilligend auf die Herstellung und ist im Begriff, jedenfalls in der Bundesrepublik, das alte Flaschengärverfahren zu verdrängen.
Bei Anwendung des Imprägnierverfahrens (mousseux), das auf dem Flaschenschild deklariert sein muß, erfolgt ein Zusatz fertiger Kohlensäure. Die Bestrebungen gehen dahin, für den Imprägnierschaumwein, dessen

Herstellung bei uns unbeträchtlich ist, die Bezeichnung Schaumwein bzw. Sekt abzuschaffen; sie soll berechtigterweise nur solchen schäumenden Weinen vorbehalten bleiben, deren Kohlensäure auf einer stattgefundenen zweiten Gärung beruht. Wilhelm Busch könnte diese Auffassung bestätigt haben, wenn er in der »Frommen Helene« sagt:
»Wie lieblich und duftig perlt die Blase,
der Witwe Klicko*) in dem Glase.«

In der Praxis wird bei Schaumwein unterschieden zwischen:

	Zuckergehalt in Prozent
brut	bis 1,5
extra sec, extra dry	1,5 bis 2
trocken, très sec, very dry	bis 2,5
goût américain, sec, dry	bis 5
halbtrocken, demi-sec	bis 8
halbsüß, demi-doux	bis 11
süß, doux	bis 15

Der Kenner bevorzugt den brottrockenen »brut«. Schaumwein genießt man weniger allein als im trauten Gespräch zu zweit. Champagner trinkt man nicht nur bei großen Festlichkeiten, bei Champagner-Diners, Hochzeiten oder bei Schiffstaufen; auch am Bett des Kranken spendet er seine belebende Wirkung. Unübertroffen ist der Ruf des in aller Welt begehrten Champagners!
Auch die Marquise de Pompadour schätzte den Champagner. Das kommt zum Ausdruck, wenn sie schreibt:
»Champagner ist das einzige Getränk, bei dem eine Frau schön bleibt, wenn sie trinkt, denn es belebt die Augen, ohne die Wangen zu röten.«
Zur Förderung des Champagnergenusses wurde in den Vereinigten Staaten von Amerika eine originelle Idee verwirklicht durch die Gründung einer weiblichen Vereinigung »Champagner-Damen« **.

---

*) gemeint ist die weltberühmte Champagnerherstellerfirma: Veuve Clicquot-Ponsardin in Reims

**) ebensogut und das wäre vielleicht amüsanter gewesen, wären die »Teufelswein-Damen«, denn im Volksmund bezeichnet man Champagner als Teufelswein

Diese Frauenbewegung hat sich zum Ziel gesetzt, zu erreichen, daß mehr Champagner in der Welt getrunken werden soll. Der Champagneranteil, gemessen an der Weltproduktion von Schaumwein, ist im Verlauf der letzten fünfzehn Jahre von einem Drittel auf unter 18 Prozent gesunken, obwohl sich der Champagnerumsatz mehr als verdoppelt hat. Demgegenüber steht eine nahezu Vervierfachung des Absatzes französischer Schaumweine, der Mousseux, und mehr als eine Versechsfachung bei ausländischen Schaumweinen aus 22 Ländern der Welt.
Bewußt wurde das Qualitätsgebiet für Champagner klein gehalten, um dessen traditionsgewohnte Eigenart bewahren zu können. In Reims, Epernay oder Ay gibt es Champagnerkellereien mit weltbekannten Namen*).

Die Destillierkunst

In den deutschen Weinbrennereien ist die fachgerechte Auswahl der geeigneten Brennweine eine ebenso entscheidende Voraussetzung wie die des sogenannten Grundweines und der Kräuter bei den Wermutweinherstellern. Brennweine werden vorzugsweise aus Frankreich, jedoch auch aus Jugoslawien, Italien und Griechenland importiert.
Die Destillierkunst, bereits im 8. Jahrhundert in Europa bekannt, stammt aus Arabien. Die Alkoholanreicherung aus Wein dürfte erst gegen die Jahrhundertwende aufgekommen sein. Vor dieser Zeit jedoch war im ostasiatischen Kulturkreis die Herstellung von Arrak (Branntweingewinnung aus vergorenem Palmensaft durch Destillation) schon verbreitet. Im Mittelalter wurden Kräuterbranntweine, teils sogar als medizinische Erzeugnisse, hergestellt und als »Quinta Essentia«, »Aqua Vitae« oder »Aqua benedicta« vertrieben. Am Ende des 16. Jahrhunderts hatte man in Frankreich gelernt, den Rauhbrand nochmals zu destillieren und dabei das sogenannte Herzstück, den Mittellauf, als etwa 70%iges Weindestillat herauszuschneiden. Wie an anderer Stelle ersichtlich ist (Seite 128), stammen von alters her die

---

*) Heidsieck Monopole, Lanson, Mercier, Moët et Chandon, Mumm, Perrier-Jouet, Piper-Heidsieck, Pommery-Greno, Taittinger, Veuve-Clicquot u. a.; Spitzenqualitäten: Bollinger, Krug und Roederer

typischen und zugleich besten Brennweine aus den Gebieten der Charente und aus dem Departement Gers in Pyrenäennähe.
Nach dem Abbrennen (Destillation) kommen zusätzliche Stoffe wie Zukkercouleur, Auszüge aus Eichenholzspänen, Pflaumen, grüne Walnüsse oder getrocknete Mandelschalen in das Getränk und verleihen dem abgelagerten und trinkfertigen Weinbrand den ihm eigenen Geschmack.
Die genannten Industriezweige treffen wir in allen führenden weinbautreibenden Ländern an. In gewissen Landstrichen haben es Betriebe der weinverarbeitenden Industrie zu besonderer Blüte gebracht. Die Voraussetzungen für Bereitung des Brennweines mit dem ihm eigenen Ton sind dort günstig. Wie lange die Destillate auf Limousinholzfaß lagern, ist entscheidend für Güte und Milde des Fertigerzeugnisses. Ein guter Weinbrand oder Cognac soll nicht auf der Zunge brennen wie Kutscherschnaps. Die Lagerzeit wurde daher im Weingesetz von 1971 der Tradition entsprechend geregelt. Die Kunst des Brennens besteht darin, aus den kleinen und unselbständigen Weinen des Charentegebietes einen großen Brand herzustellen.
In Frankreich wird der vergorene Wein ohne Abstich, also mit der Bodenhefe, in die einfachen kupfernen Brennkessel (Alambics) gebracht. Als nächster Vorgang wird der Wein darin durch zweimaliges Brennen in das Anfangsstadium des Destillats verwandelt. Diese erste Erhitzung, als Vorbrand (französisch: brouillis) bezeichnet, liefert eine 25 bis 30 Grad helle Flüssigkeit. Die zweite wird »bonne chauffe«*) genannt. Man behält von der hierbei anfallenden Flüssigkeit nur das Mittelstück, das Herz, zurück. Kopf und Schwanz, Vor- und Nachlauf sind unerwünscht, denn sie enthalten fuselige Bestandteile. Das »Herz« hat dann etwa 70 bis 72 Grad. Die an Weinäther und anderen organoleptischen Stoffen reiche Weinhefe ist unerläßlich, wenn sie auch vor der Destillation mit dem Grundwein vermischt wurde.
Nach beendeter Destillation beginnt die Lagerung. Das Altern (französisch: vieillissement) vollzieht sich hier wie dort in Eichenholzfässern. Das hierfür verwendete Holz stammt von alten Steineichen aus den Wäldern des Limousin**); es gibt dem zunächst noch farblosen Destillat seinen milden Schliff und die erwünschte bernsteingelbe Färbung durch Oxydation.

---

*) es entspricht der deutschen Fassung »doppelt gebrannt«

**) französische Landschaft, die den NW-Teil des Zentralmassivs bildet; in Höhen zwischen 400 und 600 m bewaldet

Hauptfaktoren der Weinanalyse

Zur Prüfung und Auswahl von Wein bedarf es eines geschmacksbegabten Künstlers

Wir haben gesehen, welch entscheidende Bedeutung der Beurteilung des Weins einer erfahrenen und geschulten Zunge zukommt. Solange es Wein gibt, wurde versucht, dieses begehrte Gut zu verfälschen, zu strecken oder in einer nicht mit dem Gesetz in Einklang stehenden Art und Weise aufzusüßen. Deshalb muß der Weinverkehr überwacht werden, und daher ist der Wein aufgrund der Fingerzeige des Verkosters auch Gegenstand einer chemischen Untersuchung. So sagen die analytischen Daten dem Eingeweihten, ob sich Traubensorte, Lage, Witterung, Reifegrad und die jeweiligen Ausbauverfahren günstig oder ungünstig auf die Zahlenwerte des Weins ausgewirkt haben. Der Weinchemiker glaubt, mittels der analytischen Ergebnisse die Zusammensetzung des Weins feststellen zu können. Mit Hilfe neuzeitlicher Verfahren sind die einzelnen Bestandteile qualitativ und quantitativ bestimmbar.

Für die Weinbeurteilung sind die Bestimmung von Gewichtsverhältnis (auch spezifisches Gewicht oder Dichte genannt), Äthylalkohol, Extrakt, Gesamtsäure, Weinsäure, flüchtige Säure, Glycerin, Butylenglykol, Zukker und die Aschenbestandteile unumgänglich. Daraus lassen sich gewisse Zuwiderhandlungen gegen die Vorschriften des Weingesetzes nachweisen, auf die der Chemiker zu achten hat: nämlich das Nachmachen von Wein (Kunstwein), Verfälschung durch Zusatz von zuviel Wasser oder Zucker, Alkohol oder Säuren. Weiterhin sind durch spezielle Verfahren Zusätze von Farbstoffen, Konservierungsmitteln, Obstwein oder unzulässige Kellerbehandlung, wie z. B. übermäßige Schwefelung zur Überdeckung von Fehlern oder zu hohe Blauschönung, nachweisbar.

Im Falle der »Kleinen Handelsanalyse«, wie sie auch von den deutschen Zollbehörden routinemäßig bei Einfuhrweinen vorgenommen wird, beschränkt man sich auf die Ermittlung der Kennzahlen: Alkohol, Zucker, Extrakt, Säure und Asche. Die Untersuchung erfolgt nach der »Allgemeinen Verwaltungsvorschrift für die Untersuchung von Wein und ähnlichen alkoholischen Erzeugnissen sowie von Fruchtsäften«.

Die analytische Prüfung der Qualitätsweine erstreckt sich (lt. Artikel 11 Abs. 1a der EWG-VO 817/70) auf nachstehende Faktoren:

A. *Organoleptische Prüfung*

1. Farbe
2. Klarheit und Trub
3. Geruch und Geschmack

B. *Prüfung des Weinverhaltens*

4. Verhalten an der Luft
5. Verhalten bei Kälte

C. *Mikrobiologische Untersuchung*

6. Verhalten im Brutschrank
7. Aussehen des Weins und des Trubs

D. *Physikalische und chemische Analyse des Weins*

8. Dichte
9. Alkoholgehalt
10. Gesamttrockensubstanz (ermittelt durch Dichtemessung)
11. Reduktionszucker
12. Saccharose
13. Asche
14. Alkalität der Asche
15. Gesamtsäure
16. Flüchtige Säure
17. Gebundene Säure
18. pH-Wert
19. Freies Schwefeldioxyd
20. Gesamtes Schwefeldioxyd

E. *Zusätzliche Analyse*

21. Kohlensäure (Perlweine und Schaumweine, atm. bei 20°C)

Die Öchslegrade

Um die Mitte des 19. Jahrhunderts erfand der deutsche Physiker und Optiker Ferdinand Öchsle die Mostwaage. Er errechnete das spezifische Gewicht für Most mit 1,075, was man mit seinem Namen nun als 75 Öchsle bezeichnet. Nach der Formel 2,5 mal 75 abzüglich 30 läßt sich der Zucker im Liter mit 15,7% errechnen. Brauchbarer Wein benötigt wenigstens 75° Öchsle. Für Spätlesen verlangt der Gesetzgeber die Vollreife und somit mindestens 85° Öchsle, für einfache Auslesen sogar über 95°. Zeigt die Mostwaage 110° an, dann sind bei entsprechendem Vorhandensein von Säure große Weine zu erwarten. 1920 wurden im sonnigen Spätherbst mit dem Refraktometer in der Pfalz 242°, im Steinberg 268°, 1921 in Bernkastel 256°, 1953 in Nierstein 275° gemessen. Das sind allerdings ganz seltene Ausnahmen.
Mit dem neuzeitlichen Handrefraktometer ist es möglich, Mostmessungen im Weinberg vorzunehmen und somit Prognosen über die Güte des zu erwartenden Weins zu stellen.

Die deutschen Weinsiegel

Die rotgesiegelten Weine der DLG und die trockenen, gelbgesiegelten, die auch für Diabetiker geeignet sind

Im Zusammenhang mit der Veranstaltung von Qualitätswettbewerben für die wichtigsten land- und ernährungswirtschaftlichen Erzeugnisse durch die Deutsche-Landwirtschafts-Gesellschaft wurde im Jahre 1950 die DLG-Bundes-Weinprämiierung eingeführt. Als Ergänzung zu diesem Wettbewerb deutscher Spitzenweine hatte bereits im Jahre 1949 die Verleihung des roten Gütezeichens *»Deutsches Weinsiegel«* begonnen. Durch die Wein-Verordnung vom 15. 7. 1971 wurde der DLG das Ausnahmerecht, deutsche Qualitätsweine zu siegeln, ausdrücklich zugebilligt.
Durch dieses rote Gütezeichen wird der Verbraucher beim Einkauf auf gute, einwandfrei gepflegte und gebietstypische deutsche Weiß- und Rot-

weine hingewiesen. Damit soll einerseits dem Weinfreund die Auswahl beim Einkauf erleichtert und andererseits der Absatz unserer heimischen Weine gefördert werden. Dabei ist nicht so sehr an die Kennzeichnung von Spitzengewächsen wie Trockenbeerenauslesen und Auslesen gedacht, die nur einen verschwindend kleinen Prozentsatz unserer Weinernte ausmachen, sondern vor allem an die Absatzförderung der QbA*), wobei auch die sachgemäß angereicherten Weine in die Gütekennzeichnung einbezogen werden. Das Deutsche Weinsiegel wird im Auftrag der Deutschen Landwirtschafts-Gesellschaft durch die Deutsche Weinsiegel-Gesellschaft mbH., Frankfurt a. M., in der die wichtigsten Spitzenorganisationen des deutschen Weinbaus vertreten sind, verliehen. Trockene Weine, die auch für Diabetiker geeignet sind, erhalten neuerdings ein gelbes Weinsiegel.
Seit dem Zweiten Weltkrieg hat sich der Diabetes mellitus (Zuckerkrankheit) sehr ausgebreitet. Der Krankheit liegt ein Mangel an Insulin zugrunde, das überschüssige Kalorien im Körper zu Fett aufbaut. Die Diät stellt für den Zuckerkranken die Basisbehandlung dar. Sie muß kalorisch knapp und biologisch hochwertig, also reich an Vitaminen sein.
Bei dem im Wein vorhandenen Zucker unterscheidet man zwischen Saccharose (Rohrzucker), Glukose (Traubenzucker) und Fruktose (Fruchtzukker). Da der Gesamtstoffwechsel des Diabetikers durch Glukose als Blutzucker ungünstig beeinflußt wird, soll er nur solche Weine trinken, deren Glukosemenge gering ist. Nach neuesten medizinischen Erkenntnissen können mit Zucker angereicherte Weine von Diabetikern getrunken werden, da zugesetzter Zucker am schnellsten zu Alkohol vergärt. Von der Deutschen Landwirtschafts-Gesellschaft (DLG) wird als Grenzwert für das Diabetiker-Weinsiegel 4 g/l Gesamtzucker (unvergoren, maximal 4 g/l Glukose) festgesetzt. Die Prüfung auf Saccharose muß negativ verlaufen sein. Ferner wird verlangt: 12 Vol.-% Alkohol, gesamte schweflige Säure (SO_2) höchstens 200 mg/l, davon frei nicht mehr als 25 mg/l. Tafelwein ist vom Deutschen Weinsiegel ausgeschlossen.
Die wichtige Diabetiker-Weinsiegelkommission tagt am ersten Freitag eines jeden Monats in Frankfurt und prüft die zur Verleihung des gelben Gütesiegels angestellten Flaschenweine »blind«**) nach einem anerkannten Punktverfahren. Weine, die die vorgeschriebene Punktzahl nicht erreichen

*) Qualitätswein bestimmter Anbaugebiete
**) d. h. ohne Bekanntgabe des Erzeugers oder Antragstellers

oder analytisch zweifelhaft sind, werden ausgeschieden. Die Weinsiegelbetriebe können beim gelben Siegel zwischen dem mit der Aufschrift »trokken« (siehe Abbildung S. 76) und dem mit dem zusätzlichen Etikett für Diabetiker wählen.
Die Gelbe-Weinsiegelkommission setzt sich zur Zeit zusammen aus OLR. H. Großer, Dipl.-Kellereiinspektor Habermann, Oberstudienrat Dr. P. Knapp, Weinsachverständigen H. Lang, Kellereiinspektor Rock, Dipl.-Landwirt R. Sebastian und Weinkaufmann Walter Weisser und dem Verfasser als Weinsachverständigen. Das gelbe Gütesiegel wird nur für Flaschenweine verliehen. Jede Flaschenpartie, die das Deutsche Weinsiegel, gelb oder rot, trägt, wird durch eine für das jeweilige Weinbaugebiet zuständige Verleihungskommission auf ihre Qualität überprüft. Insgesamt sind siebzehn solcher Verleihungskommissionen in den einzelnen Weinbaugebieten gebildet worden. Diesen Kommissionen gehören ehrenamtlich tätige Vertreter des Weinbaus und der Winzergenossenschaften, des Weinhandels, des Gaststättengewerbes und neutrale Weinfachleute aus Verwaltung und Wissenschaft an. Die »Grundregel für die Verleihung des Deutschen Weinsiegels« fordert, daß nur solche Flaschenweine das Deutsche Weinsiegel erhalten, die die Eigenart ihres Ursprungs besitzen, im Geschmack harmonisch sowie in Farbe und Klarheit einwandfrei sind. Sie müssen ferner eine pflegliche Behandlung erkennen lassen und dem deutschen Weingesetz entsprechen. Die Überprüfung dieser Eigenschaften erfolgt anhand eines Bewertungsschemas.
Um das Deutsche Weinsiegel können sich Winzer, Winzergenossenschaften, Weinhändler, Hotels und Gaststätten sowie Lebensmittel-Groß- und -Einzelhändler bewerben, sofern sie die erforderlichen betrieblichen Einrichtungen und personellen Voraussetzungen besitzen.
Die Verwendung des Weinsiegels wird in Zusammenarbeit mit den einzelnen Verleihungskommissionen durch die »Weinberatungs- und Überwachungsstelle der DLG« überprüft. Sie hat darüberhinaus noch die Aufgabe, die nahezu 3000 Betriebe, die das Deutsche Weinsiegel führen, in kellertechnischen und weingesetzlichen Fragen zu beraten. Die Überwachung der ordnungsgemäßen Verwendung der Weinsiegel wird dadurch erleichtert, daß es die Kennziffer des Betriebes, dem es verliehen wurde, trägt. Im Verlauf der letzten Jahre gelang es dem Deutschen Weinsiegel in immer stärkerem Maße das Vertrauen des Verbrauchers – aber auch der deutschen Weinwirtschaft – zu erringen. Welche Bedeutung das Deutsche Weinsiegel

besitzt, läßt sich daraus ersehen, daß im Jahre 1973 fast 50 Millionen Flaschen Wein mit dem Deutschen Weinsiegel versehen wurden.
Aufgabe und Ziel der *DLG-Bundesweinprämiierung* ist es, ein eindrucksvolles Bild von den unter den jeweils gegebenen Verhältnissen erzielten und erzielbaren Spitzenleistungen des deutschen Weinbaus zu geben. Sie soll dem Winzer als Leitschnur und Maßstab für die Erzeugung von Qualitätsweinen dienen und den Beteiligten Gelegenheit geben, ihr Können zu messen und zu beweisen. Der Allgemeinheit und damit dem Verbraucher gegenüber soll die alljährliche DLG-Bundesprämiierung im Kurfürstlichen Schloß in Mainz die Spitzenleistungen des deutschen Weinbaus demonstrieren und auf diese Weise für deutschen Wein werben. 1969 fand die Preisverteilung im Heidelberger Schloß statt, 1971 im Kloster Eberbach.
Während das Deutsche Weinsiegel als Gütezeichen das breite Angebot der QbA dem Verbraucher kenntlich machen soll, ist die Bundesprämiierung ein Wettstreit der deutschen Spitzenweine. Ähnlich wie bei den übrigen Qualitätswettbewerben der DLG werden die besten Erzeugnisse mit DLG-Preismünzen ausgezeichnet, die als sichtbares Zeichen einer erfolgreichen Beteiligung den Betrieben die Möglichkeit zur Werbung geben.
Außer den DLG-Preisen werden vom Bundesministerium für Ernährung, Landwirtschaft und Forsten Ehrenpreise für hervorragende Gesamtleistungen eines Betriebes verliehen.

Zwei von der Deutschen Weinsiegel-Gesellschaft im Auftrag der Deutschen Landwirtschafts-Gesellschaft geschaffene Weinsiegel als Gütezeichen: Das Deutsche Weinsiegel in Rot für die Auszeichnung von Qualitätsweinen, das Deutsche Weinsiegel in Gelb mit der Aufschrift »trocken« oder »für Diabetiker geeignet«.

Die Wandlung und Pflege von der Lese bis zum Jungwein

*Zur Kultur des Weinstocks
gehört ein feinsinniger, auf die Sprache
der Natur und der Pflanze ansprechender Winzer.*

Der Weinstock ist zwischen dem 30. und 50. Grad nördlicher und südlicher Breite zu Hause. In der Bundesrepublik beginnt im Herbst, zwischen Ende September und Ende Oktober, die Hauptlese (Ernte) der Trauben, deren Saft als Most in den Kellern der Winzer (Weinbauern) gelagert wird und dort vergärt.

Traubenmost ist das aus frischen Weintrauben auf natürlichem Wege oder durch physikalische Verfahren gewonnene flüssige Erzeugnis.

Wein ist das Erzeugnis, das ausschließlich durch vollständige oder teilweise alkoholische Gärung der frischen, auch eingemaischten*) Weintrauben oder des Traubenmostes gewonnen wird.

Jungwein ist der Wein, dessen alkoholische Gärung nicht beendet und der noch nicht von seiner Hefe getrennt ist.

Wenn man Trauben zerdrückt oder zermahlt, entsteht die Traubenmaische, die zur Pressung auf die Kelter gegeben wird. Die nach Ablaufen des Saftes verbleibenden Rückstände nennt man »Trester«; sie enthalten die Rappen – früher sagte man Grappen, heute vielfach Kämme, das sind die Stiele und Verästelungen der Weintrauben, die Beerenhäute und Kerne. Auch wenn Traubenmaische, Most oder unfertiger Wein (Jungwein) durch Zuckerzusatz im Rahmen der gesetzlichen Möglichkeiten »verbessert« werden, gilt die vergorene Flüssigkeit als »Wein« und kann neuerdings unter gewissen Voraussetzungen sogar als Qualitätswein b.A. bezeichnet werden. Früher wurde die Traubenmaische vielfach mit den Füßen ausgetreten. Hierbei hielt sich eine größere Zahl von »Tretern« und »Treterinnen« an den Schultern fest. Sie verrichteten die schwere Arbeit in der hochwandigen Bütte mit bloßen Füßen und Beinen. Das Treten, das unter Sin-

---

*) zu Traubenbrei verarbeitete Trauben, indem diese zermahlen, zerstampft, zerquetscht oder zerrieben werden

gen und Tanzen ausgeführt wurde, dauerte bis zu 30 Stunden. So ging es in der guten, alten Zeit zu. Tag und Nacht, ununterbrochen, wurde getreten, und wenn einer der Landarbeiter bei der schweren Arbeit in der milden Herbstwitterung Durst bekam, dann brauchte er sich nur zu bücken und das bereitstehende Gefäß mit frischem Most zu füllen.
Bereits während des Tretens setzte die Gärung stürmisch ein. Der Traubenbrei erwärmte sich; die Leute spürten es an den Beinen, und der Frohsinn kam über sie. Die Tretarbeit hatte verborgene Naturkräfte aus ihren Fesseln gelöst. Die armen und dennoch so lustigen Treter fühlten, daß jetzt der Lohn für ihre mühsame Arbeit bald fällig würde. Was war nun der Zweck ihrer Trettätigkeit? Die Treter hatten die Aufgabe, eine hohe Saftausbeute zu erreichen und sie dem Weinbergbesitzer abzuliefern. Die Rückstände, die Beerenhäute, die Kerne und die Verästelungen der Stiele blieben am Boden der Kufe ausgelaugt und festgetrampelt hängen.
Dieses Verfahren gehört der Vergangenheit an und wird in der Bundesrepublik und den anderen führenden weinbautreibenden Ländern nicht mehr verwendet. Heute bedient man sich moderner Keltern, wobei es darauf ankommt, der Maschine in kürzester Zeit die größtmögliche Menge Saft zu entziehen. Man rechnet damit, daß 100 l Maische 75 l Most ergeben.
Durch chemische, physikalische und biologische Vorgänge erklären sich die Veränderungen, denen der Traubenmost bei der alkoholischen Gärung unterliegt und deren wichtigste die Zerlegung des Zuckers in Alkohol und Kohlensäure ist. Während der Gärung steigt die Temperatur beträchtlich an; die Kohlensäure entweicht unter Blasenbildung aus der Flüssigkeit. Die Verwandlung des schweren Zuckers und die Entstehung des Alkohols ergibt im Vergleich zum Most eine geringere Dichte.
In unseren Breiten kommt die Gärung bei 12 Vol.-% Alkoholgehalt zum Stillstand. Sollte dann noch ein unvergorener Zuckerrückstand im Jungwein enthalten sein, so bleibt er bestehen. Der Gesamtsäuregehalt deutscher Qualitätsweine liegt zwischen 4 und 12 g pro Liter oder 4 bis 12‰.
Wenn die Natur die Entwicklung des nötigen Naturzuckers versagt, kann sich bei der Vergärung der nötige Alkohol nicht bilden. Solche Weine sind »unselbständig« und nicht haltbar.
Um das wertvolle Erntegut zu verwerten und genußfertig zu machen, ist es nötig, solchem Wein bzw. Most den fehlenden natürlichen Zuckergehalt durch gelösten Rüben- oder Rohrzucker zuzusetzen. Man spricht von »Verbesserung« und denkt an die Qualität oder von »Anreicherung« und

denkt an die Erhöhung des Alkohols; neuerdings heißt es »Süßung«. Im letzteren Fall ist der Vorgang ein anderer: man hat Süßreserve (Traubenmost) zugesetzt.

Zur Erzeugung besserer Weißweine, aber auch besonders bei Rotweinen ist es üblich, die Rappen (Stiele) von den Beeren zu trennen, da roter Wein sonst leicht einen rauhen und zu herben Geschmack annimmt. Entfernt man die Rappen nicht, dann geht zuviel Gerbstoff (Tannin) in den Wein über.

Die Rotweinbereitung unterscheidet sich grundlegend von der Weißweinherstellung. Um dem Getränk den roten Farb- und Gerbstoff sowie andere dem Rotwein eigentümliche Stoffe einzuverleiben, läßt man die gemahlenen Trauben, und nicht wie beim Weißwein den abgepreßten Saft, vergären. Auffallend ist, daß der Saft der blauen und roten Trauben, der zur Rotweinbereitung benutzt wird, nahezu farblos ist. Der Farbstoff ist allein in den Beerenhäuten enthalten. Rotwein soll mild und harmonisch im Geschmack sein; Säure und Gerbstoff dürfen nicht zu aufdringlich hervortreten. Die Farbtöne bewegen sich vom hellem Rot über leuchtendes Rubinrot bis hin zu kräftigdunklem Granat. Vor dem Keltern werden unreife und angefaulte Beeren entfernt, da in diesen der rote Farbstoff zerstört ist und Weine aus solchen Trauben leicht eine anstößige braune Färbung annehmen, die der Kenner nicht gern sieht.

Erst nachdem der Großteil der Moste mittlerer Qualität die Gärung durchgemacht hat, beginnt die Lese der Trauben, die uns die guten Prädikatsweine bringen.

Das unterste Prädikat *Kabinett* *) wird einem Wein zuerkannt, wenn er die Voraussetzungen für die Zuteilung einer amtlichen Prüfungsnummer erfüllt, die verwendeten Weintrauben in einem einzigen Bereich geerntet worden sind und der aus ihnen gewonnene Most mindestens den jeweils vorgeschriebenen natürlichen Mindestalkoholgehalt besitzt.

Bei den *Spätlesen müssen die Weintrauben in einer späten Lese und in vollreifem Zustand geerntet worden sein.*

Bei der Auslese dürfen nur vollreife Weintrauben unter Aussonderung aller kranken und unreifen Beeren verwendet werden.

---

*) In der alten Zisterzienserabtei Kloster Eberbach im Rheingau wird bis zum heutigen Tag ein Keller, und zwar die 1245 erbaute ehemalige Fraternei der Mönche, »Cabinetkeller« genannt

Bei der *Beerenauslese* dürfen nur edelfaule oder zumindest überreife Beeren verwendet werden.
Bei der *Trockenbeerenauslese* darf es sich weitgehend nur um eingeschrumpfte edelfaule Beeren handeln. Ist ausnahmsweise, einer besonderen Sorteneigenschaft oder besonderer Witterung wegen keine Edelfäule eingetreten, so genügt auch Überreife der eingeschrumpften Beeren.

Solche hochwertigen Erzeugnisse stellen das Edelste dar, was der deutsche Markt bietet. Es handelt sich hier um Kostbarkeiten, die Seltenheitswert besitzen. Für derartige Edelweine werden von verwöhnten Liebhabern und Kennern allerhöchste Preise geboten. Der junge, noch lange nicht genußfähige Wein hat sich inzwischen so weit fortentwickelt, daß zum ersten Abstich von der Hefe geschritten werden kann (umschlauchen auf frisch eingeschwefelten Tank).

Ausbau, Lagerung und Alterung

Zum Ausbau des edlen Weins braucht man einen behutsamen, gewissenhaften Handwerker.

Allmählich beginnen die Jungweine sich auszubauen. Das fällt in der Bundesrepublik in die Zeit zwischen Ostern und Pfingsten. Dann können die nach dem Weihnachtsgeschäft gelichteten Bestände des Handels ergänzt werden. Güte und Wert des jungen Weins werden durch die Zungenprobe prognostiziert. Der Kauf von Faßwein erfolgt zum ersten oder zweiten Abstich, wobei der zweite Abstich meist in Form einer Umfüllung in die Bezugsfässer vorgenommen wird.
Mit Ausbau bezeichnet man jene Vorgänge, die bewirken, daß aus dem unreifen, grünen Wein nach dem ersten Abstich ein Getränk, bei dem Alkohol, Säure und Extrakt harmonisch aufeinander abgestimmt sind, wird. Zu dieser Behandlung gehören die mehrfachen regelmäßigen Abstiche unter Einschwefeln der Gebinde. Bei säurehaltigem Wein wird auf den Abbau der Säure hingearbeitet. Die Lagerfässer müssen stets spundvoll gehalten

werden. Infolge des Schwunds (Verdunstung flüchtiger Bestandteile durch die Faßporen) gehört allwöchentliches Spundvollmachen (Auffüllen) zur unumgänglichen Pflege. Die Schwundmenge richtet sich nach dem Feuchtigkeitsgehalt der Kellerluft und liegt durchschnittlich bei drei Prozent. Nach dem Zweiten Weltkrieg wurde zur Weineinlagerung von Konsumweinen und QbA das Holzfaß immer mehr von Großraumbehältern aus Metall oder Kunststoff (Tanks) verdrängt.

Die notwendige Reifezeit der Weine darf unter keinen Umständen überstürzt werden, denn erst während der Lagerung entwickeln sich Wohlgeschmack und Blume. Dieser Erfahrung hat der Gesetzgeber Rechnung getragen, indem er anordnete, daß Prädikatsweine frühestens im Januar des auf die Ernte folgenden Jahres vertrieben werden dürfen.

Aufgabe und Leistung des Weinhandels liegen im Ausbau der zunächst rohen und anfangs unharmonischen, also noch mostigen Jungweine zu genußfertigen und mundgerechten Flaschenweinen. Diese hohe Kunst ist in der von alters her von Vater auf den Sohn überkommenen Kellererfahrung und Tradition begründet. Neben der Pflege bedarf es häufigen Probierens und auch chemischer Analysen, um festzustellen, wann der betreffende Wein flaschenreif ist bzw. was dazu noch fehlt. In Großkellereien wurde der Kellermeister alter Art inzwischen vom graduierten Weintechniker (Kellereidirektor) abgelöst.

Es würde zu weit führen, alle Krankheiten und Behandlungsvorgänge aufzuzeigen. Von den unendlich vielen seien beispielsweise genannt Abstich: (Umfüllen von Gebinde zu Gebinde zwecks Abtrennung von Trub und Hefe), Schönung, Einschwefelung und Filtration. In der Mehrzahl sind sie gesetzlich geregelt. Allein die Sinnenprobe entscheidet die Frage, ob der junge Wein harmonisch ausgeglichen ist oder ob er fehlende Bestandteile durch Zugabe eines anderen Weins (Verschnitt) erhalten soll. Über die gesetzlich zulässigen Verschnitte, deren richtige Durchführung wie bei guten Tee- oder Tabakmischungen eine Kunst darstellt, geben das Weingesetz und seine Ausführungsbestimmungen genaue Richtlinien. Fest steht: Bei jedem Verschnitt wird aus der Bezeichnung auf dem Flaschenschild nur der entsprechende Bereich ersichtlich, der sich je nachdem auf engere Gebiete, ausgedehntere Regionen, auf Länder oder auch auf Erdteile bezieht.

Gewächsangaben, z. B. die Bezeichnung »aus dem Lesegut von …« besagen nichts über die Qualitätsklasse des Weins. Die namentliche Erzeugerangabe, hat im allgemeinen für das weintrinkende Publikum nur dann einen

Sinn, wenn es sich dabei um bekannte Guts- und Schloßbesitzer mit anerkannt mustergültiger Bewirtschaftung handelt.
Um nun den ausgereiften Wein blitzblank auf die vorher mechanisch gereinigten Flaschen zu bringen, bedient man sich eines mehrschichtigen Asbestfilters, durch den der Wein hindurchgepumpt wird. Die vollautomatische Abfüllung geschieht vor einer Abfüllampe, damit eine etwa auftretende Trübung jederzeit festgestellt und sofort behoben werden kann. Luft ist der größte Feind des Weines. So wie die Gebinde im großen stets spundvoll gehalten werden, sind auch die Flaschen bis unmittelbar an den Korken »gestrichen voll« zu füllen, um Sauerstoff fernzuhalten. Jeder Weintrinker hat das Recht, ungenügend gefüllte Flaschen (eine Ausnahme bilden Weine, deren Jahrgänge fünf Jahre und mehr zurückliegen) zurückzuweisen, da der Inhalt geschmacksentstellt sein kann. Der frisch gefüllte Wein wird auf Fließband vollautomatisch mit der Korkmaschine verkorkt, an anderer Stelle dann verkapselt und etikettiert sowie in Versandkartons verpackt. Nachdem der Wein je nach seiner Güte und Lebensdauer eine kürzere oder längere Flaschenlagerung in einem gleichmäßig temperierten Keller hinter sich hat, gelangt er auf dem Gabelstapler zur Verladerampe. Die richtige Kellertemperatur schwankt zwischen 9 und 12°C; für Rotwein kann sie etwas darüber liegen.

Der Weinverkoster, der Weinkontrolleur, der Weinsachverständige

Voraussetzung für die Zugehörigkeit zu einer der drei genannten Berufsgruppen ist die Ausbildung im Weinfach und die kontinuierliche Erfahrung in der Weinkost. Jeder Kellermeister, in den großen Betrieben ist das heute im allgemeinen ein graduierter Weinbautechniker, muß zur Behandlung und richtigen Bereitung der Weine ebenso wie der Weinkommissionär, der für den Absatz bestimmter Weine sorgt, eine sichere Weinprobe vornehmen können. Der Weinkommissionär verfügt insbesondere über Erfahrung in der Weinbewertung; von seiner Prognose hängt es im allgemeinen ab, was mit der zur Versteigerung gelangenden Lose der renommierten

Weingüter und Domänen geschieht. Meist sind seine Kenntnisse und damit auch die Beurteilung auf die Weine eines ganz bestimmten deutschen Anbaugebietes spezialisiert.
Der Weinkontrolleur hingegen gehört zu einem chemischen Lebensmittel-Untersuchungsamt und ist dort entweder als Angestellter oder als Beamter tätig. Seine Aufgabe besteht in der Überwachung der weinwirtschaftlichen Betriebe und der Weinimporteure seines Bezirks. Er hat die Betriebe in regelmäßigen Abständen zu überprüfen, dabei insbesondere die gesetzlich vorgeschriebenen Weinbücher einzusehen und zu kontrollieren sowie den vorhandenen Weinbestand durchzukosten. Gegebenenfalls, wenn er Unregelmäßigkeiten feststellt bzw. bei der Kostprobe Beanstandungen hat, entnimmt und hinterläßt er versiegelte Proben, um sie seiner Dienststelle zur chemischen Untersuchung vorzustellen. Durch seinen Bericht wird ein Vorgang geschaffen, der je nach Beurteilung durch den Chemiker an die zuständige Ordnungsbehörde (Gewerbepolizei) weitergeleitet wird, die daraufhin die erforderlichen Vernehmungen vornimmt und die Akten gegebenenfalls der Staatsanwaltschaft zur Ahndung übergibt. Der Weinkontrolleur erstattet Anzeige bei Verdacht in folgenden Fällen:

1. irreführender Kennzeichnung;
2. verdorbenem oder nicht verkehrsfähigem Wein;
3. Kunstwein (nachgemachtem Wein).

Er hat das Recht, Wein aus dem Verkehr zu ziehen, d. h. zu versiegeln, bis durch die chemische Analyse der endgültige Beweis für eine Straftat erbracht ist, bzw. im Fall Nr. 1, Auflagen zu erteilen und die vorzunehmende Umetikettierung durch die Ordnungsbehörde zu überwachen.
Der Weinsachverständige dagegen ist ein von der Industrie- und Handelskammer öffentlich bestellter und vereidigter Gutachter für deutsche und ausländische Weine, Schaumwein, Spirituosen und Liköre. Er wird vor allem bei privatrechtlichen Streitigkeiten, im Zivilprozeß, als Gutachter vom Gericht hinzugezogen. Auch Firmen oder Privatpersonen, die vermuten, nicht probegetreu beliefert oder im Preis übervorteilt zu sein, wenden sich an ihn mit der Bitte um seinen anerkannten sensorischen Befund. In besonders schwierigen Fällen beauftragt er einen vereidigten Handelschemiker mit der Erstellung einer Weinanalyse zur Erhärtung seines gutachtlichen Geschmacksbefunds. Bei unterschiedlicher Auslegung kann ein zweiter Organoleptiker als Obergutachter zugezogen werden.

Flaschen- und Gläserformen

Die in Deutschland meist verwendete Form für Flaschen ist die der Schlegelflasche (grüngetönt für Mosel-Saar-Ruwerweine, braungetönt für alle Rheinweine). Die Schlegelflasche wird ferner im Elsaß, in der Schweiz, in Österreich, in Jugoslawien und in Rumänien für Weißwein benutzt. In die hellweißgetönten Schlegel wird in Frankreich vielfach Roséwein gefüllt, weil darin die Schillerfarbe besser wahrnehmbar ist. Aßmannshäuser Rotwein wird in braungetönte Schlegelflaschen abgefüllt.

Die langgezogene und etwas steif wirkende sogenannte Bordeauxflasche wird im allgemeinen grüngetönt für Rotwein verwendet, insbesondere für alle roten Bordeauxweine – weißgetönt für weiße Bordeauxweine. Auch für gerbstoffreiche Weine anderer Gebiete wird sie benutzt. Die dickbauchige, grüngetönte Burgunderflasche ist für rote Burgunder bestimmt, sie findet ferner Verwendung für Rotweine aus Burgunder-Traubensorten auch anderer Regionen. Die Flaschenform ist äußerer Ausdruck für die Schwere des Burgundertyps. Der Frankenwein und die Badischen Mauerweine werden in Bocksbeutel gefüllt, deren Form auch für abgefüllten Armagnac typisch ist.

Im Laufe der Zeit hat sich herausgestellt, daß die Form der Gläser weitgehenden Einfluß auf die geruchliche Entfaltung der Weinblume hat. Die Wahl des Glases hängt auch davon ab, ob ein Wein fachmännisch probiert und bewertet oder im Freundeskreis bei der Party getrunken werden soll.

Für einen kostbaren Wein aus einem großen Jahrgang sollte ein wertvolleres und kleineres Glas gewählt werden als für einen Schoppenwein, der allgemein im Pokal serviert wird. Früher gab es vielfach bunte Kristallgläser, da die Weine noch nicht mit höchster Brillanz auf die Flasche gebracht werden konnten.

In Zusammenarbeit mit Weinfachleuten wurde von dem Designer Prof. Claus-Josef Riedel ein festliches, langstieliges Rheinweinglas für die Rosenthal-Studio-Linie entworfen. Der Kelch des Glases ist kugelförmig, im Boden brilliert die Farbe. Handwärme wird durch den langen Stiel vom Kelch ferngehalten, damit Duft und Ge-

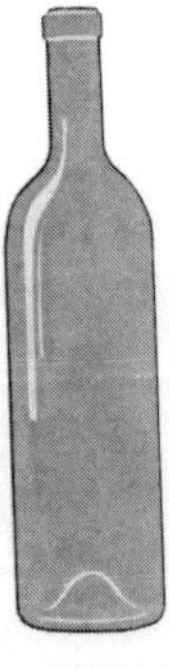

Bordeaux

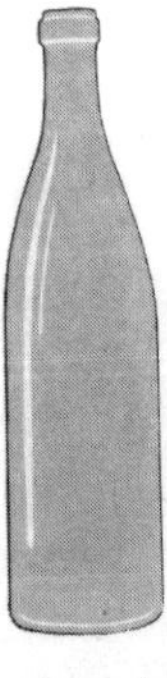

Burgund

schmack nicht beeinträchtigt werden. Eine zarte knaufartige Verdickung in dessen Mitte bietet zusätzliche Grifffläche.

Der Weinkenner meidet prunkvolle Gläser mit Schliff und Goldrand. Am liebsten ist ihm das formschöne, einfache, alte Glas aus dem beginnenden 19. Jahrhundert. Daneben gibt es die von dem renommierten »Glas-Philosophen« Prof. Riedel entwickelten dünnwandigen, langstieligen, festlichen Gläser, über die er sich wie folgt äußert: »Der Rand muß so beschaffen sein, daß er, wenn das Glas an den Mund geführt wird, die darüberstreifende Luft abhält, ins Innere des Glases einzudringen und das Aroma des Weins wegzutragen. Gläser, die sich nach außen öffnen, sind funktionell schlecht, weil die Luft aus dem Glase das ganze Aroma wegholt.«

Für die Weinprobe ist ein weißes (farbloses) Glas ohne Schliff (glatt) erforderlich zur Beurteilung der Klarheit sowie der Farbe. Beim abendlichen Weingenuß kann dem Alter und der Güte des Weins entsprechend ein Glas mit Schliffmuster gewählt werden. Wesentlicher noch als Farbe und Dekor ist die Form des Glases, die einem Gefühl für Stil Ausdruck verleiht. Bei der Probe bedient man sich des handlichen, becherförmigen Kellerglases. Der Weinkoster muß das Glas unten anfassen, damit es nicht blind wird und somit die Beurteilung von Helle und Farbe erschwert.

Italien (Chianti) *Boxbeutel (Franken)* *Ungarn (Tokaj)* *Rhein* *Mosel*

Cognac-Schwenker *Rosé-Glas* *Champagner-Glas* *Burgunder-Pokal* *Burgunder-Glas*

Für das Trinken von Schoppenwein werden Gebietspokale, die sogenannten Römer, verwendet. In Baden wurde ein Glas entwickelt, aus dem Rotwein und schwerere Weißweine getrunken werden. Da solche Weine zur besseren Entfaltung der Blume größerer Lufteinwirkung ausgesetzt sein sollen, gibt man der Glasform mehr Duftraum. Frankenwein trinkt man aus den üblichen Tulpengläsern. An der Mosel ist das Trevirisglas weit verbreitet. Für Bowlen ist die Becherform mit Henkel und für Sekt vorzugsweise der festliche Sektkelch oder auch die modern gewordene Schale üblich, in der jedoch das »mousseux« nicht so schön zutage tritt. Cognac, Ar-

Burgunder-Glas *Südwein-Glas* *Sektschale* *Bordeaux-Pokal* *Bordeaux-Glas*

Bordeaux-Glas *Rheinwein-Glas* *Mosel-Glas* *Elsaß-Glas*

magnac und Weinbrand werden in Schwenkern gereicht, worin sie am besten mit der Hand »warmgehalten« werden können, um die Entwicklung der ätherischen Duftstoffe zu begünstigen. Dessertweine werden vor allem in kleinen Stielgläsern serviert, da sie im allgemeinen alkoholreicher sind als andere Weine. Für alle Landweine kann man den schlichten Becher wählen. Begreiflicherweise eignet sich für Rotwein eine andere Glasform als für Weißwein. Für Bordeaux sollte man den nicht so hochstieligen Ballonkelch vorziehen und ihn nur etwa bis zur Hälfte füllen. Bei hochwertigen Burgundern bietet sich ein großes Glas an, dessen Form der Lotosblüte ähnelt, und das man nur zu einem Drittel einschenkt, damit die Duftstoffe gebündelt entweichen können. Zu den bekannten französischen Weinglasherstellern gehört die Firma Baccarat, die eine Kollektion schön ornamentierter Tischweingläser auf den Markt brachte.

Das Flaschenschild – eine Visitenkarte

Wenn das Flaschenschild als Visitenkarte des Weins bezeichnet wird, so darum, weil es dem Weinkenner durch die verschiedenen Angaben Aufschluß über Art und Güte des Inhalts gibt: Er kann dort zunächst den Jahrgang feststellen und ersehen, ob Tafelwein, Qualitätswein oder Prädikatswein vorliegt. Bei deutschen Weinen muß außerdem die Landschaft, bei Auslandsweinen das Land oder der Kontinent angegeben sein.

Bessere Weine können auch durch die Traubensorte angezeigt sein. Name und Sitz des Weinhändlers oder des Erzeugers müssen bei deutschen Weinen auf dem Flaschenschild vermerkt sein, und bei Auslandsweinen, sofern sie im Ausland auf Flaschen gefüllt wurden, Name und Sitz des Abladers bzw. Erzeugers. Nach den Namen der bekannten Handelshäuser kann sich der Kenner ein Urteil über die Güte ihrer Erzeugnisse bilden.

Manche Flaschenweine des Auslands haben zusätzlich Anhänger mit Einzelangaben und lokalen Kartenskizzen, woraus die Herkunft des betreffenden Weines ersichtlich ist. Bei einfachen und heurig zu trinkenden ist die Jahrgangsangabe weniger wichtig; sie wird darum mitunter fortgelassen, während sie bei deutschen Weinen als Hinweis unerläßlich ist, da in unseren Breiten die einzelnen Jahrgänge sehr viel unterschiedlicher ausfallen als bei den Weinen der südlichen und sonnigeren Gefilde. Bei einzelnen Auslandsweinen, wie z. B. bei den Elsässern, spielt die Herkunft eine untergeordnete Rolle; sie wird daher nur in Ausnahmefällen genannt, während die Kennzeichnung der Traubensorte Vorrang hat.

Die Partyprobe im Freundeskreis

Im Wein, wie spiegelt die Welt
sich so schön.

Immer häufiger werden zur Unterhaltung von Freunden und Gästen Weinproben in kleinerem Kreis veranstaltet. Ein solcher Abend kann, in der richtigen Weise ausgerichtet und vorbereitet, für die Teilnehmer ein Erlebnis besonderer Art sein. Zunächst sollte man sich entscheiden, ob man nur Weine aus den bekannten deutschen Anbaugebieten vorführen oder auch Auslandsweine hinzuziehen will; ob man Weißwein oder Rotwein wählt und ob ein Jahrgang oder ob verschiedene Jahrgänge probiert werden. Für eine derartige Probe sollte man nicht mehr als sechs bis zehn Weine bereithalten. Grundsätzlich stellt man die Weine in gleicher Temperatur in der Reihenfolge von links nach rechts auf, d. h. man beginnt mit dem billigsten Wein. Will man eine Blindprobe veranstalten, so kann man die Weine mit einer Hülle aus Karton verdecken d. h. man stellt die Weine nicht vor der Probe namentlich vor, sondern erst danach.
Vor jedem Teilnehmer stehen zwei einfache Probiergläschen und eine Scheibe Schwarzbrot oder Wasserwecke zur Geschmacksneutralisierung; bei Rotweinproben dürfen es auch Würfel aus Schweizer Käse sein. Die Gläser werden nur zweifingerhoch eingegossen; auf Wunsch kann nachgefüllt werden, wenn man zurückprobieren möchte. In das linke Glas wird Probe Nr. 1, in das rechte Probe Nr. 2 ausgeschenkt usw. Zum Ausgießen der Reste ist eine größere Schüssel bereitzuhalten. Jeder Teilnehmer sollte auch Schreibpapier und Kugelschreiber vorfinden für seine Notizen über die einzelnen Weine. Sie können bestehen entweder aus den geläufigen Fachausdrücken oder auch aus selbstgebildeten Kennzeichnungen bzw. aus Kreuzen für positive Beurteilung, Minuszeichen für Mißfallen. Jede Verkostung endet mit einem Vergleichen der einzelnen Probeergebnisse und der gemeinsamen Feststellung, welche Sorten am besten abgeschnitten haben. Der Gastgeber gibt daraufhin die Bezeichnungen der Weine, die Jahrgänge sowie andere Einzelheiten, z. B. Traubensorte, Prädikat und Preis bekannt. Dem Gastgeber bleibt es überlassen, nach Beendigung der Probe seinen Gästen den wohlverdienten Imbiß vorzusetzen.

Berühmte Jahrgänge ab 1719

1719 seiner außergewöhnlichen Sonnensüße wegen als »Hutzelbrühe« bekanntgeworden

1727 gut, auch viel – im Bremer Ratskeller noch zu haben

1753 berühmte »Weinwachs«

1783 berühmtes Weinjahr

1804 gut und viel

1811 von Goethe besungen, Kometenwein, mit Gold aufgewogen

1822 ähnlich wie 1811

1834 ausgezeichnet

1846 Mostgewicht des Tafelweins 100° Öchsle*)

1857 als Sommerwonnen-Bronnentrank, als milder, wilder Tonnentrank wurde er im »Kladderadatsch« charakterisiert

1858 hervorragend – Lese im Schnee

1862 vortrefflich

1865 hohe Mostgewichte

1868 großes Weinjahr

1893 deutsche Weine als beste der Welt auf der Weltausstellung ausgezeichnet. Für eine Flasche wurden bis zu 80 Goldmark bezahlt, Jahrhundertwein

1904 hervorragend – Hermann Göring hatte sich davon im Zweiten Weltkrieg die letzten Bestände von Kloster Eberbach gesichert

1911 herrlicher Kometenweinjahrgang, vollreif

1920 gute Spätlesen

1921 Weine, die nicht zu früh auf die Flasche gefüllt wurden, gehörten zu den größten Kreszenzen, die jemals gewachsen sind

1934 gut und sehr langlebig

1937 sehr gut

1945 Friedenswein, sehr gut

1949 sonnengesegnete Weine, große Reife, Süße und Fülle

1953 Spitzenweine von großer Eleganz, Reife und Feinheit – eine ausgezeichnete Kapitalanlage, da heute von hohem Seltenheitswert

---

*) Die EWG-Bestimmungen begnügen sich heutzutage mit etwa der Hälfte für Tafelwein

1959 Jahrhundertwein. Allerdings mußte man im Einkauf auf den Säuregehalt mehr achten als auf die Lage. Höchste Mostgewichte aller Zeiten. Glücklich ist, wer noch davon hat

1964 dieser interessante Jahrgang erlangte die Vollreife

1971 hervorragend reifer Jahrgang, etwas säurearm

1973 verspricht interessant und apart zu werden bei außergewöhnlich hoher Ernte

Europäische Weinmuseen

Bundesrepublik Deutschland

1. Weinbaumuseum, Meersburg/Bodensee
2. Museum für die Geschichte des Weines, Rüdesheim/Rh.
3. Weinmuseum der Pfalz, Speyer
4. Rheinisches Landesmuseum, Trier
5. Mainfränkisches Museum auf der Festung Marienberg, Würzburg

Frankreich

6. Musée du vin, Angers
7. Musée du Vin, Beaune
8. Château d'Entrecasteaux, Ile de Bendor
9. Maison du Vin, Bordeaux
10. Musée du Vin, Cérons
11. Musée du Vin de Champagne, Epernay
12. Château Lascombes, Margaux
13. Musée Rothschild, Domaine Mouton-Rothschild, Pauillac
14. Musée d'Espelosin, Rochecordon
15. Musée de Vin, St.-Emilion
16. Musée de la Mission Haut-Brion, Talence
17. Elsässischer Keller im Unterlinden-Museum, Colmar
18. Musée Benoit-Rachet, Romanèche-Thorins
19. Musée Louis Pasteur (1822–1895), Arbois
20. Musée de Cognac, Cognac
21. Musée d'Armagnac, Armagnac

Großbritannien

22. Harvey's Winemuseum, Bristol

Italien

23. Museo Martini di Storia dell'Enologica, Pessione bei Turin
24. Das Weinbaumuseum Südtirols am Ringberg (Kalterer See)

Österreich

25. Das Weinbaumuseum, Krems (Wachau)

Schweiz

26. Schloß Boudry, Neuchâtel

Spanien

27. Das Weinmuseum, Villafranca (Panadés)

Ungarn

28. Weinmuseum »Burg-Vinothek«, Budapest

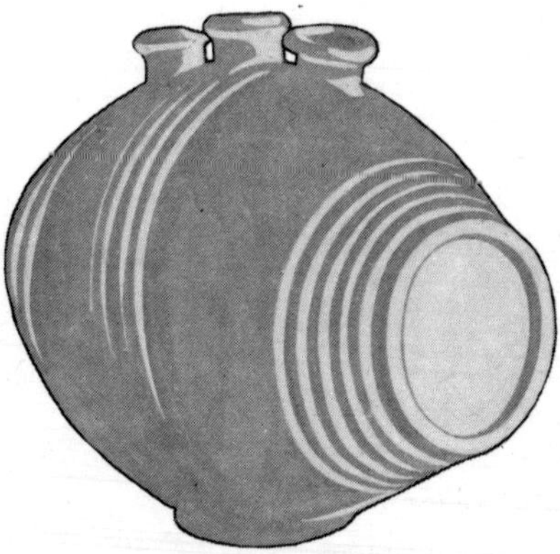

Ergo bibamus

Die elf bekanntesten Anbaugebiete der Bundesrepublik

Die Ahr

Wer an der Ahr war

Mit annähernd 600 ha Rebland (Ernteertrag 30000 hl; Hauptrebsorten: 31 % Portugieser, 25 % Spätburgunder = 56 % Rotwein; 23 % Riesling, 16 % Müller-Thurgau bzw. 44 % Weißwein) das kleinste deutsche Anbauareal, ist die Ahr gleichzeitig das nördlichste geschlossene Gebiet unseres Landes für Rotweine. Hier haben es die Winzer besonders schwer. Durch intensive Bodenbearbeitung gelang es, aus den Ahrweinen, insbesondere aus den Ahrburgundern wertvolle Qualitätserzeugnisse zu bereiten. An den Steilhängen ist Terrassierung erforderlich. Neuerdings werden auch gegen Frost widerstandsfähigere Weißweinsorten, wie der Riesling, gezogen. Die charakteristischste Rebe der Ahr ist der Spätburgunder. Sie ergibt runde Rotweine, ist im Ertrag nicht üppig, in der Blüte frostempfindlich, jedoch hervorragend in der Qualität. Der vulkanische Boden vermittelt den Weinen jenes kraftvolle Feuer, das neben feinem Aroma, Würze und beachtlichem Alkoholgehalt die charakteristischen Merkmale bildet.
Ursprünglich reichte der Anbau weit nach Norden bis ins Kesselinger Tal. Der Geschmacksverfeinerung der Rotweinverbraucher entsprechend, wurde die Rebe mehr und mehr ahrabwärts im *Ahrgau* angebaut, insbesondere in den besseren Lagen von *Ahr- und Angtal.* Erwähnt seien Walporzheim, Ahrweiler, Dernau, Mayschoss und Altenahr.

Baden

Da bin ich gern zu Hause

Noch vor etwa hundert Jahren war Baden Deutschlands größtes Weinbaugebiet mit 22000 ha. Heute umfaßt die Rebfläche über 10000 ha. Der Ernteertrag erreicht 700000 hl (Hauptrebsorten: 26 % Müller-Thurgau, 13 %

Ruländer, 13 % Gutedel, 7 % Silvaner, 7 % Riesling, 4 % Weißburgunder, 8 % sonstige = 78 % Weißwein; 22 % Spätburgunder = 22 % Rotwein). In Baden wie im benachbarten Württemberg ist das »Viertele« zum Vespern beheimatet. Der Wein ist in Süddeutschland Volksgetränk, und man sagt:

Achtzehn Tugenden hat unser Wein.
Welche Tugenden können das sein?
Im Volksmund heißt es:

Der Wein
schenkt Freude,
lockert das Gemüt,
verbreitet Behaglichkeit,
bringt Entspannung,
weckt Frohsinn,
vertreibt Sorgen,
regt den Appetit an,
würzt das Mahl,
dient der Gesundheit,
erhält schlank,
spendet Erholung,
stärkt die Schaffenskraft,
verjagt die Schüchternheit,
fördert die Geselligkeit,
beschwingt den Künstler,
löst das Lachen aus,
ist Lebensweisheit ...

Also ersieht man hieraus:
Achtzehn Tugenden hat der Wein!
So etwas muß doch nützlich sein!

Bald nach dem Zweiten Weltkrieg erkannte man in Baden die Notwendigkeit einer umfassenden und planmäßigen Umstellung des Rebgeländes. Damit war eine erhebliche Verbesserung der Arbeits- und Flächenproduktivität verbunden.
1881 hatte der bekannte badische Volksschriftsteller und katholische Pfarrer Dr. Heinrich Hansjakob in Hagnau am Bodensee den Impuls zur Gründung der ersten badischen Winzergenossenschaft gegeben. Heute bestehen in Baden fast 200 Winzer- und Keltergenossenschaften. Daneben gibt es Bezirkskellereien und seit 1952 eine moderne Zentralkellerei Badischer Winzergenossenschaften in Breisach. Lediglich der Weinbau von Baden gehört zur Weinbauzone B, die einen um 0,5° höheren Anspruch an den Gesamtalkohol stellt als die Weinbauzone A.
Mildes Klima, dazu eine große Verschiedenartigkeit der Lagen, der Böden sowie der Rebsorten ergeben den bunten Frühlingsstrauß der badischen Weine. In der *Ortenau* zwischen Freiburg und Baden-Baden gedeihen auf steilen Südhängen und verwitterten Böden Badens beste Weine. Es ist das große geschlossene Riesling-Anbaugebiet. Der bekannteste badische Wein,

der *Kaiserstühler,* wird nordwestlich von Freiburg auf vulkanischem Boden, vulkanischem Urgestein, gewonnen. Die markanteste Erhebung mit umfangreichem Weinbau ist der Tuniberg. Die Ruländerrebe, neuerdings auch Riesling, ist hier am häufigsten vertreten und ergibt volle, feurige Weine mit Sortenbukett.
Zwischen Freiburg und Basel, im *Markgräflerland* wird aus Gutedeltrauben der Markgräfler bereitet. Frische, gepaart mit Zartheit sind dessen typische Eigenschaft. Bekannt sind auch die Seeweine vom Bereich Bodensee, die nur selten über die Grenzen ihrer Heimat hinausgelangen. Im *Glottertal* (Breisgau, Gebiet um Freiburg), im *Kraichgau* (zwischen Durbach und Heidelberg), an der *südlichen Bergstraße* und im *Taubertal* war der Anbau zeitweise stark zurückgegangen, wurde jetzt jedoch wieder gefördert.
Eine begehrte süddeutsche Spezialität ist der Weißherbst, jener nur kurz auf den Beerenhülsen angegorene und dadurch der roten Farbe beraubte, milde, hellrosafarbige, gerbstoffarme, gern heurig getrunkene Wein aus der Traube des Blauen Spätburgunders.

Hessische Bergstraße

Vier Sinne sind
beim Weine dicht

Die Bergstraße mit ihrem milden Klima hat im Frühjahr die ersten blühenden Bäume und Sträucher aufzuweisen. Kein Wunder, daß in diesem von der Witterung so begünstigten Landstreifen der Wein gedeiht. Die Bergstraße liegt mit ihrem nördlichen Teil in Hessen, mit ihrem südlichen jedoch in Baden-Württemberg. Die Weine sind frisch und mundig und werden, ähnlich wie im württembergischen Weinbaubereich fast ausschließlich im eigenen Gebiet verkauft. Klingende Weinnamen an der Bergstraße sind die der Orte Schriesheim, Weinheim, Hemsbach, Laudenbach, Heppenheim, Bensheim und Zwingenberg. Auf 306 ha Ertragsfläche werden 28 000 hl erzielt (Hauptrebsorten: 50 % Riesling, 26 % Silvaner, 20 % Müller-Thurgau d. h. eigentlich nur Weißwein).
Das kleine Gebiet wird in die Bereiche *Starkenburg* und *Umstadt* gegliedert. Nach dem Zweiten Weltkrieg erfolgte die Gründung der Bergsträßer Gebietswinzergenossenschaft in Heppenheim. Dieser Zusammenschluß ermöglichte den einheitlichen Ausbau der Moste und führte zu einem überwachten Qualitätsangebot.

Franken

Auf grünen Bergen
wird geboren

Der Main ist die Lebensader des Frankenlandes. In vielen Krümmungen durchzieht er die anmutigen Rebhügel des fränkischen Weinlandes. Das bei Hochheim endende Weinbaugebiet Rheingau setzte sich früher mehr oder weniger lückenlos mainaufwärts fort. Die Rebe gelangte nicht durch die Römer ins Maintal, sondern deutsche Herrscher vom fränkischen Karolingerstamm gelten als Förderer des Weinbaus in Franken. Die ersten Missionare im Mainland, wie der Frankenapostel St. Kilian, bedurften des Weines zum Meßopfer. Der Weinbau in Franken umfaßt eine Fläche von 2800 ha im Ertrag. In guten Jahrgängen werden bis zu 130000 hl geerntet (Hauptrebsorten: 45 % Silvaner, 41 % Müller-Thurgau, 4 % Riesling, 7 % sonstige = 97 % Weißwein; restliche 3 % fallen auf Rotwein).
Sitz des fränkischen Weinhandels ist Würzburg. Dort gelangte der Wein zu hohem Ansehen, nicht zuletzt durch die Spitäler. Auch die gute Pflege der bekanntesten Erzeuger hat hierbei großen Anteil. Renommierte Lagen sind in Würzburg: Abtsleite, innere Leiste, Kirchberg, Pfaffenberg, Schloßberg, Stein und Stein/Harfe. Von Fachleuten wird der Würzburger Stein als eine der schönsten deutschen Weinbergslagen bezeichnet.
Zehn Kilometer mainaufwärts folgt als wohl größter Weinbauort Randersacker mit den Lagen Sonnenstuhl, Marsberg und Teufelskeller. Östlich des Mainbogens liegt etwas abseits das reizvolle Weinstädtchen Iphofen mit seinen besten Lagen in Kronsberg, Kalb und Julius-Echter-Berg. Weiter flußaufwärts dann Sommerach, gleichfalls auf der linken Mainseite, unmittelbar am Fluß gelegen, mit unterschiedlichen Weinen, und weiter oberhalb die Gemeinde Escherndorf, bekannt durch die Lagen Lump, Fürstenberg und Berg. Über die Weinschleife des weinfrohen Frankenlandes grüßt die Vogelsburg, zu der die Reben emporklettern und die einen prächtigen Ausblick auf die genannten Escherndorfer Lagen bietet. Durch das neue Weingesetz wird das fränkische Anbaugebiet in vier Bereiche eingeteilt: *Mainviereck*, *Maindreieck*, *Steigerwald* und – erstaunlicherweise – *Bayerischer Bodensee*.
Neben den erwähnten Orten mit Weinbaukultur wird noch an vielen anderen Stellen Frankens Wein gebaut. So an den Ufern der Wern, der Fränkischen Saale und der Tauber sowie an der Südseite der Ausläufer

der Hassberge, des Steigerwaldes, wo die Qualitätskellerei des Fürsten Castell sich einen großen Namen geschaffen hat, und des Spessarts. Zu dem Weinbaugebiet Franken zählen auch die Weine aus dem badischen Tauber- und Schlüpfergrund, dem sogenannten badischen Frankenland. Es nehmen insgesamt 160 Gemeinden am fränkischen Weinbau teil, davon die größere Hälfte mit mehr als fünf Hektar Anbaufläche.
Die charakteristischen Merkmale des Frankenweines sind neben der zünftigen Flaschenform des Bocksbeutels sein erdiger, fruchtig-würziger Geschmack, seine nach heimatlicher, steiniger Erde duftende Blume, die in ihrer Art nur bei diesen Gewächsen aus den Mainlanden anzutreffen ist. Edler Frankenwein aus den klassischen Anbaugebieten wird mehr und mehr in der Welt geschätzt. Auf jeder gutassortierten Weinkarte ist er mit einigen der vorstehend genannten Sorten würdig vertreten.
Zu den treuesten Abnehmern des Frankenweines zählten u. a. Schiller, E. T. A. Hoffmann, Richard Wagner, Bismarck und Goethe. Letzterer schrieb 1806 an seine Frau: »Sende mir doch noch einige Würzburger; denn kein anderer Wein will mir schmecken, und ich bin verdrießlich, wenn mir mein Lieblingstrank abgeht.«
Die Vielfalt der Geschmacksrichtung der Frankenweine ist auf die mannigfaltigen Bodenarten innerhalb des fränkischen Gebietes zurückzuführen. Beginnend bei Bamberg den Main abwärts mit den Seitentälern der Wern, der fränkischen Saale und der Tauber bis an die hessische Grenze, dem sogenannten Freigericht mit den Weinorten Hörstein, Wasserlos und Michelbach, stoßen wir auf Weinberge, wo die Rieslingrebe auf Glimmerschiefer, dem sogenannten Urgestein, gedeiht. Die dort erzeugten Rieslingweine haben bereits einen an den Rheingauer anklingenden Ton.
In Würzburg, Randersacker, Escherndorf und Homburg haben wir Muschelkalkböden, in Sommerach und Nordheim Buntsandstein mit Lehm, am Steigerwald, in Iphofen, Rödelsee, Wiesenbronn, Abtswind und Castell Keuperböden (Mergel mit Gipseinlagen), roten Sandstein am Untermain in Klingenberg, wo der berühmte »Rote« wächst, ähnlich wie bei Miltenberg und Wertheim.

Mittelrhein und Lahn

Ich weiß nicht,
was soll es bedeuten

Trotz der bescheidenen Anbaufläche von weniger als 1000 ha (Erntemenge 70000 hl; Hauptrebsorten: 83 % Riesling, 9 % Müller-Thurgau, 4 %Silvaner und 3 % sonstige = 99 % Weißwein) spielt die Weinwirtschaft in diesem Gebiet eine beachtliche Rolle. Zum eigentlichen Mittelrheingebiet, das bald hinter Rüdesheim (nach Lorchhausen) beginnt, kommen noch einige Lahngemeinden hinzu, die leichten Tafelwein erzeugen. Der Mittelrhein wird in die drei Bereiche unterteilt: *Siebengebirge*, *Rheinburgengau* und *Bacharach*.

Die Landschaft des Mittelrheins ist eine der abwechslungsreichsten und romantischsten. Steile Berghänge wechseln mit schroffen Felsen und verfallenen Burgen, kleinen Weindörfern und sauberen Städtchen. Die Steilhänge sind mühsam zu bearbeiten. Sie erfordern durch Mauern verbundene Terrassierung. Von der südlichen Grenze bis zur Burg Sooneck stoßen wir auf Taunusquarzit. Zwischen Niederheimbach, Bacharach und Oberwesel wachsen die Reben auf Hunsrückschiefer mit Lößeinlagen. Von St. Goar bis Boppard besteht der Boden aus den sogenannten Koblenzschichten mit Lößeinlagen.

Wir nähern uns, je weiter wir nordwärts kommen, dem entscheidenden Punkt, an dem die Rebe nicht mehr zu Hause ist. Bei Andernach treffen wir noch einige Gemeinden, die einen an Mosel erinnernden Wein hervorbringen. Es folgt das Siebengebirge mit seinem bekannten »Roten Drachenblut« aus Burgundertrauben oder frühreifenden Portugiesern. Kurz vor der Mündung der Sieg in den Rhein ist der nördlichste Punkt erreicht, d. h. die Grenze für das Gedeihen der Rebe. Die Süd- und Südwestlagen sind die geeignetsten. Im Frühjahr und Herbst kann es leicht zu Frostschäden kommen, da in den Seitentälern oft kalte Luft aus dem bergischen Hinterland auf die noch wärmeren Strömungen des Rheintals stößt. Der frostbeständigere Riesling herrscht hier vor; die weicheren Sorten, Silvaner und Müller-Thurgau, sind seltener. Der einstmals beachtliche Rotweinbau ist stark zurückgegangen und wird nur der Tradition wegen von wenigen Gemeinden aufrechterhalten. Nicht nur das Klima, auch die Böden und schmalen, hochgelegenen Parzellen erschweren die Arbeit des Winzers beträchtlich.

Verschiedenartig wie die Böden sind auch die Weine des Mittelrheins. Im allgemeinen trifft man leichte, milde Tafelweine von angenehmer Beschaffenheit. In einigen guten Lagen gedeihen vorzügliche Weißweine, denken wir an den Steeger Riesling aus einem Seitental bei Bacharach, an die Lagen Posten, Wolfshöhle und Kloster Fürstental. Aus der Fülle seien noch erwähnt: der Sonnenberg bei Unkel, der Marmorberg bei Braubach, die Elfenlay bei Boppard, Katz und Loreley bei St. Goarshausen, der Pfalzgrafenstein bei Kaub und der Goldemund bei Oberwesel.

Mosel-Saar-Ruwer

Die Weinbeere trägt
bis fünf Kerne in sich

Zwischen den schützenden Hängen von Hunsrück und Eifel windet sich in einer abgelegeneren Gegend die Mosel mit ihren Nebenflüssen Saar und Ruwer. Sanft fließt ihr Wasser talwärts, und schroff erheben sich die abwechslungsreichen Hänge, auf denen der Moselriesling, an hohen Stöcken gezogen, gedeiht. Noch befinden sich die guten und bekannten Lagen zur Rechten und dann weiter flußabwärts zur Linken, je nach Biegung des Flusses, je nach Sonnenbestrahlung und Bodenverhältnissen. Auf fast 11 000 ha werden 900 000 hl geerntet (Hauptrebsorten: 74 % Riesling, 13 % Müller-Thurgau, 11 % Elbling und 2 % sonstige = ausschließlich Weißwein).
In dieser einsamen und daher besonders reizvollen Gegend lebt eine aufgeschlossene, arbeitsame und begabte Bevölkerung von bäuerlichem Schlag. Ihr wird ein rauher Charakter und eine derbe Sprache nachgesagt. Dieser Bevölkerung ist es zu verdanken, daß es gelungen ist, einem noch vor der Jahrhundertwende nur in einzelnen Teilen Westdeutschlands bekannt gewordenen Wein Weltgeltung zu verschaffen. In hervorragenden Weinjahren, wie z. B. 1949, 1953, 1959, 1964, 1966, 1971 und 1973, liegt ein langer und warmer Spätherbst über dem Fluß und seinen Seitentälern, so daß die Weinlese im allgemeinen erst in der zweiten Oktoberhälfte stattfindet, das ist im Vergleich mit anderen Weinbaugebieten recht spät. Unerwartete Frühfröste wirken sich erfahrungsgemäß in der Qualität besonders nachteilig an Saar und Ruwer aus.

Die den Moselwein kennzeichnenden Eigenschaften sind seine Gör (spritzige Art), sein Duft und seine Frische. Einmalig ist die Verbindung des feinrassigen Fruchtaromas mit dem prickelnd anregenden Geschmack auf der Zunge.
Die chemische Analyse des Moselweins zeigt, daß er der leichteste der deutschen Qualitätsweine ist, während sein angenehmer Säuregehalt deutlich wahrnehmbar hervortritt.
Die Weine des Mosel-Saar-Ruwer-Gebietes werden handelsüblich in sogenannten Fuderfässern von 1000 Liter Inhalt mit entsprechender Über- oder Untereiche gehandelt. Infolge der blumig-fruchtigen Beschaffenheit der Moselweine sind sie anfällig im Faßtransport. Allzu häufiges Umschlauchen dieser Erzeugnisse muß vermieden werden, da Luftzufuhr sich leicht nachteilig auswirkt. Nur wo behutsame und kundige Pflege gewährleistet ist, kann Moselwein zu höchster Vollendung gebracht werden, sonst büßt er an Lebendigkeit und Duft ein, verliert schließlich das ihm eigene »Moselblümchen«*).
Duftig und von überempfindlicher Zartheit ist das »Hochzeitskleid der Moselbraut«, das sie besitzen muß, um sich in vollem Glanz zur Zeit ihres Höhepunktes zu zeigen. Bei unsachgemäßer Behandlung wird von dem Festtagsschmuck der »Braut« nichts zu bewundern sein; ein schales, langweiliges Alltagsgetränk bleibt übrig. Diese Erkenntnis sowie die Analyse hatten dazu geführt, daß Moselweine in derRegel frühzeitig gefüllt und getrunken werden. In der Tat treffen wir nur gelegentlich auf abgelagerte Moselweine älterer Jahrgänge, die sich in vollem Umfang des bräutlichen Schmucks erfreuen. Vorbedingung für solche Tropfen ist, daß sie edlem Holz und wertvollster Lage entstammen und beste Kellerpflege von erfahrener Hand genossen haben – kurz gesagt, es sind Weine, die Geld gekostet und höheren Alkoholgehalt als üblich haben. Auch müssen sie in ihrer Jugend von herzhaft-gesunder Rasse sein. Man gibt guten Moselweinen eine Lagerzeit bis zu 7 Jahren, in Ausnahmefällen sogar darüber hinaus.
Das ganze Gebiet wird heute in vier Bereiche unterteilt: *Obermosel, Saar-Ruwer, Bernkastel, Zell.* An der Obermosel mit dem zugehörigen »Grünen Winkel« an der Sauer stoßen wir auf kleinere, doch teilweise selbständige Konsumweine. Bei den Nebenflüssen Saar und Ruwer kommen zu den

*) gleichzeitig auch eine alteingeführte Phantasiebezeichnung im Export

typischen Moselmerkmalen ein besonders feinrassiger Saarton bzw. der Rauchgeschmack der Ruwerweine hinzu. In ausnehmend guten Jahren wie 1949 bieten beide Gebiete Hervorragendes, während die Weine in geringwertigen und sonnenarmen Jahren vielfach als zu hart und rassig, d.h. zu sauer, der Sektfabrikation zur Weiterverarbeitung zur Verfügung gestellt werden.

Bernkastel-Kues ist der Hauptumschlagplatz feiner Mosel im gleichnamigen Bereich. Sowohl dort als auch in der Großlage Badstube und in den Bernkastel-Kueser-Einzellagen: Bratenhöfchen, Doctor*), Graben, Lay und Matheisbildchen treffen wir arteigene, charakteristische Gewächse. Bernkastel-Kues (Aussprache: Kus, nicht Küs!) selbst ist ein reizendes Moselstädtchen. Neben dem Wein wurde Bernkastels Ruhm durch den größten Sohn der Stadt, den Kardinal Nikolaus von Kues (1401 bis 1464), einen der bedeutendsten Gelehrten und Humanisten des ausgehenden Mittelalters, in alle Welt hinausgetragen. Das St.-Nikolaus-Hospital in Kues (auf der linken Flußseite gelegen) mit seinen sehenswerten Baulichkeiten und seiner berühmten Bibliothek erinnert noch heute daran.

Flußaufwärts begegnen wir Lieser, dort zweigt das Liesertal ab, dessen Weinbau bis in die Wittlicher Senke reicht, dann Brauneberg, Piesport, Dhron, Neumagen, letzteres berühmt durch seine Funde aus der Römerzeit, weiter Trittenheim, Leiwen, Thörnich, Klüsserath, Mehring, um einige Namen zu nennen; talabwärts schließen sich an: Graach, Wehlen, Zeltingen, Ürzig und Erden mit seinem berühmten »Treppchen« sowie Kröw mit dem volkstümlichen »N.A.« (man benutzt im allgemeinen diese Abkürzung für die drastische Bezeichnung Nacktarsch!). Es folgen Traben-Trarbach – ein bedeutender Weinumschlagplatz –, Enkirch und Zell mit seiner volkstümlichen »Schwarzen Katze«. Zeltingen und Wehlen mit ihren riesigen Sonnenuhren, die gleichzeitig die besten Lagen seit langer Zeit kennzeichnen, Graach mit seinem »Himmelreich«, dem »Dompropst« und dem »Josephshöfer« klingen jedem Kenner feiner Mosel ehrfurchtsvoll im Ohr.

Weiter abwärts, in landschaftlich ebenfalls großangelegtem Moselbogen, sind Ürzig und Erden mit den bekannten Lagen »Würzgarten« und »Buss-

*) weltberühmte, hochbezahlte Lage im Besitz von vier renommierten Erzeugern. Sehr begehrt im Export deutscher Weine nach Großbritannien und den USA

lay« zu nennen. Es verbietet sich in diesem Rahmen, sämtliche katasteramtlich eingetragenen Lagen aufzuzählen, doch sollte in diesem Zusammenhang noch darauf hingewiesen werden, daß Lagen, die auf »lay«, »lei«*) oder ähnlich enden, Weine hervorbringen, die auf Schieferböden gewachsen sind.

In Bullay sind wir auf unserer Fahrt durch die Mittelmosel angelangt. Hier beschreibt der Fluß den großen, landschaftlich besonders reizvollen Krampenbogen mit dem alten Weindorf Beilstein, das Rudolf G. Binding in der »Moselfahrt aus Liebeskummer« beschreibt. Dort sind die Weine kurzlebiger und leichter. An Ort und Stelle getrunken, schmecken sie am besten, weil ihnen Transport und Klimawechsel weniger bekömmlich sind.

Nachdem wir den Krampen im Rücken haben, verbreitert sich die Talsohle im Gebiet der Untermosel. Die Straße wird belebter; die dortigen Weine kommen im gesamten Rheinland in ihrer spritzig-duftigen Art gut an. Auch hier trifft der Besucher den einzigartigen, steilen Terrassenweinbau an. Hauptumschlagplatz für Wein in diesem Gebiet ist Winningen mit seiner »Hamm« und »Im Röttgen«.

Wir haben die Mosel-Schiffahrt, auf der man die Weinorte und einzelnen Lagen am besten bewundern kann, beendet. Diese Reise führte zu der Feststellung, daß Moselkonsum- und Ausschankweine zu einem großen Teil an Ober- und Untermosel wachsen, während die Mehrzahl der feinen und allerfeinsten Flaschenweine vom mittleren Teil des Flußlaufs und den Nebenflüssen Saar und Ruwer stammen. In sonnenarmen Jahren ist der Moselwein oft zuckerungsbedürftig, um dadurch die hochempfindlichen Erzeugnisse lagerfähig und bekömmlicher zu machen, und für den Verbraucher voll genußfähig auf die Flasche zu bringen. Auch andere begehrte Lebensmittel wie z. B. Konfitüre bedürfen der Verarbeitung mit Zucker zur Konservierung. Die international bekannte Zitrone naturell wird am Tisch gesüßt, um sie zu einem Genußmittel werden zu lassen. Die EG-Bestimmungen erlauben die Naßverbesserung**) vorläufig bis zum Jahre 1979. Abschließend sei erwähnt, wann und zu welchen Speisen die »Mosel-Saar-

---

*) lei bedeutet soviel wie Fels, Schiefer; vergleiche auch Lorelei und Erpeler Lei; doch nicht zu verwechseln mit Lei, die Mehrzahl von Leu (Löwe) oder der rumänischen Münzeinheit Leu, die in der Mehrzahl Lei lautet

**) Zusatz von Zuckerwasser

Ruwer«-Weine, wie das geschlossene Anbaugebiet auf den Flaschenschildern bezeichnet wird, am besten munden. Sie sind durch ihre geschilderten wertvollen Eigenschaften die bevorzugten Weine zu Fisch, Vorspeisen und Salaten – sie lösen den Gaumen und regen angenehm »fordernd« den Appetit an. Durch ihren hohen Säuregehalt sind sie korpulenten Leuten besonders anzuempfehlen. Sie stehen im Ruf, der schlanken Linie zu dienen. An warmen Tagen und heißen Sommerabenden sind sie aufmunternd und erfrischend, ohne durch ein Übermaß an Alkohol zu beschweren oder zu ermüden, während man in kalter Jahreszeit besser daran tut, sich alkoholreicheren Getränken oder Rotwein, den es an der Mosel nicht gibt, zuzuwenden wie es in der Praxis allgemein geschieht.
Die den meist helltönigen Moselweinen verwandte Farbe ist grün. Sie besitzen einen leicht ins Grünliche gehenden Schimmer. Zu ihrer Abfüllung werden daher grüne Flaschen gewählt; früher wurden sie auch häufig in grünen Gläsern gereicht, weil man sie noch nicht blitzblank auf die Flasche brachte.
In Verbindung mit der malerischen Landschaft ergeben die an Mosel, Saar und Ruwer gebotenen Kostbarkeiten einen Genuß, der lange Zeit im Gedächtnis haften bleibt.

Nahe

Gewoben aus Blüten

Die Rebfläche des Nahegebietes (Landkreis Kreuznach und Rockenhausen) beträgt über 4000 ha bei einem Ernteertrag von 240000 hl (Hauptrebsorten: 32 % Silvaner, 30 % Müller-Thurgau, 25 % Riesling und 13 % sonstige). Der Gesetzgeber kennt zwei Bereiche: *Kreuznach* und *Schloß Bökkelheim.*
Die Klöster Disibodenberg, Sponheim und Rupertsberg wurden zu geschichtlich bedeutenden Kulturträgern des Nahegaues. Der Anbau im gemischten Satz*), der noch vor dreißig Jahren üblich war, ist verschwunden. Naheweine gleichen der Landschaft, aus der sie stammen: sie sind abwechslungsreich und interessant. Alte Weinbeißer nennen das Nahegebiet ihr »Probierstübchen«. Man findet dort Weine, die durch Gehalt und Körper

*) nicht sortengetrennte Kelterung, weil die Rebstöcke nicht sortenrein gesteckt sind

an Rheinwein und andere, die durch Eleganz und Rasse an Moselwein erinnern. Die Nahe ist ein Entdeckungsfeld für Liebhaber, die sich geschmacklich noch nicht festgelegt haben. Goethe lobt in seinen Tagebuchaufzeichnungen zum St.-Rochus-Fest die feurigen Monzinger, und Bismarck wurde nach Beendigung des Krieges 1870/71 bei seiner Rückkehr aus Frankreich auf deutschem Boden mit einem Pokal Nahewein empfangen. In seinem Brief vom 29. April 1872 schreibt er als Dank: »Der Bügeltrunk war mir eine solche Erquickung, daß ich das Bedauern mitnahm, den Humpen nicht ganz geleert zu haben.«
Die Unterschiedlichkeit der Naheweine beruht auf den voneinander abweichenden Boden- und Anbauverhältnissen, und sie hat daher zu einer starken Unterteilung unseres »Probierstübchens« geführt. Man unterscheidet:

1. Die untere Nahe von Bingerbrück bis Bretzenheim nebst den im Westen einmündenden Seitentälern. Unverkennbar ist die Verwandtschaft dieser Weine mit dem Rheingauer. Besonders der Riesling aus guten Lagen bringt hervorragende Spitzenweine. Bretzenheim, Langenlonsheim, Laubenheim an der Nahe*), Münster-Sarmsheim und Bingerbrück sind dem Weinfreund geläufige Namen.
2. Die mittlere Nahe von Schloß Böckelheim bis Bad Kreuznach stellt mit ihren Lehm-, Sand-, Vulkan- und Schieferböden das Kernstück des Gebietes dar. Die Vielfalt der Weine ist groß. Der Vulkanboden liefert das Feuer, der Schieferboden die rassige Eleganz der Mosel. Die feine Blume hat den Ruf der Naheweine begründet. Wenige Kilometer unterhalb von Schloß Böckelheim liegt Ebernburg, wo Alsenz und Nahe sich vereinen. Es folgen Niederhausen, Norheim, Bad Kreuznach, weiter westlich Rüdesheim an der Nahe**), Weinsheim und Roxheim.
3. Die obere Nahe von Martinstein bis Boos bringt auf kleiner Fläche Weine voller Eigenart. Manche Rieslinggewächse erinnern an Saarwein. Auf der linken Uferseite liegen Martinstein, Monzingen und Nußbaum, rechts Merxheim und Meddersheim.

---

*) nicht zu verwechseln mit Laubenheim am Rhein, in Rheinhessen

**) nicht zu verwechseln mit Rüdesheim im Rheingau

4. Der Anbau am Glan bringt vornehmlich Konsumweine, die im Land selbst verbraucht werden. Das gleiche gilt für die Weine des Trollbach-, des Guldenbach- und des Gräfenbachtals.
5. Im Alsenztal werden neben Tafel- auch Spitzenweine gewonnen.

Rheingau

Seliges Land!

Hier trifft das Wort zu: »Klein, aber fein!« Klein in bezug auf die Anbaufläche von nur nahezu 3000 ha und fein hinsichtlich der Qualität einer Erntemenge von 210 000 hl (Hauptrebsorten: 78 % Riesling, 11 % Müller-Thurgau, 6 % Silvaner und 5 % sonstige). Der Rheingau wurde in folgende zwei Bereiche unterteilt: *Johannisberg* und *Hochheim*, vor den Toren der Stadt Frankfurt a. M.
Das Rebengelände zieht sich rechtsrheinisch in einem schmalen fruchtbaren Streifen von Hochheim über Rüdesheim mit seiner Drosselgasse*) bis nach Lorchhausen hin. Es ist nach Norden durch die Ausläufer des Taunus, den sogenannten Niederwald, vor rauhen Winden geschützt. Majestätisch und breit fließt Vater Rhein dahin. Erst hinter Rüdesheim verengt er sich durch die von beiden Seiten zusammendrängenden Berge des Mittelrheins. Während im Frühjahr und Sommer die Sonnenglut auf der Rheinebene liegt, bringt ein vielfach ausgedehnter und milder Herbst die »Traubendrücker«-Tage. Hierunter versteht der Volksmund die Frühnebel, die dem Boden Feuchtigkeit spenden, bis die Sonne am späten Vormittag mit Macht durchstößt und den Reben den letzten Reifegrad verleiht.
In den Niederungen des Rheingaus trifft man kalkreichen, leicht verwitterten Tonschiefer verschiedener Färbung. Im mittleren und unteren Rheingau sind Fluß- und Brackwasserablagerungen, lehmige bis tonige Böden zum Teil mit Schotter zu finden, aber auch fruchtbare Lößböden mit mehr oder weniger Kalkgehalt.
Die bekannten Orte in der Rheinniederung sind Eltville, Erbach, Hattenheim, Oestrich, Winkel, Geisenheim und Rüdesheim. In diesem Gebiet wird ausschließlich Weißwein gebaut. Nur in der anschließenden Gemeinde Aßmannshausen finden wir die berühmten gleichnamigen Rot-

*) dort befinden sich die auch im Ausland sehr bekannten Vergnügungs- und Tanzgaststätten

weine, deren feinste und teuerste Sorten sich mit erlesenen ausländischen Rotweinen im Hinblick auf Rundung, Gehalt und Fülle jederzeit messen können.
Die Rheingauer der Höhenlage entstammen den Orten Rauenthal sowie Kiedrich mit der schönen Madonna, Kloster Eberbach mit seinem berühmten Steinberger*), Hallgarten, Schloß Vollrads und Schloß Johannisberg. Hochheim ist der östliche Ausläufer des Anbaugebietes, der Hochheimer ist genaugenommen ein Mainwein. Er probiert sich im allgemeinen etwas breiter, er bildet geschmacklich eine Zwischenstufe zwischen Rheingau und Rheinhessen.
Nach der kleinen Stadt Hochheim am Main, deren Weine weit über Frankfurts Grenzen hinaus beliebt sind – es gibt dort ein Weingut der Stadt Frankfurt –, heißen in England, wo man eine Vorliebe für gute Hochheimer hat, alle Rheinweine »Hock« (englische Abkürzung für Hochheim). Das ist bis auf den heutigen Tag zur Erinnerung an die Königin Victoria geblieben. Sie schätzte den Hochheimer so sehr, daß sie inmitten der Weinberge am Main aus ihrem Hofzug ausstieg, um der Lese beizuwohnen. Damals ging es bei der Weinlese recht fröhlich zu: Man sah singende Mädchen und Burschen mit vollen Körben, und die Pflücker waren dankbar, wenn reiche Frucht eingebracht wurde. Von dort stammt folgender Ausspruch der Königin: »Good Hock keeps off the Doc!«, was besagt »Guter Hochheimer macht den Arzt überflüssig!« Noch heute wird diese Lage »Königin-Viktoriaberg« genannt.
Der Rheingau – wie die meisten weinbautreibenden Landstriche des In- und Auslands – ist alter Kulturboden. Gotische Kirchen und Klöster wechseln in bunter Folge mit Schlössern in beherrschender Lage und mit einzigartigem Rundblick über die sanft zum Rhein abfallende Rebenlandschaft. Einer der hervorragendsten Punkte dieser Art ist der Altan von Schloß Johannisberg, das auf einem Hügel, inmitten von Weinbergen gelegen, nach 1718 an der Stelle eines mittelalterlichen Benediktinerklosters erbaut

---

*) Dieses Areal ist von einer übermannshohen Steinmauer eingefaßt, welche die Sonnenglut auf die Weinstöcke reflektiert und selbst in den Abendstunden Wärme ausstrahlt. In Frankreich werden solche Rebgelände mit clos (Clos Vougeot u. a.) bezeichnet. Genaugenommen müßte der Steinberger Hattenheimer Steinberg heißen. Früher wurde auch bei anderen berühmten Lagen wie »Marcobrunn« und »Gräfenberg« die Ortsbezeichnung Erbach bzw. Kiedrich fortgelassen, weil das bei den Weintrinkern allgemein bekannt war; ein Zeichen, wie verbunden frühere Generationen dem Wein gegenüberstanden

wurde. An die einzigartige Bedeutung der Mönche für den Rheingauer Weinbau erinnern noch heute die sehenswerten mittelalterlichen Bauten der ehemaligen Zisterzienserabtei Eberbach, die in mehr als 200 mittelrheinischen Orten reich begütert war und außerdem einen bedeutenden internationalen Weinhandel betrieb. In dem Kelterhaus, dem einstigen Refektorium der Laienbrüder, befindet sich eine stattliche Anzahl alter Weinkeltern aus dem 17. und 18. Jahrhundert. Die in diesem ehemaligen Kloster alljährlich stattfindende Versteigerung von Weinen der Staatsweinkellerei ist weit über die Grenzen der Bundesrepublik hinaus bekannt.

Rheinhessen

Weinkarte,
wenn mit Verstand gelesen

Rheinhessen besitzt die zweitgrößte Weinbaufläche Deutschlands mit über 18 200 ha und einem Durchschnittsertrag von 1,5 Mill. hl (Hauptrebsorten: 39 % Silvaner, 36 % Müller-Thurgau, 6 % Riesling und 11 % sonstige = 92 % Weißwein; 7 % Portugieser und 1 % sonstige = 8 % Rotwein). Dennoch nimmt der Weinbau nach seiner räumlichen Ausdehnung im Rahmen der Landwirtschaft eine untergeordnete Stelle ein. Der Gesetzgeber hat das Gebiet in drei Bereiche unterteilt: *Bingen, Nierstein* und den *Wonnegau*. In anspruchsloser Lieblichkeit breitet sich die Landschaft aus, in der die Reben der im In- und Ausland bekannten und geschätzten rheinhessischen Weine wachsen. Dieses Gebiet erstreckt sich von Worms (Wonnegau) über die sogenannte Rheinfront mit den besten Weinen via Mainz bis Bingen. Die Ingelheimer Gegend ist bekannt durch den Anbau von Rotwein. Nach Norden durch den Taunus und dessen Ausläufer, das Rheingaugebirge, nach Osten durch den Odenwald geschützt, lagert im Sommer eine schwere Sonnenglut über der von sanften Höhenzügen gewellten Ebene.
Rheinhessen ist alter Kulturboden und gehört heute zum Land Rheinland-Pfalz. Die welligen Hochflächen mit den charakteristischen Einzelbergen, wie der Wißberg bei Gau-Weinheim, und den sich zwischen Bingen und Rüdesheim längs der Nahe erstreckende Scharlachberg*) geben dem Land

*) für edle Weine bekannt. Seinen Namen verdankt er der dortigen schweren Roterde von scharlachroter Farbe

sein Gepräge. Es nimmt, soweit es zur Oberrheinischen Tiefebene gehört, an deren günstigem Klima teil; ungewöhnlich gering sind die Niederschlagsmengen. Wald ist wenig, Wiesen- und Weideland nur spärlich vorhanden. Der Lößboden gibt vorzügliches Ackerland für Obstbau und Spargelkulturen. An den Terrassen und Talhängen wächst der berühmte Wein.

Mit Ausnahme von Alzey im Herzen Rheinhessens, liegen die Städte alle am Rhein. Im Südosten trifft man auf die durch Heldensage und reiche Geschichte bekannte Stadt Worms*) mit ihrem Juwel, dem romanischen Dom und der Liebfrauenkirche aus dem 14. Jahrhundert. Rheinabwärts folgen Guntersblum und Oppenheim mit der berühmten gotischen Katharinenkirche, dann Nierstein, Nackenheim, Bodenheim und Laubenheim. Bei Nierstein sieht der Reisende vom Zug aus die riesigen, nachts erleuchteten Schilder, die die weltbekannten Lagen anzeigen: Heiligenbaum, Rehbach, Hipping, Auflangen, Kranzberg, Ölberg, Orbel u. a. Beherrschende Stadt der Provinz ist die Landeshauptstadt Mainz, ehemals erzbischöfliche und kurfürstliche Residenz mit dem prächtigen Dom und den anderen Baudenkmälern, die an ihre wechselvolle Geschichte erinnern.

Der Rheinhesse ist seiner Veranlagung nach besinnlich; seine Ausdrucksweise ist ungemein bildhaft, er ist leicht bewegt, begabt, sprühend, hat ein »loses Maul«, ist ein froher Genießer, wie es seinem Wein als beste Gabe des Landes entspricht. Carl Zuckmayer, der aus Nackenheim stammt, hat uns in dem vielfach mißverstandenen und noch mehr belachten »Fröhlichen Weinberg« diese urwüchsigen Menschen anschaulich geschildert.

Rheinpfalz

Frohsinn schenkt uns
die sonnige Pfalz

Entlang der »Deutschen Weinstraße« wachsen die köstlichen Pfälzer Weine. Von Bockenheim bis zum Deutschen Weintor in Schweigen an der elsässischen Grenze zieht sich diese 80 km lange »Straße der tausend Glück-

*) Die Marke Liebfrau(en)milch leitet ihren geschichtlichen Ursprung von dem kleinen Weingelände, der Lage Liebfrauenstift-Kirchenstück, ab. Die Bezeichnung Liebfrau(en)milch ist im Lauf der Zeit zu einem Phantasienamen ohne bestimmte geographische Gebundenheit geworden. Im Bereich der Phantasie- oder Typenbezeichnungen nimmt sie eine Sonderstellung ein, unter der rheinische, insbesondere rheinhessische Weine, von qualitativ guter Beschaffenheit und lieblicher Art gegeben werden

seligkeiten« am Fuße der Haardt dahin; rechts und links ist sie von einem bis zu 5 km breiten, fast ununterbrochenen einzigartigen Rebenmeer umschlossen. Auf der größten deutschen Ertragsfläche von fast 19300 ha werden 1,7 Mill. hl geerntet (Hauptrebsorten: 33 % Silvaner, 23 % Müller-Thurgau, 14 % Riesling und 14 % sonstige, wie Ruländer, Traminer, Gewürztraminer = 84 % Weißwein; 16 % Rotwein aus Portugiesern). Zwei Bereiche hat der Gesetzgeber geschaffen: *Südliche Weinstraße* und *Mittelhaardt-Deutsche Weinstraße*, die auf den Flaschenschildern unverwischbar und an deutlich sichtbarer Stelle angegeben sein müssen.
Die Organoleptiker, die feinempfindsamen Weinkoster, bleiben für ihre Zwecke bei der althergebrachten Dreiteilung; sie unterteilen das Gebiet der »Deutschen Weinstraße« in Oberhaardt, Mittelhaardt und Unterhaardt.

1. Die Oberhaardt reicht von der französischen Grenze, vom Deutschen Weintor in Schweigen bis zum Speyerbach bei Neustadt an der Weinstraße (der größten Weinbaugemeinde der Bundesrepublik). Dort also in der Südpfalz wachsen neben angenehmen Tafelweinen von Art sowohl milde, frische Schoppenweine als auch würzige Traminer und feurige Tokaier; hier reifen auch Edelkastanien und Mandeln. Heiterkeit und Frohsinn lösen die Weine der Rheinpfalz in den Herzen der Menschen aus ... denn wer Pfälzer trinkt, lernt lachen! Die reichen Ernteerträge an der Oberhaardt ergeben gute Konsum- und bessere Tischweine, die im gesamten deutschen Absatzgebiet bekannt und beliebt sind. Hier sind von Bedeutung die frühreifende Malingretraube, die den ersten Jungwein liefert und im Gebiet von Maikammer und Edenkoben angebaut wird, ferner der im südlichsten Teil zwischen Bergzabern und Schweigen erzeugte graue Burgunder (Ruländer oder Tokaier genannt). Erwähnt seien auch die duftigen, würzigen, bukettreichen Traminer- und Gewürztraminertrauben, die wir an bevorzugten Stellen, ähnlich wie im benachbarten Elsaß, finden, und die schon im Mittelalter den Ort Rhodt unter Rietburg zu einem Qualitätsweinbauort machten. Bei den Rotweintraubensorten ist der blaue Portugieser vorherrschend.
   Obwohl die Oberhaardt in weiten Handels- und Verbraucherkreisen als das pfälzische Konsumweingebiet bezeichnet wird, muß hervorgehoben werden, daß bedeutende Erzeugerbetriebe durch emsige Sortenauswahl und Kulturarbeit Qualitätsweine hervorbringen, die durch das Deutsche Weinsiegel und hohe Prämiierungen ausgezeichnet wurden.

Voller Reize ist die Landschaft der Oberhaardt für den Besucher: Durch ein unübersehbares Rebenmeer zieht sich die Südliche Weinstraße hin und verbindet die nahen Weinorte miteinander. Die bekanntesten sind Schweigen, Bad Bergzabern, Gleiszellen, Leinsweiler, Siebeldingen, Geilweilerhof (Bundesforschungsanstalt für Rebenzüchtung), Birkweiler, Frankweiler, Gleisweiler, Burrweiler, Weyher, Rhodt, Edenkoben, St. Martin, Maikammer, Diedesfeld und Hambach. Sie liegen sämtlich am Rande des Haardtgebirges, an dessen sonnigen Hängen die Weinberge bis zum Waldessaum aufsteigen. Dort grüßen Burgen und Kapellen das weite Land und laden zum Besuch ein. Von behaglichen Gaststättenterrassen übersieht der Besucher die wunderbare Landschaft. Sie wird ihn immer wieder anziehen und zu ihren mundigen Weinen zurückkehren lassen.

2. Die Mittelhaardt (vom Speyerbach einschließlich der Gemarkung Neustadt bis zur Isenach einschließlich der Gemarkungen von Ungstein, Kallstadt, Leistadt, Herxheim am Berg, Erpolzheim und Freinsheim), das pfälzische Edelweingebiet, ist ein Stück Paradies. Hier bringt die Rieslingtraube in guten Weinjahren die herrlichsten Edel- und Trockenbeerenauslesen, die auf Prämiierungen an vorderster Stelle stehen, und in der Welt hochgeschätzt sind. Daneben gedeihen vollmundige Silvaner und feurige Traminer von fruchtiger Fülle und bukettreicher Eleganz. In der Mittelhaardt, in flacheren Hügeln verlaufend, werden auf lehm- und kalkhaltigen Böden die edelsten Weine gewonnen, die der Pfalz Weltruhm verschafft haben. Die bedeutendsten Qualitätsweinbauorte sind Forst, Deidesheim, Ruppertsberg, Wachenheim und Ungstein. Neben großen und mittleren Weingütern finden wir auch bedeutende Genossenschaftsbetriebe, in denen fast alle übrigen Produzenten zusammengeschlossen sind. Die alljährlichen Versteigerungen haben wesentlichen Anteil am Absatz, und durch die dabei erzielten Preiserlöse finden die geringeren Mengenerträge ihren Ausgleich. An weiteren wichtigen Qualitätsweinorten sind Gimmeldingen, Königsbach*), Dürkheim*), Kallstadt und Freinsheim zu nennen. Die Mittelhaardt zieht einen großen Fremdenstrom an, durch die begehrten Edelweine, die in modernen und sehenswerten Gaststätten an der Deutschen Weinstraße zum Ausschank gebracht werden.

---

*) besonders durch gute Rotweine bekannt geworden, wobei die Erzeugnisse der letztgenannten Gemeinde durch die Großlage »Feuerberg« sehr populär geworden sind

3. An der Unterhaardt (von Freinsheim und Herxheim bis zur rheinhessischen Grenze einschließlich des Zellertales, dem sich das pfälzische Nahegebiet anschließt), gedeihen reife, milde, duftige Weine. Das Gefüge des Rebgeländes ist hier weniger geschlossen, es ist von Landwirtschaft und Obstkulturen durchsetzt. Alljährlich werden reiche Weinerträge erzielt.
Auf kräftigen Lehm- und Tonböden gedeihen angenehme, rassige und bukettreiche Weine. Auch hier finden wir zielbewußte Gutsbesitzer und Winzergenossenschaften, die zur Förderung des Qualitätsgedankens wesentlich beigetragen haben. An die eigentliche Unterhaardt schließt sich das Zellertal und weiter westlich das pfälzische Nahegebiet (Alsenz-, Nahe-, Glan- und Lautertal) an. Gute Tischweine wachsen in der Gegend von Altenbamberg*) und Ebernburg*). Bekannte Namen wie Zeller Schwarzer Herrgott, Altenbamberger Kehrenberg und Ebernburger Erzgrube, haben einen guten Klang.
Den Weinen der schiefer- und porphyrhaltigen Gesteinsböden des Alsenz- und Nahetals, der Kalkböden in der Gegend von Kallstadt und der schweren Böden von Wachenheim haftet ein von Kennern begehrter Bodenton an.
Als bedeutende Weinumschlagplätze für Pfalzweine sind Landau, Maikammer, Neustadt, Bad Dürkheim und Grünstadt zu nennen. Mit ihren Qualitätsweinen ist die Pfalz auch maßgebend am deutschen Weinexport beteiligt. Namhafte pfälzische Sektkellereien stehen in der deutschen Schaumweinindustrie in hohem Ansehen.

Jahr für Jahr werden zahlreiche Nachwuchskräfte des Weinfaches in der Lehr- und Forschungsanstalt in Neustadt/Weinstraße geschult, die hervorragende Dienste durch Beratung und Forschung erweist.

Württemberg

... da stürmt der neue schon ins Haus

Württembergs Rebfläche, im Mittelalter sechs- bis siebenmal größer, wird heute mit über 6600 ha beziffert bei einem Ernteertrag von 460000 hl

*) nach neuester weingesetzlicher Regelung gehören diese beiden Weinbauorte zum Bereich Schloß Böckelheim, also zur Nahe

(Hauptrebsorten: 26 % Trollinger, 11 % Portugieser, 6 % Limberger, 10 % Burgunder = 53 % Rotwein; 22 % Riesling, 14 % Silvaner, 6 % Müller-Thurgau und 5 % sonstige = 47 % Weißwein).
Die schwäbischen Weine werden im Land getrunken, dort munden sie am besten. Die eigene Ernte deckt knapp den heimischen Bedarf. Früher wurden die Weine exportiert, heute werden sie langsam auch über die Landesgrenze hinaus wieder bekannt. Der Gesetzgeber hat sich alter Tradition angepaßt und das Land in drei Bereiche unterteilt: *Kocher-Jagst-Tauber, Württembergisch Unterland* und *Remstal-Stuttgart*.
Die ertragreiche Trollingerrebe ist im Anbau vorherrschend. Aber auch der anspruchsvolle Spätburgunder und die Limbergerrebe ergeben gehaltvolle und kräftige Rotweine. Die Konsumweine aus Schwarzriesling und Portugieser werden vorzugsweise in den niederen Lagen angebaut. Im Gegensatz zu früher, wo rote und weiße Sorten im Mischsatz gezogen und gekeltert wurden – das Erzeugnis ist als Schillerwein *) bekannt –, wird heute sortenweise gelesen. Das Zusammenschrumpfen der schwäbischen Weingärten, wie man dort so treffend sagt, läßt sich auf die Wirren des Dreißigjährigen Krieges zurückführen. Von diesen Schlägen hat sich der dortige Weinbau nie mehr erholt. Die Weingärtner sind im allgemeinen nicht auf Einlagerung eingestellt, da sich bis heute die alte Sitte des Verkaufs »unter der Kelter« erhalten hat, die früher dem Zweck diente, nach der Lese zunächst das »herrschaftliche Weinzehnt« zu sichern. Dieser Brauch hat in neuester Zeit das Genossenschaftswesen und den Zusammenschluß zu Weingärtnervereinigungen gefördert. Der Duft nach schwäbischer Erde, das »Bodengefährtle«, so die Weingärtner, ist typisch für Württembergs Erzeugnisse. Die heutigen Weingärten zwischen Neckar und Albtrauf bilden nur noch Inseln, denn um Tübingen und Reutlingen wurde seit eh und je Weinbau getrieben. Stuttgart, die Großstadt zwischen Wald und Reben, wo die Weinberge bis ins Stadtzentrum hineinreichen, ist von einem Kranz bekannter Weinorte umgeben. Inzwischen wurden sie eingemeindet und damit Stadtteile. Doch wer kennt nicht das »Zuckerle«, jene gute Bad Canstatter Lage?
Für das mittlere und untere Neckargebiet ist Esslingen von Bedeutung. Daran schließt sich das Remstal an mit Fellbach und Waiblingen. Auch hier

*) Diese Traditionsbezeichnung hat nichts mit dem in Marbach a. N. geborenen Dichter Friedrich Schiller zu tun, sondern sie rührt von dem hellrosa schillernden Farbton dieser schwäbischen Landweine her, deren Bereitung leider im Rückgang begriffen ist

ist die Trollingerrebe vorrangig. Nördlich des Remstals über die Schillerstadt Marbach geht es ins heitere Bottwartal, und von hier aus einerseits zu den Löwensteiner Bergen in die Reblandschaft der Sulm und andererseits durch das Schozachtal über Flein in das Heilbronner Weingebiet. Dazwischen liegt das großartige Amphitheater des schwäbischen Weinbaus mit Weinsberg*) als Mittelpunkt. Im Bottwartal versäume man nicht, sich Hohenbeilstein anzusehen; dort befand sich die einzig anerkannte Greifvogelwarte inmitten des Rebgeländes. 1971 wurde sie auf den Guttenberg (Nekkar) verlegt, von wo man einen weitreichenden Blick bis zur Ruine Hornberg mit ihren terrassierten Weinparzellen hat.
In den tief eingeschnittenen Muschelkalktälern von Kocher und Jagst im Burgenland Hohenlohe und auf den Keuperhängen südlich von Öhringen finden sich nicht nur gute Landweine, sondern auch erlesene Qualitäten. Dasselbe gilt für den Taubergrund bei Bad Mergentheim, Weikersheim und für das Vorbachtal.
Links vom Neckar warten die Weingebiete des Zabergäus um Brackenheim und des Enztals um Maulbronn mit süffigen Weiß-, Rot- und Schillerweinen auf. Schließlich wetteifern im unteren Neckartal die Rebhänge um die Gunst der Kenner und Önologen. Es ist das Gebiet von Marbach und Besigheim bis Gundelsheim mit seinem wunderschön gelegenen Michaelsberg am Südrand des Odenwaldes. Die Gundelsheimer Lage ist das »Himmelreich«.
Ganz besonders Rotweinfreunde, also wohl meist die älteren Feinschmekker, kommen beim »Viertele« **) in Württemberg auf ihre Rechnung. Im übrigen ist ein Weingespräch mit Einheimischen, die mit dem Wein sehr verbunden sind, immer anregend und lehrreich.

---

*) dem Sitz der bekannten Weinbauschule und Forschungsanstalt

**) außer in Württemberg und Baden werden im übrigen Deutschland 0,2 l ausgeschenkt, dagegen dort 0,25 l

Franken

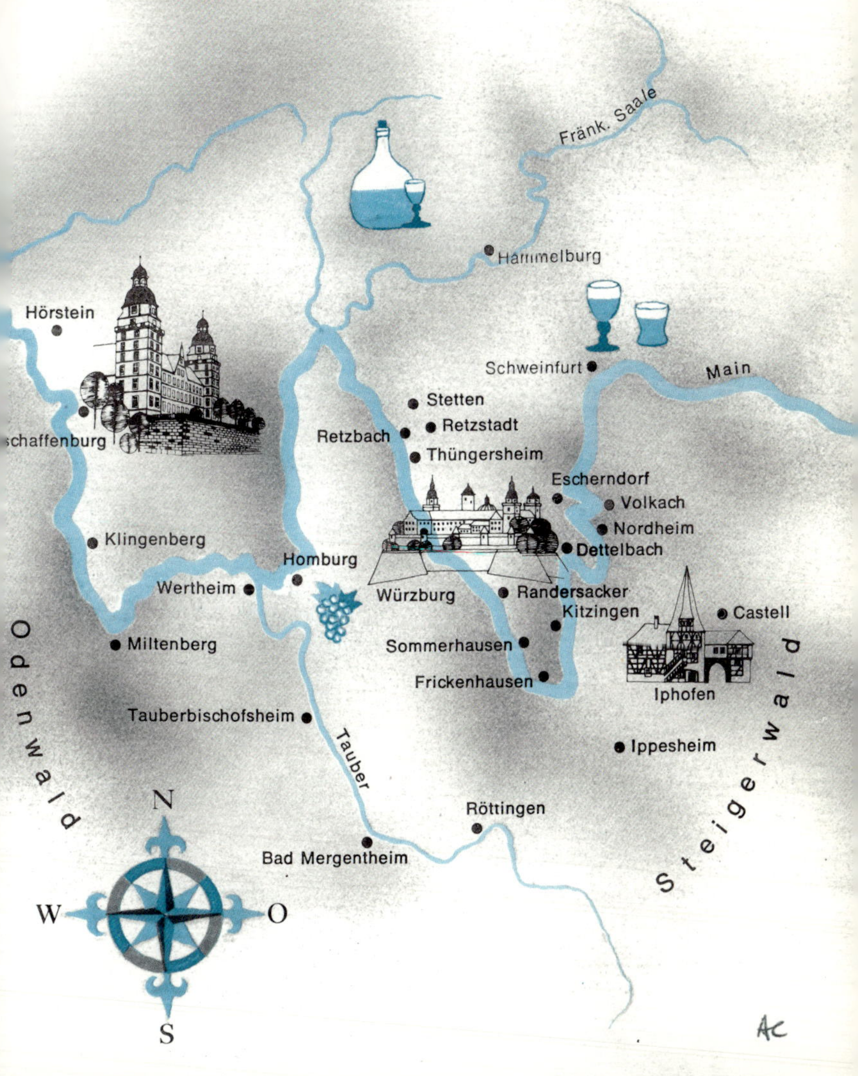

Fränk. Saale
Hammelburg
Hörstein
schaffenburg
Schweinfurt
Main
Stetten
Retzstadt
Retzbach
Thüngersheim
Escherndorf
Volkach
Nordheim
Dettelbach
Klingenberg
Homburg
Wertheim
Würzburg
Randersacker
Kitzingen
Castell
Miltenberg
Sommerhausen
Frickenhausen
Iphofen
Odenwald
Steigerwald
Tauberbischofsheim
Tauber
Ippesheim
Röttingen
Bad Mergentheim
N
W
O
S
AC

Rheingau
Rheinhessen
Nahe
R
Lorch
Johannisberg
Assmannshausen
Rüdesheim
Bingen
Münster-Sarmsheim
Langenlonsheim
Winzenheim
Nahe
Nahe
Pfaffenschwaben-
heim
Bad Kreuznach
Gau-
bickelh
Niederhausen
Bad Münster a. St.
Schloß Böckelheim
Alsenz
Monzingen
Nahe
Odernheim
Glan

ingaugebirge
Rheingau
Wiesbaden
Kiedrich
oster Eberbach
Walluf
Erbach
Eltville
Hattenheim
Oestrich
Mittelheim
inkel
enheim
Rhein
Hochheim
Main
Mainz
N
W
O
S
Rheinhessen
Bodenheim
Nackenheim
Nierstein
Niedersaulheim
Oppenheim
Dienheim
Gau-Odernheim
Guntersblum
Alsheim
Mettenheim
Alzey
Bechtheim
Flörsheim
Dalsheim
Worms

Mosel-
Saar-Ruwer
Cochem
Bremm
Beilste
Zell
Zell
1 Wehlen
2 Graach
3 Zeltingen
4 Ürzig
5 Kröv
6 Traben-Trarbach
Wittlich
4
5
3
1
2
6
Mosel
Bernkastel-Kues
Piesport
Brauneberg
Neumagen
Klüsserath
Trittenheim
Sauer
Schweich
Bernkastel
Eitelsbach
Kasel
Waldrach
Trier
Kanzem
Obermosel
Ruwer
Ockfen
Saarburg
Serrig
Saar
Saar-
Ruwer
N
O
W
S
AC

Worms
N
W
O
S
Unterhaardt
Herxheim
Freinsheim
Kallstadt
Ungstein
Bad Dürkheim
Wachenheim
Forst
Deidesheim
Ruppertsberg
Gimmeldingen
Mittelhaardt
Neckar
Heidelberg
Speyer
Neustadt
Maikammer
Edenkoben
Rhodt
Gleisweiler
Siebeldingen
Landau
Leinsweiler
Ilbesheim
Rhein
Bergzabern
Schweigen
Rheinpfalz

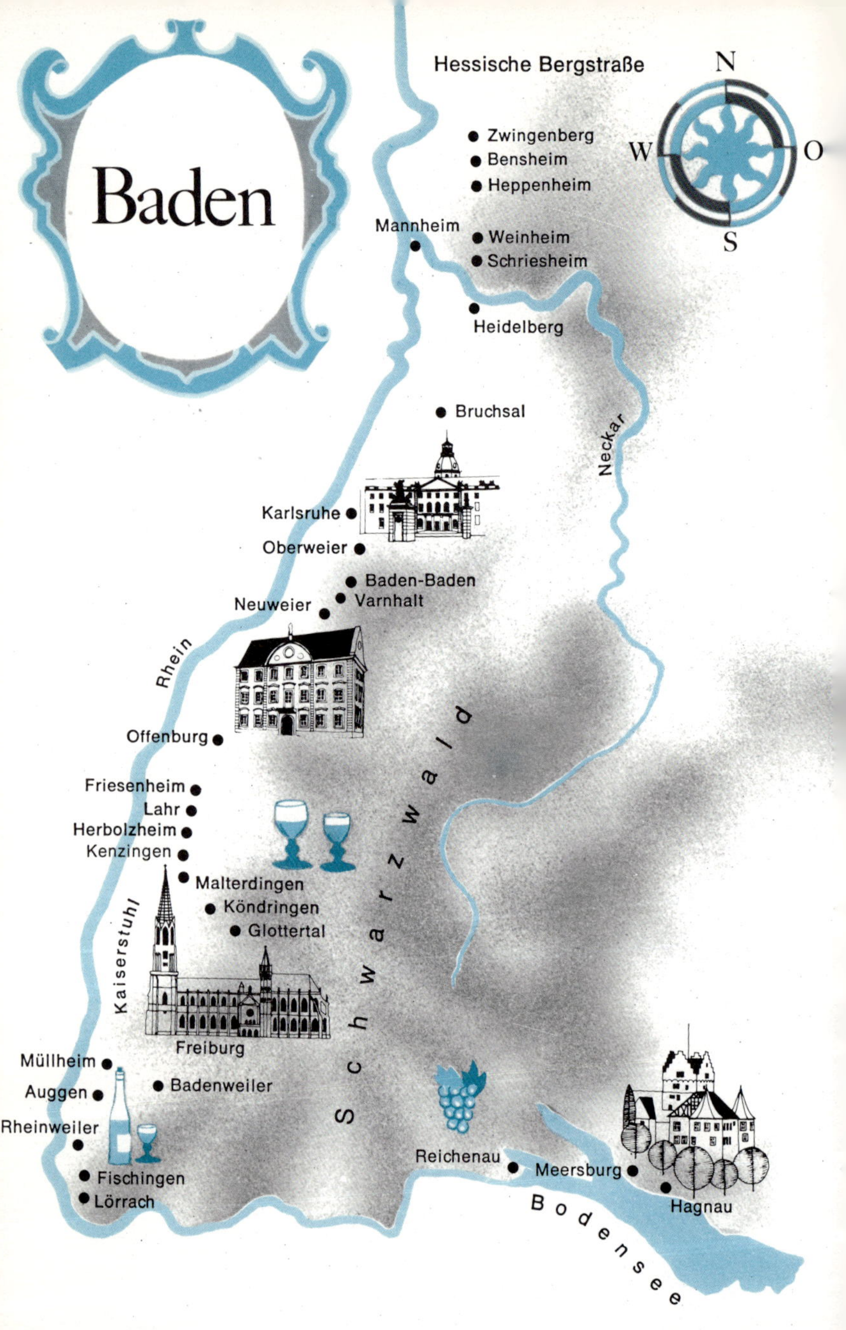
Baden
Hessische Bergstraße
N
W
O
S
Zwingenberg
Bensheim
Heppenheim
Mannheim
Weinheim
Schriesheim
Heidelberg
Bruchsal
Neckar
Karlsruhe
Oberweier
Baden-Baden
Varnhalt
Neuweier
Rhein
Offenburg
Schwarzwald
Friesenheim
Lahr
Herbolzheim
Kenzingen
Malterdingen
Köndringen
Glottertal
Kaiserstuhl
Freiburg
Müllheim
Auggen
Badenweiler
Rheinweiler
Fischingen
Lörrach
Reichenau
Meersburg
Hagnau
Bodensee
AC

Württemberg
Tauber
Weikersheim
Laudenbach
Oberstetten
Heidelberg
Neckar
Jagst
Neckarzimmern
Widdern
Hohebach
Gundelsheim
Ingelfingen
Ödheim
Künzelsau
Weinsberg
Verrenberg
Heilbronn
Affaltrach
Schwaigern
Klingenberg
Brackenheim
Kocher
Maulbronn
Lauffen
Mundelsheim
Bietigheim
Kleinbottwar
Marbach
Vaihingen
Asperg
Neckarweihingen
Stuttgart
Beutelsbach
Lorch
Rems
Stetten
Schnait
Esslingen
N
W
O
S
Neuffen
Tübingen
Metzingen
Dettingen
Reutlingen
AC

Die Weinbaugebiete Frankreichs (rechts).
Im Ausschnitt zwei der wichtigsten:
Bordeaux (unten)
und das Elsaß (rechte Seite)

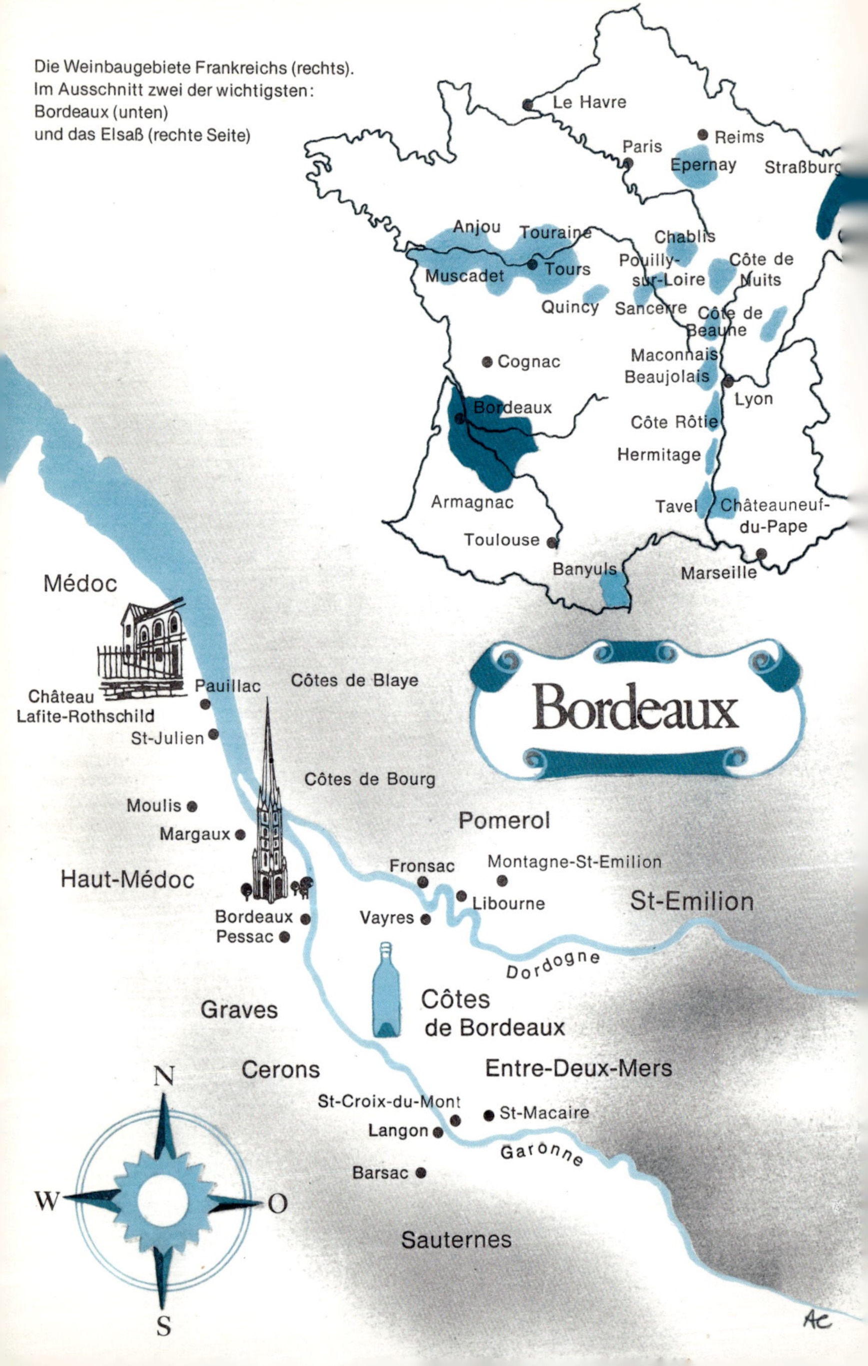

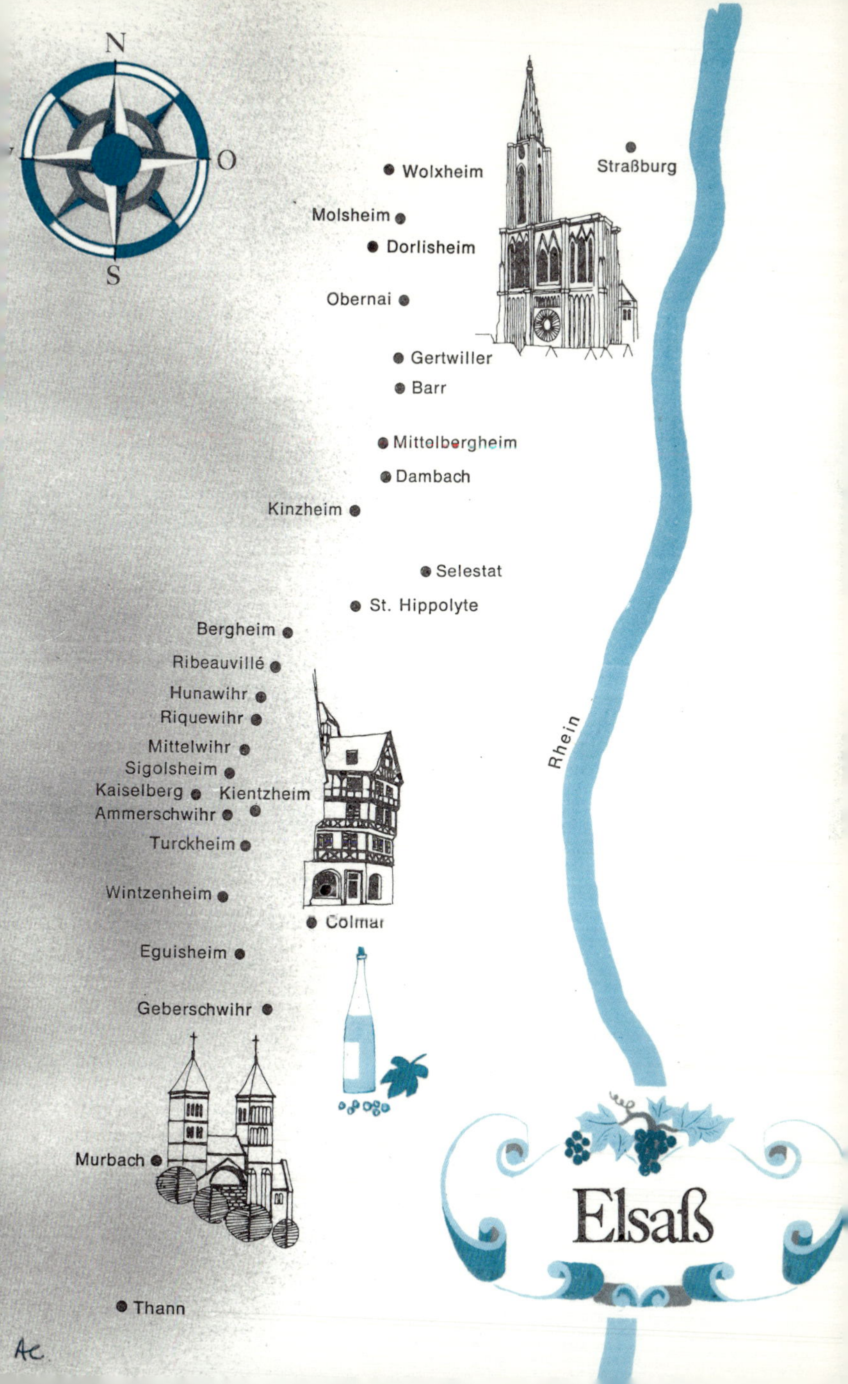
N
O
S
Wolxheim
Straßburg
Molsheim
Dorlisheim
Obernai
Gertwiller
Barr
Mittelbergheim
Dambach
Kinzheim
Selestat
St. Hippolyte
Bergheim
Ribeauvillé
Hunawihr
Riquewihr
Mittelwihr
Sigolsheim
Kaiselberg
Kientzheim
Ammerschwihr
Turckheim
Wintzenheim
Colmar
Eguisheim
Geberschwihr
Murbach
Thann
Rhein
Elsaß
Ac.

Santander
Santiago
Leon
Pontevedra
Valdeorras
Ribeiro
Orense
N
Palencia
Vinhos
Verdes
Valladolid
Zamora
V
O
Vila Real
Salamanca
Douro
Porto
S
Aveiro
Dão
Dão
Coimbra
Dao
Madrid
Toledo
Tajo
Colares
Santarem
Bucelas
Lissabon
Badajoz
Carcavelos
Moscatel
de Setubal
Setubal
Guadalquivir
Cordoba
Sevilla
Huelva
Faro
Malaga
Jerez
Malaga
Ac

Spanien und Portugal

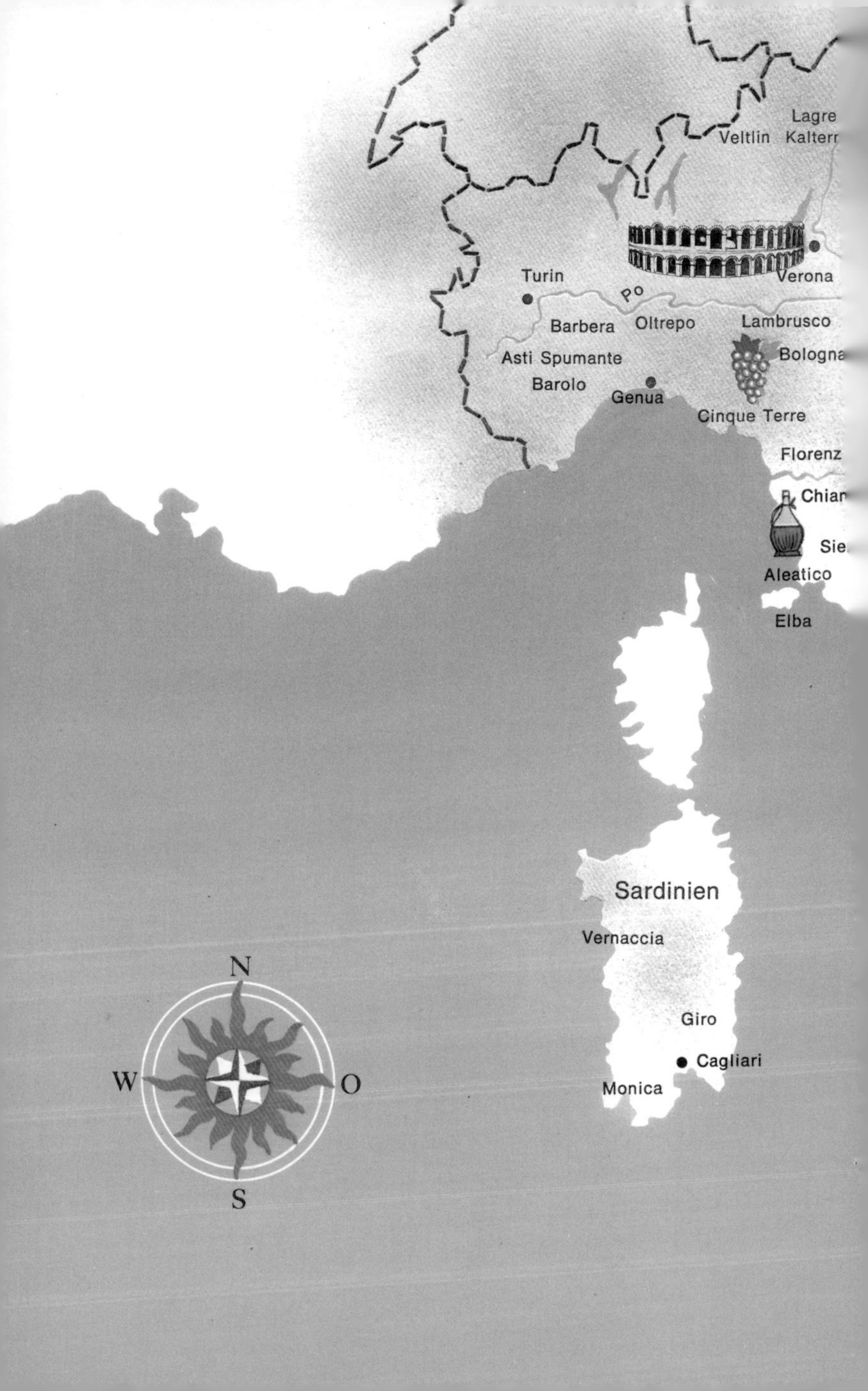

Lagre
Veltlin
Kalterr
Verona
Turin
Po
Barbera
Oltrepo
Lambrusco
Asti Spumante
Bologna
Barolo
Genua
Cinque Terre
Florenz
Chian
Sie
Aleatico
Elba
Sardinien
Vernaccia
Giro
Cagliari
Monica
N
W
O
S

Italien

Santa Magdalena
Conegliano
alpolicella
Venedig
Soave
Ancona
Orvieto
Est Est Est
Rom
Falerno
Neapel
Vesuv
Lacrima
Christi
Ravello
Stromboli
Lipari
Malvasia
Palermo
Marsala
Zucco
Corro
Ätna
Agrigento
Sizilien

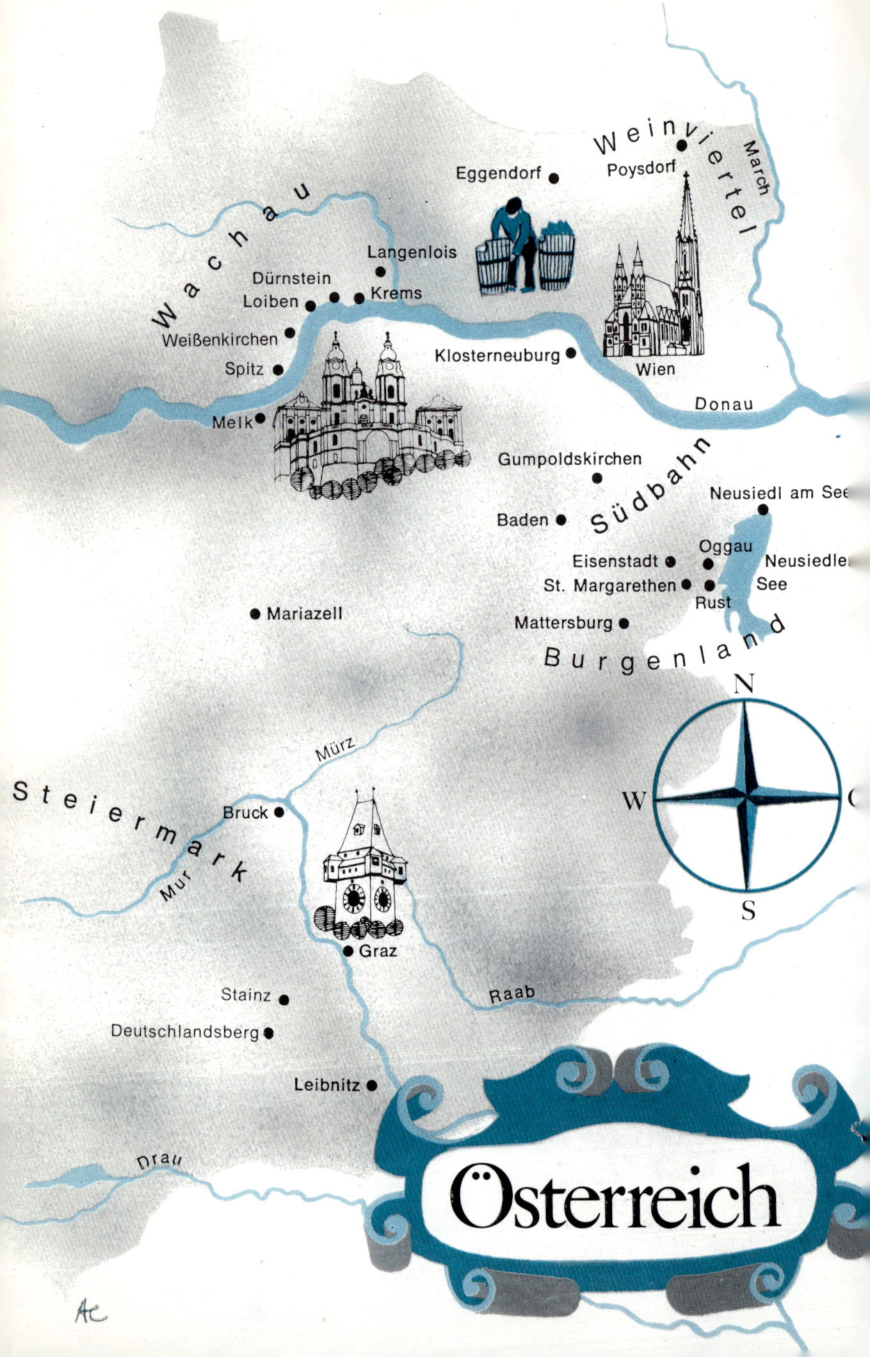

Weinviertel
Eggendorf
Poysdorf
March
Wachau
Langenlois
Dürnstein
Loiben
Krems
Weißenkirchen
Spitz
Klosterneuburg
Wien
Melk
Donau
Gumpoldskirchen
Südbahn
Neusiedl am See
Baden
Oggau
Eisenstadt
Neusiedler See
St. Margarethen
Rust
Mariazell
Mattersburg
Burgenland
N
W
S
Mürz
Steiermark
Bruck
Mur
Graz
Raab
Stainz
Deutschlandsberg
Leibnitz
Drau
Österreich

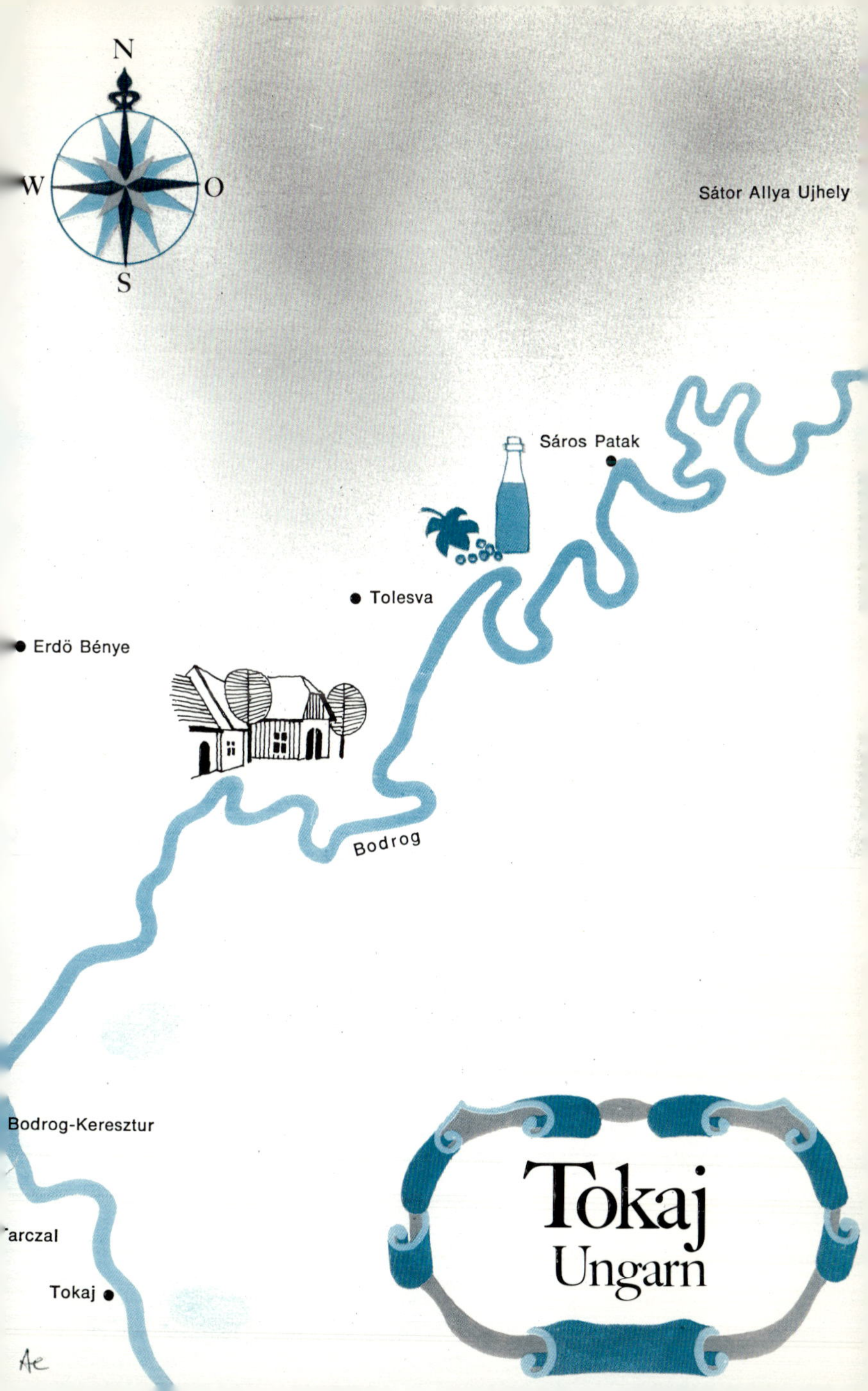
N
W
O
S
Sátor Allya Ujhely
Sáros Patak
Tolesva
Erdö Bénye
Bodrog
Bodrog-Keresztur
arczal
Tokaj
Tokaj
Ungarn

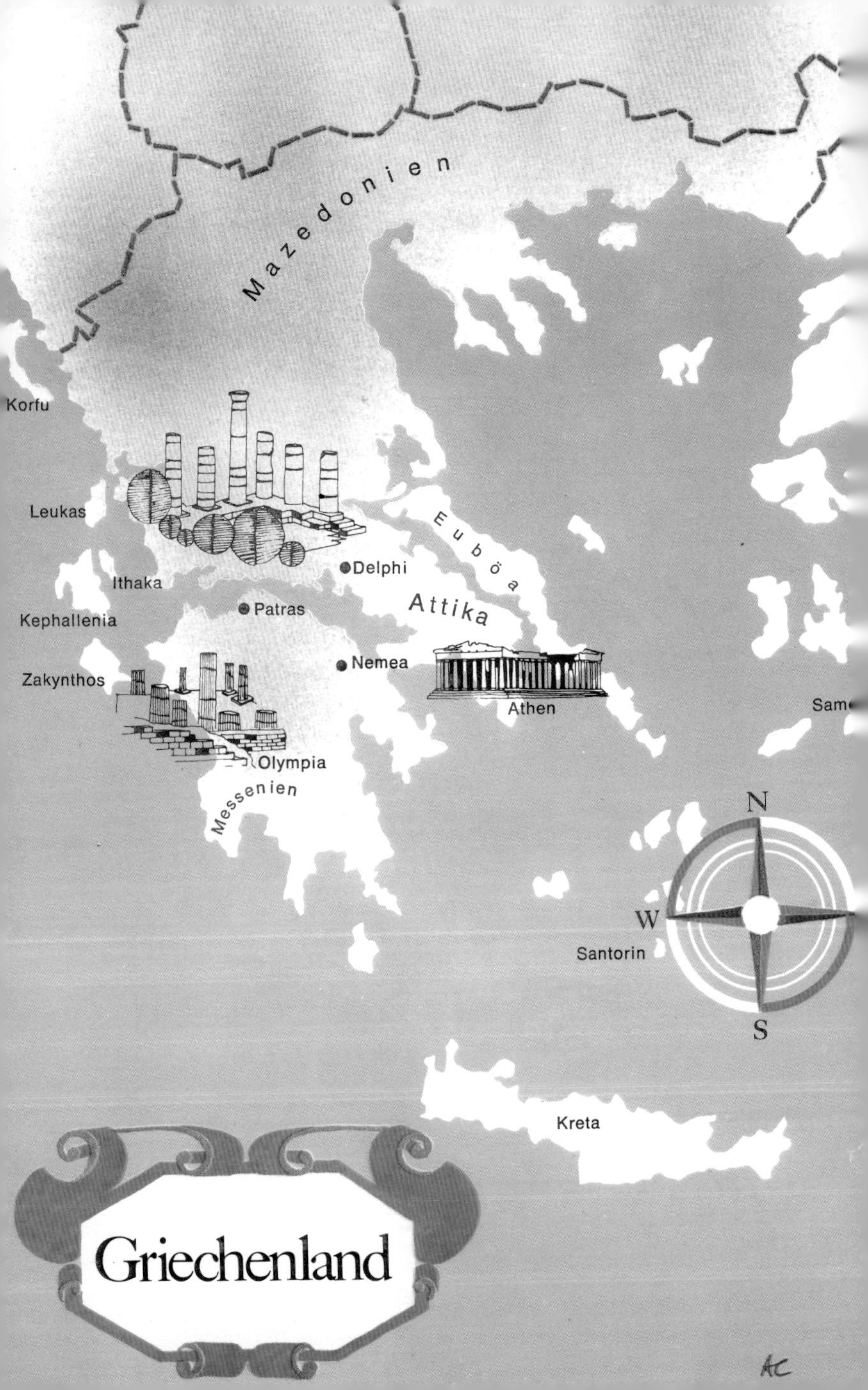
Mazedonien
Korfu
Leukas
Ithaka
Kephallenia
Zakynthos
Delphi
Patras
Euböa
Attika
Nemea
Athen
Olympia
Messenien
Sam
N
W
S
Santorin
Kreta
Griechenland
AC

Die dreizehn weinbautreibenden Länder Europas

Bulgarien

Und sie tranken
roten Wein so lange

Bulgariens Weinernte, meist Rotweine, wird auf 3 Mill. hl geschätzt. Kelterung und Ausbau der Weine erfolgen durch die Staatlichen Weinkellereien Vinprom, deren größter Betrieb in der Nähe der Schwarzmeerküste nahe der alten Stadt Pomorie liegt und eine Kapazität von 100000 hl hat. Die Anbaufläche beträgt 190000 ha.

Nachstehend aufgeführte Sorten- bzw. Typenweine werden angebaut: Gamza, granatrot, von angenehmer Blume und gutem Geschmack; Melnik, dunkelrot, lagerfähig und schwer; Mawrud, dunkelrot, extraktreich; Pamid, rot, leicht, aromatisch und frisch; Thrakia, rot, Verschnitt von 60 % Pamid und 40 % Mawrud, bei Ausländern beliebt; Euxinograd, goldfarben, feines Bukett, bester bulgarischer Weißwein; Karlowo, Muskateller; Dimiat, gelbgrün bis hellgold, vorwiegend von der Schwarzmeerküste.

Bulgarien exportiert seine Weine vor allem in die Sowjetunion und die Tschechoslowakei, doch auch in die Bundesrepublik. Für den Export bevorzugte Dessertweine*) sind: Slawjanka, hergestellt aus rotem Muskateller, dick und schwer; Madara aus Gamza und Pomorije mit 18 und 19 Vol.-% Alkohol; Assenowgrad, vorwiegend aus Mawrud, einer sehr bekannten Rotweintraube des Balkans.

Die Traubenbearbeitung der Vinprom-Betriebe erfolgt in mehr als hundert modernen Weinkellereien.

In den landwirtschaftlichen Hochschulen »Georgi Dimitrov« in Sofia und »Vasil Kolarov« in Plovdiv gibt es Lehrstühle für Weinbau. Dort wird der Nachwuchs ausgebildet. Diese Aufgabe erfüllt zudem die Hochschule für Fachleute der Lebens- und Genußmittelindustrie in Plovdiv, in der die Verfahrenstechnik der Weinbereitung unterrichtet wird. Das Wissenschaftliche Forschungsinstitut für Weinbau und Weinerzeugung in Pleven sowie

---

*) Begriffserläuterung siehe Abschnitt Portugal

die Versuchsstationen in Varna, Pomorije und Sandanski arbeiten an der Verbesserung von alten Rebsorten, von Anbautechnik, Traubenverarbeitung und Weinerzeugung. Mit den gleichen Fragen befaßt sich das Wissenschaftliche Forschungsinstitut für Weinerzeugung und Brauereiwesen in Sofia, wozu in enger Verbindung mit der Produktion die Einrichtung von Weinkellern und die Verbesserung der Verfahrenstechnik gehören.
Bei den Internationalen Weinmessen und Weinprämiierungen, die in Budapest, Ljubljana, Sofia und Tiflis stattfinden und die von allen weinbautreibenden Ländern der Welt regelmäßig beschickt werden, ist unter den Kostern ein ausgezeichneter bulgarischer Önologe anzutreffen.

Frankreich

Wein muß man genauso gewissenhaft aussuchen wie ...

Frankreich mit seiner Anbaufläche von 1,3 Mill. ha, seiner jährlichen Durchschnittsernte von 60 Mill. hl und einem Eigenverbrauch von 110 Litern pro Kopf der Bevölkerung im Jahr kann mit einem großen Weingarten verglichen werden. Überall, in allen Landstrichen, gibt es Spezialitäten zu entdecken.
Dort wachsen neben unzähligen Land- und Tischweinen (vin de pays, vins ordinaires und vins de consommation courante) die gehobenen Sorten der »appellation contrôlée« (kontrollierte Herkunftsbezeichnung)*), auf Preislisten und Angeboten meist durch »a. c.« abgekürzt angegeben. Es gibt 170 A. c.-Bezeichnungen.

---

*) In Paris befindet sich der Sitz des »Institut National des Appellations d'Origine des Vins et Eaux-de-Vie«, das die Aufgabe hat, die Erzeugnisse des gesamten französischen Weinbaus, die mit einer kontrollierten Herkunfts- bzw. Gütebezeichnung versehen sind in bezug auf die Auswahl der Rebsorten, die Bestellung der Böden, Düngung, Ernte und die anschließenden kellertechnischen Bearbeitungen zu überwachen. Dazu kommen statistische Erfassung der Weinmengen und Kontrolle der Benennung unter Berücksichtigung von Güte und Qualität, die von der jeweiligen Lage des Weinberges abhängig sind. In den Weinbaugebieten sitzt ein Stab erfahrener Sachverständiger, welcher die Beachtung und Durchführung der vom Institut gegebenen Vorschriften an Ort und Stelle beaufsichtigt, die Winzer aufklärt und belehrt. Weitere Sachverständige beobachten den Verkehr mit »Appellation-Controlee-Weinen« in den größeren Umschlagplätzen des Verbrauchergebietes, ähnlich wie es auch in den übrigen weinbautreibenden Ländern gehandhabt wird

A. c.-Weine dürfen, ebenso wie die qualitativ darunterstehende Gruppe der VDQS (Vins délimités de qualité supérieure, d.h. begrenzt lieferbarer Wein gehobener Qualität), nach den EG-Bestimmungen als Qualitätsweine bestimmter Anbaugebiete chaptalisiert*) werden.

Jedem Weintransport in Frankreich, gleichgültig, ob innerhalb der Landesgrenzen oder darüber hinaus, muß ein Dokument der örtlichen Weinbehörde beigegeben sein, das die verbürgte Herkunftsbezeichnung bescheinigt. Im Zollverkehr mit Frankreich ist ein derartiges Begleitpapier, z. B. das sogenannte »acquit vert« für Trinkweine, das »acquit blanc« für Brennweine vorgeschrieben. An jede einzelne »appellation contrôlée« sind ganz bestimmte, charakteristische, mehr oder minder hohe Bedingungen geknüpft, die den Wert des Erzeugnisses ausmachen. So sind für jede einzelne »a. c.« die allein statthaften Rebsorten festgelegt, ferner die Bodenbeschaffenheit, der maximale Ernteertrag und der Mindestalkoholgehalt. Die geographische Ausdehnung der einzelnen »a. c.« ist katasteramtlich genau bestimmt.

Französische Weine werden nach den Hauptweinbaugebieten mit deutlich erkennbaren Geschmacksmerkmalen folgendermaßen unterschieden:

1. Bordeaux-Weine, rot und weiß, erstere aus Cabernet-, Merlot-, Petit Verdot- und Malbec-, letztere aus Sauvignon- und Semillon-Trauben (Ertrag 2,6 Mill. hl)
2. Burgunderweine, rot und weiß, erstere aus Pinot Noir-, letztere aus Chardonnay-Trauben (Ertrag 1,2 Mill. hl)
3. Beaujolais-Weine aus Gamay-Trauben
4. Rhône-Weine, in der Hauptsache Rot-, etwas Rosé- und kaum Weißwein (Ertrag 1,1 Mill. hl)
5. Weine der Côtes de Provence, Roséwein und rot
6. Weine der Loire, Roséwein, weiß und rot (Ertrag 1 Mill. hl)
7. Weine vom Elsaß, weiß und etwas Roséwein (Ertrag 600 000 hl)
8. Weine aus der Champagne (Ertrag 650 000 hl)
9. Midi-Weine, rot und weiß

---

*) Verfahren, nach seinem Erfinder, dem napoleonischen Landwirtschaftsminister Chaptal, im Französischen »chaptalisation« genannt, wonach vor der Vergärung dem Most oder Traubensaft zwecks Erhöhung des Alkoholgehaltes Zucker zugesetzt werden darf

10. Dessertweine aus dem Roussillon
11. Charente- und Gers-Weine für Cognac und Armagnac
12. Weine im Jura und auf Korsika

Roter und weißer Bordeaux

Die Hafenstadt Bordeaux im Gironde-Departement Südwestfrankreichs hat diesem weltbekannten und -berühmten Weinbaugebiet seinen Namen gegeben. In dieser kiesig hügeligen Flußlandschaft der Garonne und Dordogne, die sich einige Kilometer nördlich von Bordeaux zur Gironde vereinigen, gedeiht der Wein, den man als den König der Rotweine Frankreichs bezeichnet.

Die einfacheren Sorten gehen unter der Gattungsbezeichnung »Bordeaux a.c.« oder »Bordeaux supérieur a.c.«. Daneben finden wir von Norden nach Süden gehend drei Landschaftsbezeichnungen: Médoc (westlich der Gironde) sowie Graves und Sauternes (westlich der Garonne) und überdies noch die Landschaft Entre-deux-Mers mit Graves de Vayres zwischen Garonne und Dordogne. In jenen Gebieten, in denen die besseren und besten Weine wachsen, gibt es Ortsbezeichnungen, insbesondere für die Médocweine (ausschließlich rot), bei denen man St.-Estèphe, Pauillac und St.-Julien am häufigsten sieht; bei den Sauternes-Weinen (ausschließlich weiß) ist Barsac als hochqualifizierte Ortsbezeichnung hervorzuheben.

Für die Qualitätsgebiete von Médoc und Sauternes wurde seit Mitte des vergangenen Jahrhunderts eine weitere Unterteilung in fünf Kategorien von Schloßweinen vorgenommen, die als 1er, 2e, 3e, 4e und 5e cru classé*) bezeichnet werden. Es gibt seit 1855 über achtzig derart klassifizierte Schlösser. Daneben stoßen wir auf eine große Zahl nicht qualifizierter Schlösser, auf die sogenannten bürgerlichen Gewächse, die ebenfalls sehr beachtliche Weine liefern. Bei den nicht klassifizierten Château-Weinen entspricht das Wort »château« nicht dem »Schloß«, sondern sinngemäß dem Weingut. Die fünf bestqualifizierten roten Bordeaux-Schloßweine (1er cru classé) heißen: Château Lafite-Rothschild, château Mouton Rothschild, château Margaux, château Latour und château Haut-Brion. Sie haben Renommee in der ganzen Welt.

Erzeuger-Abfüllungen werden als »mise en bouteille au château« oder

---

*) 1. bis 5. klassifiziertes Schloßgewächs

»mise du château« bezeichnet, während die Wachstumsfüllungen der zweiten Hand als »mise en bouteille dans nos chais« oder »mise en bouteille dans nos caves« oder à Bordeaux« deklariert werden. Médoc-Weine sind ausschließlich rot, dunkelrot, verhältnismäßig alkoholarm, daher auch Kranken besonders zuträglich, jedoch stark gerbstoff- und tanninhaltig. Infolgedessen bedürfen sie langer Lagerung, bis die gewünschte Abrundung sie zum König der Rotweine Frankreichs werden läßt. Sie wachsen in Meeresnähe, und in ebener Lage, auf armen Böden, die überreichlich mit Kies bedeckt sind. Bordeaux-Weine reicht man grundsätzlich zum Essen. Graves-Weine von weiter südlich sind teils rot, teils weiß, Sauternes-Weine dagegen sind ausschließlich weiße Auslesen und Trockenbeerweine von hoher Qualität. Bestbekannt hierfür ist das château d'Yquem des Marquis de Lur Saluces, ein Schloß in herrlicher Lage, das nur Flaschenweine verabfolgt. Zwischen Garonne und Dordogne im Entre-Deux-Mers-Bezirk werden im wesentlichen weiße Konsumweine der gleichnamigen a.c. angetroffen. Graves de Vayres mit selbständiger a. c. ist ein kleinerer Unterabschnitt am linken Ufer der Dordogne. Dort wachsen kleinere, süßliche, weiße Konsumqualitäten. Durch die eigene Bezeichnung »Graves de Vayres« wird der Unterschied deutlich zu den erheblich besseren und hochwertigen Graves-Weinen (weiß und rot), mit denen sie schon allein deshalb nicht zu verwechseln sind.
In St.-Emilion und Pomerol, einem leicht hügeligen Gebiet am rechten Ufer der Dordogne, gedeihen nur Rotweine, die den Einschlag eines Burgundertones besitzen. Ganz besonders die St.-Emilion-Weine sind feuriger als rote Bordeaux im allgemeinen. Daher werden sie scherzhalber als die »Burgunder des Gironde-Departements« bezeichnet und zwar nicht zuletzt auch deshalb, weil sie sich wesentlich schneller als die Médoc-Weine entwickeln. Auch an den Hängen der benachbarten Côtes de Fronsac und Côte de Canon-Fronsac wachsen beachtliche Rotweine. Dem feinen Gebiet von Sauternes und Graves gegenüber zieht sich auf der rechten Seite der Garonne ein schmaler Höhenzug hin, bezeichnet als Premières Côtes de Bordeaux. In diesem hügeligen Geländestrich, etwa Barsac gegenüber, finden wir die gern getrunkenen, süßen Weißweine von Sainte-Croix-du-Mont a. c., Monbazillac und Loupiac a. c.; Weine, die der Güte der Sauternes-Weine kaum nachstehen, jedoch billiger sind.

Burgunderweine, vins de Bourgogne

Im Gegensatz zu dem flachen, kiesigen oder felsigen Gelände von Bordeaux treffen wir in Burgund auf eine reizvolle Höhenkette, die längs der Saône verläuft. Unwillkürlich wird man an die Pfälzer Mittelhaardt erinnert! Von Süden nach Norden hebt sich die Qualität der Weine merklich. Von Chalon bis Beaune haben wir die 16 km lange Côte de Beaune (Hügelkette von Beaune) mit hervorragenden, kräftigen, rubinroten Burgundern und etwas trockenem Weißwein in Meursault und seiner Umgebung. Hier sind die Ortsnamen der a. c. bekannt. Erwähnt seien in der Reihenfolge von Süden nach Norden: Santenay, Chassagne, Volnay, Pommard, Beaune und Aloxe Corton.
Weiter nordwärts setzt sich die Côte d'Or fort, und es folgt die ebenso lange Côte de Nuits mit edlen, schweren und durch nichts zu überbietenden roten Burgundern in Nuits-St.-Georges, Vosne-Romannée, Vougeot mit der Lage (französisch: climat) Clos de Vougeot (clos ist ein durch Steinmauern eingefaßter und geschützter Weingarten), Chambolle-Musigny, Gevrey-Chambertin und Fixin. In diesem letztgenannten Spitzengebiet stoßen wir wiederum auf eine begrenzte Zahl von Lagebezeichnungen, die hier im einzelnen nicht aufzuzählen sind.
Nordwestlich des roten Burgunderweingebietes, nahe bei Auxerre, liegt das Chablisgebiet mit den weltbekannten weißen Burgundern der gleichnamigen a. c., die trotz hoher Güte im Import nach Deutschland bisher nur eine untergeordnete Rolle spielen.
Neben dem »Bourgogne«, wie ein weißer oder roter Burgunderwein bezeichnet werden kann, vorausgesetzt, daß er mindestens 10,5 bzw. 10 Vol.-% Alkohol besitzt, sind noch zwei weitere Konsum-a. c. bekannt geworden, auf die der Vollständigkeit wegen kurz hingewiesen werden soll. Es handelt sich dabei um den weißen Bourgogne »aligoté« aus der geringeren Traubensorte »aligoté« mit nur 9,5 Vol.-% und den ebenfalls geringeren roten Bourgogne »passe tout grains« (deutsch: im gemischten Satz gekeltert), bei dem zwei Drittel der geringeren Gamay-Rebe und ein Drittel Pinot verwendet werden. Für »passe tout grains« werden gleichfalls nur 9,5 Vol.-% Alkohol gefordert. In den französischen Angeboten sind diese Gattungsburgunder mitunter nur »aligoté« oder »passe tout grains« gekennzeichnet; sie sind aber berechtigt, diese Bezeichnung in Verbindung mit dem Wort Burgunder zu tragen.

Beaujolais-Weine aus Gamay-Trauben

Im Süden, mehr oder weniger an Burgund anschließend, haben wir das 80 km lang ausgedehnte Beaujolaisgebiet von Lyon bzw. von Villefranche bis ans Maconnais im Norden, das durch die netten weißen Pouilly-Weine bekannt geworden ist. Obwohl Maconnais und Beaujolais zu Burgund gehören, unterscheiden sich die ausschließlich roten Beaujolais völlig von denen der Côte d'Or, da sie nicht wie diese aus der Pinot-Traube, sondern aus der Gamay gewonnen werden. Auch der Boden im Beaujolais ist ein sehr anderer, er besteht aus Ton und Granit, statt aus Kalkstein. Die Gamay-Rebe, die auf anderen Böden erfahrungsgemäß nur kleine Weine hervorbringt, gedeiht im Beaujolais vorzüglich. Im übrigen wird Burgunder in 228 Liter fassenden Oxhoften gehandelt.
Die Beaujolais haben eine liebliche Art und sind durch ihren besonderen Ton herauszufinden. Für gehobene Weine seien einige Ortsbezeichnungen des Beaujolaisgebietes erwähnt, nämlich: Brouilly, Chénas, Chiroubles, Fleurie, Juliénas, Morgon, Moulin-à-Vent, Saint Amour u.a. Beaujolais wird nach modernen Gesichtspunkten heurig und kellerkühl getrunken.

Rhone-Weine

Einen Côtes-du Rhône a. c. oder einen mit der bekannten Ortsbezeichnung Châteauneuf-du-Pape a. c., das bei Avignon am unteren Rhonelauf liegt, zu den Burgundern zu zählen, ist unzutreffend. Das gesamte Gebiet der Rhone-Weine liegt mehr als 200 km südlich von Burgund; aus diesem Grund werden dort andere Rebsorten gebaut. Auch ist die Art dieser Rotweine, so begehrt sie sein mögen, weniger fruchtig, weniger zart und weniger elegant. Bei den sehr kräftigen Rhone-Weinen handelt es sich bereits um etwas hitzende, alkoholreichere, schwere und mitunter sogar plumpe Weine mit leichtem Erdgeschmack.
Die Weinberge an der Rhone gehören nachweisbar mit zu den ältesten in Frankreich. Man unterscheidet den südlichen Teil mit dem Roséwein Tavel a.c. und den bekannten roten Châteauneuf-du-Pape a.c. sowie den nördlichen mit den Weinen der Côte Rôtie; dem weltberühmten Château Grillet auf der rechten Flußseite mit nur weißen Weinen und der roten Hermitage-Lage auf der linken Seite. Die Anbaufläche des Hermitage beschränkt sich auf 120 ha mit der geringen Erntemenge von nur 25 hl

je ha. Die Hänge des 274 m hohen Hermitage-Hügels fallen nach Südwesten ab. Die Feinheit der Hermitage-Weine hängt mit den günstigen Bedingungen dieser Lage zusammen. Vor der Vernichtung der dortigen Weinberge durch die Reblaus gegen Ende des 19. Jahrhunderts war der Hermitage als hochwertige Sorte bekannter als heute. Die Hermitage-Weine sind dunkel und ausdrucksvoll. Sie wachsen teils auf Granitgestein, teils auf kalk- und kieshaltigen Böden.

Weine der Côtes de Provence

Die Weine der Côtes de Provence entstammen dem Gebiet, das sich von Toulon nach Draguignan, der Hauptstadt des Departements Var erstreckt. Von Toulon gelangt man nach Carqueiranne mit terrassierten Weinbergen in Meeresnähe, nach La Crau, wo gute Branntweine hergestellt werden, nach Pierrefeu mit einer der besteingerichteten Winzergenossenschaften der Provence, nach Puget-Ville mit ausgezeichneten Rotweinen. Auch in Vidauban ist eine moderne Winzergenossenschaft errichtet. Die Weine der Côtes de Provence werden als VDQS bezeichnet und müssen bestimmte gesetzliche Voraussetzungen erfüllen. Bei uns werden sie als QbA. deklariert. Ganz besonders schön und fruchtig sind die Roséweine der Côtes de Provence.

Weine der Loire

Die Loire, der längste Strom Frankreichs, berührt auf seinem 900 km langen Lauf von der Quelle bis nach Nantes am Atlantik eine Reihe verschiedenartiger Weinbaugebiete; bei uns sind diese Weine, eine bunte Palette, die vom Landwein bis zum Großartigsten reicht, viel zu wenig bekannt geworden. Die edle Sauvignon-Rebe liefert im oberen Loiretal Weißweine, die vielfach als Fumé bezeichnet werden. Es sind rassig-pikante Weine: Pouilly s/Loire, Sancerre, Quinci und Reuilly.
Aus der Chassellas (Gutedel)-Rebe wird der offene Pouilly-Wein bereitet; er ist von nicht allzulanger Lebensdauer. Der aus der Sauvignon-Rebe als Pouilly Fumé gekelterte Weißwein besitzt Feinheit. Er wird nach der mittelfranzösischen Kleinstadt an der Loire, unweit von Nevers, Pouilly benannt.
Das nächste malerische Städtchen, das wir auf unserer Talfahrt berühren, ist Sancerre mit frischen, fruchtig-blumigen Weißweinen, die jung getrun-

ken werden. Daneben wird aus Pinot Noir guter Rosé erzeugt. Unweit von Sancerre wird in Quincy am Cherfluß bei Bourges, einem Nebenfluß der Loire, ein sehr trockener Blanc-Fumé gewonnen. In der gleichen Gegend stoßen wir in Reuilly auf ähnlichen Wein aus Sauvignon-blanc-Reben, doch sind die Weine dieses Bereichs, da sie mehrfach von schweren Frühjahrsfrösten bedroht waren, in Gefahr, ganz zu verschwinden. Nun gelangen wir zu den Château-Departements der Touraine. Hier gibt es den spritzig-frischen, lagerfähigen Vouvray, die bekannteste Weißweinsorte. Neben der Sauvignon sind führende Traubensorten die Chenin-blanc, außerdem Pinot-gris und Arbois, während bei Rotweinen und Rosé aus der Touraine die Sorten Cabernet Franc, Malbec, Pinot Meunier und Groslot vorkommen.

Die Touraine-Weine werden im Land selbst heurig getrunken. Der Vouvray wird auch pétillant (Perlwein) oder schäumend (mousseux) hergestellt. Auf der linken Loire-Seite, Vouvray gegenüber, liegt die Stadt Montlouis, deren ebenbürtige Weine aus Chenin blanc-Trauben seit dem Zweiten Weltkrieg meist unter der Sammelbezeichnung Vouvray in den Verkehr kommen.

In Saint-Nicolas de Bourgueil (rechtes Loire-Ufer) werden aus Cabernet Franc leichte Rotweine der Mittelklasse gewonnen, die sogar in die französische Literatur Eingang gefunden haben*).

Im benachbarten Azay-le-Rideau mit seinem bekannten Renaissance-Schloß wird lieblicher Weißwein eingebracht, während unter der Bezeichnung Touraine-Amboise neben Weißwein auch Rot- und Roséwein in den Verkehr gelangt.

Zwischen Blois und Tours wird Touraine-Mesland aus Gamay-Trauben, ein fruchtig pikanter Rosé erzeugt. Am Südrand der Loire haben wir die Coteaux de Saumur, die nach dem französischen Weingesetz zu den Anjou-Weinen zählen. Die besten Lagen finden sich südlich und südöstlich der malerischen Stadt Saumur, die wegen ihres alten Schlosses bekannt ist. Zur Hälfte werden Weißweine bereitet, der Rest besteht aus sehr hellfarbigen Rosé- und Rotweinen. Es gibt auch Saumur Mousseux. Die weißen Still-

---

*) Das Schloß im Schlaraffenland, die Abbaye de Thelème von Rabelais lag in Bourgueil. Den Charme seiner belle Angevine, Marie, besang Ronsart in Bourgueil. – Auch in der historischen Kleinstadt Chinon, berühmt durch das gleichnamige Schloß, gedeiht Rotwein. Rabelais, dort geboren, bezeichnet diese Weine als »bon et frais« (gut und frisch), was sie bis heute noch sind

weine*) gelten im allgemeinen als trocken und lagerfähig. Die besten stammen aus Montsoreau, Brézé, Bizay, Parnay, Saint-Cyr, Dampierre, Turquant, Varrains, Epieds und Saix.
Selten gelangen die Weiß- und Rotweine der Coteaux du Loir**) in den Handel, deren gehobenste Qualitäten bei Jasnières wachsen. Wir gelangen jetzt flußabwärts zu den milden Anjou-Weinen, die man in der Bundesrepublik häufig antrifft, und zwar zunächst zu den Coteaux du Layon, die nach jener Landschaft an den Ufern des kleinen gleichnamigen Nebenflusses der Loire bezeichnet werden. Qualitativ und quantitativ ist es der wichtigste Weißweinbereich der Provinz Anjou mit Weinen aus Cabernet-Franc- und Groslot-Trauben.
Daneben wird in größerem Umfang der milde Rosé du Cabernet oder Rosé d'Anjou von nicht so erlesener Art erzeugt. Weiter westlich schließen sich, nach einem kleinen Nebenfluß der Loire, die Coteau de l'Aubance an, mit halbtrockenen Weißweinen und guten Roséweinen bei Brissac.
Je nach Witterung und Lage sind die Coteaux du Layon goldfarbene, erlesene, honigsüße Tropfen, die an die großen Auslesen des Rheingaus erinnern, oder auch blaßfarbige, sehr trockene Gewächse.
Berühmte Weinberge, in unvergleichlich günstiger Südlage auf Schieferboden, befinden sich in Quarts de Chaume, das durch hervorragende Weine aus der Sorte Chenin blanc besonderen Ruf genießt.
Es folgen die Coteaux de la Loire, die Hügelkette an der Loire. In dieser Gegend südlich von Angers, der Hauptstadt der alten Provinz Anjou und in dem westlich gelegenen Bereich bei Nantes, wird der trockene, in Frankreich bei Kennern sehr beliebte Muscade aus der Melon-Traube***) gewonnen. Die zuerst aufgeführten Weißweine werden als Anjou (Coteaux de la Loire) vertrieben. Diese recht milden Weißweine reifen spät, sie sind vollmundig fruchtig und von ausgezeichneter Qualität. Der bedeutendste Weinort dieses Anbaugebietes ist Savennières.

---

*) im Gegensatz zu moussierendem Wein

**) Le Loir ist ein Nebenfluß von La Loire

***) Weißweintraube mit leichtem Muskatgeschmack, die im unteren Loiretal als Muscadet bezeichnet wird und dort den gleichnamigen beliebten Wein liefert

Weine vom Elsaß

Die Elsässer Weine – vorzugsweise Weißweine – sind den badischen verwandt. Sie werden jedoch nicht nach den Anbaugemeinden benannt, wie wir es in Deutschland gewohnt sind, sondern nach den Traubensorten. Die Abfüllung erfolgt in Schlegelflaschen. Der Wein ist trocken und im großen und ganzen durchgegoren. Nur wenn er den als Norm festgelegten Bedingungen genügt, darf er als »Appellation Alsace contrôlée« gekennzeichnet werden. Im einzelnen ist in der Benennung zu unterscheiden zwischen Edelzwicker*), Chasselas (oder Gutedel), Silvaner, Pinot (oder Klevner), Pinot Gris (oder Tokay d'Alsace), Riesling, Gewürztraminer, Muskat für Weißweine und Pinot Noir (Rosé d'Alsace oder Clairet**) d'Alsace oder Schillerwein d'Alsace) für Rotwein.
Das elsässische Rebgelände reicht von Cleebourg, nahe der Pfälzer Grenze, über Marlenheim im Norden (an der Hauptverkehrsstraße Paris-Straßburg) bis nach Thann. Die bekanntesten Orte im Unterrheingebiet sind: Marlenheim , Wangen, Obernai, Barr und Dambach; im Oberrheingebiet: Bergheim, Ribeauvillé, Hunawihr, Riquewihr, Bennwihr, Mittelwihr, Sigolsheim, Kientzheim, Ammerschwihr, Turckheim, Eguisheim, Westhalten, Guebwiller und Thann.
Der Silvaner erzeugt gute Qualitäten. Er wird sowohl im Raum von Guebwiller (Gebweiler), im Süden des Weinbaugebietes, als auch auf den Hängen bei Colmar und Ribeauvillé (Rappoltsweiler) im Norden angetroffen. Es ist der Tischwein zu Vorspeisen, weil er frisch, fruchtig und spritzig ist. Der Pinot, der in verschiedenen Spielarten als weißer, grauer (Tokay d'Alsace) und schwarzer vorkommt, gibt einen feinen, trockenen Wein, der sich als Bratenwein eignet. Der Tokay (Pinot Gris) hat das Feuer seiner ungari-

---

*) Unter Edelzwicker versteht man einen Wein, der aus einer oder mehreren der oben genannten Traubensorten, in letzterem Fall einem Verschnitt, hergestellt ist. Er ist für den laufenden Bedarf bestimmt und wird in Gaststätten gern in offenen Tonkrügen gut gekühlt ausgeschenkt

**) Seit eh und je gebrauchte französische Bezeichnung für ziemlich leichte rote Bordeaux (die die Engländer als Claret bezeichnen), in jüngster Vergangenheit für eine ganz bestimmte Rotweinsorte des Bordeaux-Gebietes. Diese Weine werden nach einem besonderen Verfahren hergestellt und besitzen einen blassen, wenig Gerbstoff enthaltenden Farbton. Sie sind zum raschen Verbrauch bestimmt. Diese Clairets im heutigen Sinne ähneln vollmundigen Roséweinen, obwohl sie im Vergleich zu ihnen kräftiger in der Farbe sind. Sie werden normalerweise mit Kellertemperatur oder gekühlt serviert; sie können recht lieblich und reizvoll sein, je nach Traubenart, Herkunft und Hersteller

schen Herkunft bewahrt und besitzt dazu noch das feine Bukett des elsässischen Bodens. Ähnlich wie der Gewürztraminer und der Muskat wird er gern nach dem Essen getrunken.
Der Riesling gilt im Elsaß als Edelsorte. Er zeigt sich von seiner schönsten Seite: fruchtig und sehr trocken. Der Gewürztraminer mit seinem ausgeprägten Bukett wird gern zu Käse, besonders zu »Munster«, genommen. Muskat ist durch seine Süße und Abrundung der Wein der Damen. Er wird als Aperitif, als Begleiter der Süßspeise und als Digestif gereicht. Berühmt sind auch die Eaux-de-Vie d'Alsace, nämlich Kirsch, Quetsch, Mirabelle, Framboise, Poire Williams und Marc de Gewürztraminer (Tresterbranntwein mit Ursprungsbezeichnung).

Weine aus der Champagne

Der 1826 gestorbene französische Schriftsteller Brillat-Savarin schrieb:

Beim Bordeaux denkt man an Dummheiten.
Beim Burgunder sagt man Dummheiten.
Beim Champagner macht man Dummheiten.

Das Weinbaugebiet der Champagne liegt 150 Kilometer östlich von Paris. Gegen die Nachbargebiete ist die Champagne durch kalkhaltige Hügel zwischen Reims, Château-Thierry, Epernay (und der Landstrich südlich davon) abgegrenzt. Man unterscheidet drei Hauptgebiete innerhalb des kleinen Areals: Montagne de Reims, Valée de la Marne und Côte des Blancs. Das milde, nicht zu feuchte und nicht zu sonnige Klima der Champagne wird durch westliche Meereswinde einerseits und kontinentale Einflüsse der östlichen Gebiete andererseits bestimmt. Die Trauben reifen daher langsam. Es ist das nördlichste Anbaugebiet Frankreichs.
Auch die Rebsorten der Champagne sind gesetzlich festgelegt. Es dürfen nur blauer Pinot, Meunier- und Chardonnay-Reben zu Champagner verarbeitet werden. Größtenteils werden blaue Trauben angebaut, die sich den Bodengegebenheiten besonders gut angepaßt haben. Damit der Most sich nicht ins Rötliche verfärbt, arbeitet man in der Champagne mit besonderen Pressen. Sie haben eine große Fläche bei nur geringer Höhe. Der gekelterte Most ist fast weiß. Champagner aus weißen Trauben führt mitunter den Vermerk »blanc de blanc«. Die vollendete Harmonie feiner Champagner ergibt sich aus dem wohlgelungenen Verschnitt der genannten Sorten. Es gibt auch Jahrgangs-Champagner, sogenannten »millésimé«.

Midi-Weine

Die sogenannten Midi-Weine wachsen im größten Weinbaugelände Frankreichs, das sich mit den Departements Gard, Hérault*), Minervois, Aude und Corbières von der Rhone (Avignon) über Nîmes, Montpellier, Béziers, Narbonne bis an die Pyrenäen (Carcassonne) erstreckt. Landschaftlich gesehen ist dieses Gebiet durch die römischen Kulturdenkmäler Pont du Gard, Arène de Nîmes, Abbé de Frontfroide und durch die bekannte Cité de Carcassonne, um nur die beeindruckendsten hervorzuheben, sehr reizvoll. Von Ost nach West gewinnen die Weine an Farbe und an Fülle. Hauptsächlich werden Rot- und Roséweine, daneben auch Weißweine in kleinem Umfang bereitet, die auch bei uns als saubere und preiswerte Trink- und Tafelweine zunehmenden Absatz finden. Die Erzeuger sind zu einem großen Teil in der Union Régionale des Coopératives Agricoles du Midi mit Sitz in Montpellier genossenschaftlich zusammengefaßt. Diese bedeutende Weinorganisation verfügt über mehr als 300 modern ausgestattete, saubere Großkeller mit durchschnittlich je 50000 Hektoliter Fassungsvermögen. In diesem riesigen, zumeist flachen Weinbaugelände gibt es einige wenige Weine mit Herkunftsbezeichnung (Appellation contrôlée): Clairette du Languedoc (Hérault) a.c. weiß und Fitou (Corbièregebiet) a.c. rot.

Bisher gab es neben der a.c.-Bezeichnung und der Deklaration VDQS (mengenbegrenzter Wein gehobener Qualität) noch eine dritte Kategorie mit normaler Herkunftsbezeichnung: die AOS (Appellation d'Origine simple), letztere wird zunehmend nicht mehr verwendet, da sie irreführend sein kann. Darunter fallen die sogenannten Sandweine (vins de sable), die seit 3. Mai 1971**) eingeführt werden. Diese Weine aus dem Dreieck zwischen dem spezialisierten Weinumladehafen Sète, der belebten Universitätsstadt Montpellier und dem reizvoll verschlafenen Mittelmeer-

*) Von allen neunzig französischen Departements haben die in diesen Landesteilen unter der Bezeichnung Languedoc zusammengefaßten Weinlandschaften den größten Rebbestand und auch die umfangreichste Weinproduktion. Die meisten Weine von dort gehen in Frankreich ganz schlicht als Vin rouge oder rouge ordinair. Die allgemeine Sammelbezeichnung Midi ist ein französisches Wort sowohl für Mittag als auch für Süden. An dem Akzent des Midi erkennen wir den Südfranzosen

**) von der Wein-Import Kellerei Reidemeister & Ulrichs, Bremen

städtchen Aigues-Mortes wachsen auf armen sandigen Böden teilweise in Meeresnähe und ergeben im Schnitt immerhin 10 Mill. Liter. Nach südländischer Tradition werden sie ohne Jahrgang vermarktet; es sind gehobene, gepflegte, in Frankreich abgefüllte Trinkweine zu gutem Essen. Auch für sie gilt der Spruch: »Il n'y a à les boire que les Dieux, nos Dames et Nous. Les Dieux debout, nos Dames assises et Nous à genoux.« (Sie sollten nur getrunken werden von den Göttern, von unseren Damen und von uns. Die Götter stehend, die Damen sitzend und wir auf Knien.)

Dessertweine aus dem Roussillon

Zwischen den östlichen Pyrenäen und der Mittelmeerküste mit Perpignan als Umschlagsort finden wir die »vins doux naturels« und »vins de liqueurs« – Dessertweine – des Haut Roussillon-Gebietes, zu deren Herstellung nur die üblichen Bukett-Trauben zugelassen sind. Grundsätzlich wird unterschieden zwischen »muscat« (Muskateller) und »muscaté« oder »vin muscaté«, worunter ein Dessertwein verstanden wird, dem man etwa 20 Prozent Muskateller zugegeben hat. Für die Bereitung aromareicher Dessertweine hat dieses Gebiet Ansehen erlangt. Im Raum von Banyuls und in Frontignan wird eine bekannte Mistelle*) »muscat de Frontignan« a. c. bereitet, die von hervorragender Qualität ist und in besonders geriefte Flaschen abgefüllt wird.
Der gute Pineau des Charentes, der im Bezirk der Stadt Cognac (Charente) hergestellt wird, hat 16,5 bis 22 Vol.-% Alkohol. Es handelt sich um eine eigenartige feine Mistelle, die mit Cognac stummgemacht wurde. Der Pineau ist ein Gemisch von Traubensaft und Cognac.

Charente und Gers-Weine für Cognac und Armagnac

Der Name der Bezirkshauptstadt Cognac wurde auch der Name für Branntwein aus Wein, der von dort aus der Charente stammt und zugleich damit zu einem Begriff wurde. Das Weinbaugebiet um Cognac liegt nördlich der Gironde (Bordeauxgebiet) und wird im Westen vom Atlantischen Ozean begrenzt; es deckt sich in etwa mit den Departements Charente und

*) darunter wird ein Dessertwein verstanden, der aus Traubensaft und Alkohol besteht; dem stummgemachten Traubensaft wird die Gärmöglichkeit genommen

Charente Maritime. Wir unterscheiden in diesem Bezirk sieben Produktionszonen je nach der Qualität der Erzeugnisse:

1. Grande Champagne (Gebiet im Südosten der Stadt Cognac),
2. Petite Champagne (um die Grande Champagne gelagert mit Ausnahme vom Norden),
3. Borderies (im Norden gelegen am rechten Ufer des Flusses Charente),
4. Fins Bois (um die Grande und Petite Champagne gelagert),
5. Bons Bois,
6. Bois ordinaires,
7. Bois à Terroir.

Unter »Fine Champagne« – die meisten Kenner sagen an der Bar: »une Fine« – versteht man einen Verschnitt von Grande und Petite Champagne mit einem Mindestgehalt von 50 Prozent Grande Champagne. Das ist das Spitzenerzeugnis der französischen Produktion.
Branntwein aus Wein, dessen Ausgangsprodukt durch Destillation obiger Charenteweine in diesem Bezirk Frankreichs gewonnen wird, darf laut Gesetz vom 1. Mai 1909 die Qualitätsbezeichnung »Cognac« tragen; Brände aus anderen Bezirken werden als »Eaux-de-Vie de vin« bezeichnet.
Die so klassifizierte Güte resultiert aus den örtlichen Bodenverhältnissen und dem Klima. Innerhalb der gesetzlich festgelegten Zone ist das Klima mild und infolge der Meeresnähe ausgeglichen. Der Boden ist kalkreich. Der Cognac-Grundwein stammt im wesentlichen aus den weißen Rebsorten Folle Blanche, Saint Emilion und Colombard, die infolge ihres verhältnismäßig niederen Alkoholgehalts und hoher Säure keine hochwertigen, selbständigen Weine bringen. Dagegen eignen sie sich hervorragend als Grundweine zur Destillation. Die Kunst des Brennens besteht darin, aus den kleinen Weinen des Charentegebietes einen hochwertigen Brand herzustellen. Frankreich ist der klassische Lieferant von Brennwein zur Herstellung von Weinbrand. Aus Zweckmäßigkeits- und Ersparnisgründen wird je nach der gewünschten Qualität entweder Charentewein, mit Charentedestillat verstärkt auf ca. 24,5 Vol.-% Alkohol und begleitet von einem Zertifikat, dem sogenannten acquit jaune d'or, oder Charentewein, mit anderem Weindestillat verstärkt auf ca. 24,5 Vol.-% Alkohol und begleitet von einem Zertifikat, dem sogenannten acquit blanc, geliefert.

In Frankreich wird der vergorene Brennwein ohne Abstich, also mit der Bodenhefe, »mit Dreck und Speck« wie der Destillateur sagt, in die einfachen kupfernen Brennkessel (alambic) gebracht, um dort ebenso wie in Deutschland durch zweimaliges Brennen in das Anfangsstadium des Destillats verwandelt zu werden. Diese erste Erhitzung, als Vorbrand oder »brouillis« bezeichnet, liefert eine 25 bis 30 Grad helle Flüssigkeit. Die zweite Erhitzung wird »bonne chauffe« genannt. Man behält von der hierbei anfallenden Flüssigkeit nur das Mittelstück, das »Herz«, zurück. »Kopf« und »Schwanz«, Vor- und Nachlauf, sind unerwünscht. Das Herz hat dann etwa 70 bis 72 Grad. Die an Weinäther und anderen organoleptischen Stoffen sehr reiche Weinhefe ist vor der Destillation mit dem Grundwein vermischt worden. Sie ist erforderlich und daher auch bei den Lieferungen in die Bundesrepublik im Rohprodukt Brennwein enthalten. Das Destillat muß nun gelagert werden. Das Altern (vieillissement) vollzieht sich hier wie dort in Eichenholzfässern. Das Holz (von Steineichen) stammt aus den Wäldern des Limousin und gibt dem noch wasserhellen Destillat seinen milden Schliff und die erwünschte bernsteingelbe Färbung durch Oxydation.
Beim Altern, das sich über Jahre erstrecken kann, verliert das Destillat an Alkoholgraden und gewinnt an Farbe und Güte. Das Weindestillat wird auf höchstens 86 Vol.-% Alkohol gestellt und allgemein durch Zusatz von reinem Wasser auf Trinkstärke herabgesetzt und auf Flaschen gefüllt. Als Anhaltspunkte für das Alter der Erzeugnisse können die international bekannten Abkürzungen dienen:

V.O. (very old) = sehr alt;

X.O. (extra old) = besonders lang gelagert;

V.O.P. (very old pale) = sehr alt und hellfarbig;

V.S.O. (very superior old) = hervorragend, alt;

V.S.O.P. (very superior old pale) = hervorragend, alt, blaßfarbig;

V.V.S.O.P. (very very superior old pale) = überragend, außergewöhnlich, alt, blaßfarbig.

Für die Alterung unterhalten die Brennereien weiträumige Lager, aus denen sie nach fachmännischer Wahl ihre geschmacksgerechten Zusammenstellungen bereiten. Die verschiedenen Destillate der einzelnen Alterungsstufen werden miteinander verschnitten, um eine gleichbleibende, abgerundete Qualität zu gewährleisten. Dabei sind Fachwissen und Fingerspitzengefühl erforderlich. Der Höchststand der deutschen Produktion lag bei 140 Millionen Flaschen Weinbrand. Weinbrand probiert man in den sogenannten »Schwenkern«, das sind Gläser, die nach oben spitz zulaufen. Das volle Aroma und die milde Feinheit zeigen sich in der Vollendung erst nach leichter Erwärmung des Glases in der Hand. Gastronomen, die Cognac oder Weinbrand eisgekühlt servieren, begehen einen Fehler. Branntwein aus Wein dient beim Flambieren auch der Zubereitung mancher erlesener Gerichte.

Die Bezeichnung »Napoléon« ist heute weitgehend zum Freizeichen geworden. Lediglich bei »Cognac Napoléon« wird eine fünfjährige Lagerzeit vorausgesetzt. Ein Destillat, das im Limousinholzfaß altert, nimmt an Güte zu; mit der Abfüllung auf Flaschen ist dieser Entwicklungsvorgang abgeschlossen; künstlich verstaubte Cognacflaschen sind Bluff.

Dem Cognac verwandte Erzeugnisse aus dem Departement Gers (südlich der Garonne in Pyrenäennähe) heißen Armagnac. Sie stammen aus der gleichnamigen alten Grafschaft. Zur leichteren Unterscheidung zieht man Armagnac üblicherweise auf dem Bocksbeutel ähnlichen Flaschen.

Bei einiger Übung sollte es auch Nichtfachleuten möglich sein, Branntwein aus Monopolsprit (Trinkbranntwein) von Branntwein aus Wein (z. B. Cognac und Weinbrand) mit Sicherheit zu unterscheiden. Im geleerten Schwenkglas füttert sich das edle Aroma des letzteren, steigert sich und kann bei hochwertigen altabgelagerten Erzeugnissen bis 18 Stunden unvermindert anhalten. Weinbrand, Cognac und Armagnac sind Spitzenerzeugnisse deutscher und französischer Brennkunst, wobei der letztgenannte in seinem Geschmack sehr ehrlich und etwas rustikal ist.

Weine im Jura und auf Korsika

Die ostfranzösischen Weinbaugebiete liegen in den Departements Savoie, Haute-Savoie und Jura, unweit der Schweizer Grenze. Die Weinberge ziehen sich nahezu parallel zur burgundischen Côte d'Or, ausgehend von Arbois, 75 km lang über die alte französische Provinz Franche-Comté hin. Es handelt sich um Landwein, der im allgemeinen nicht exportiert wird. Bemerkenswert ist die große geschmackliche Vielfalt der Juraweine. An der Spitze dürfte der Rosé aus Arbois stehen. An der Côte Chalonnaise finden wir etwas Ausgefallenes, nämlich die Version eines französischen ungespri-

teten Sherrys, also eines ganz trockenen Weines. Ferner gibt es in kleinem Umfang einen »vin de paille«, einen Strohwein, das ist ein aus Weißweintrauben bereiteter Wein. Die Trauben werden auf Strohmatten entweder in der Herbstsonne oder im Haus getrocknet bis sie zu Rosinen eingeschrumpft sind. Sie ergeben süße, goldfarbene, meist recht alkoholreiche Tropfen. Das gleiche Verfahren ist auch aus Spanien und Italien bekannt und wird dort passito genannt.
Die Weinproduktion der französischen Mittelmeerinsel Korsika reicht knapp für den einheimischen Bedarf. Die unbedeutende Ausfuhr ist für Spezialitätenrestaurants in Paris und an der Côte d'Azur bestimmt. Die besten Weine der Insel, rote vollmundige und schwere, oft 14gradige Roséweine, wachsen an der Nordküste bei Saint-Florent zwischen Ile Rousse und Bastia und bei Cap Corse. Dank des hohen Alkoholgehaltes sind Korsikas Weine sehr langlebig. Sie werden als Patrimonio gekennzeichnet.

Griechenland

Gleich da warf sie
in den Wein ein Kraut

Die durchschnittliche Weinerzeugung Griechenlands auf einer Gesamtfläche von 210000 ha liegt bei 4 Mill. hl. Zu Zeiten Homers hatten die Griechen ein inniges und maßvolles Verhältnis zum Wein, so, wie man es in Frankreich noch heute findet. Die Griechen tranken Wasser und Wein gemischt.
Die im Lande selbst konsumierten Weine werden geharzt, d.h. reziniert. Der dadurch entstehende säuerliche Geschmack ist durststillend. Diese althergebrachte Behandlung macht die Weine widerstandsfähiger gegen Krankheiten wie Kahmpilz und Essigstich.
Da Griechenland auch früher ein holzarmes Land war, erfolgte die Beförderung von Wein schon vor Jahrhunderten in Ziegenfellen, die mit Kolophonium, einem Produkt aus der Seekiefer, präpariert waren. Auf Eseln und Maultieren transportiert, nahm der Wein den Geschmack des Kolophoniums an. Nachdem Griechenland Holzfässer einführte, fehlte dem griechischen Konsumenten jedoch dieser Geruch und Geschmack. Und um beides wieder zu erreichen, begann man, bei der Gärung Harz zuzusetzen.

Für die Ausfuhr sind neben farbstarken Verschnittrotweinen vor allem Muskat und die bekannten Dessertweine Samos und Mavrodaphne von großer Bedeutung. Der »Samos«, dessen Name seine Herkunft von der Insel an der Westküste Kleinasiens aufzeigt, ist ohne Zweifel der gängigste Ausfuhrwein. Er wird aus Muskattrauben bereitet. Um das feine Muskatbukett des Samos zu erhalten, wird er nach Angärung stumm gemacht, d. h. mit Alkohol auf 14 und mehr Grad aufgespritet. Zur Veredlung und Reifung werden die Weine in Holzfässern an die Sonne gelegt. Man nennt das Verfahren Maderisierung. In dem subtropischen Klima gedeihen die Muskatweine sehr gut. Besonders süß sind auch die Dessertweine aus Patras. Bekannt wurde ferner der von dort stammende, nach der Traubensorte benannte Mavrodaphne. Er ist von roter Farbe, der Samos dagegen goldgelb. Von den Ionischen Inseln an der Westküste Griechenlands (Korfu, Leukas, Ithaka, Kephallenia, Zakynthos) stammen der sogenannte Kephallenia Muskat sowie die Limnos Muskate. Daneben finden wir tiefdunkle und für Verschnitt- und Deckzwecke*) geeignete Rotweine in Leukas, Euböa, Kreta, Korfu und Nemea, des weiteren gute weiße, rote und roséfarbige Tischweine in Mazedonien, Messenien, Olympia, Patras, Attika, Euböa, Kreta, Santorin, Kephallenia, Zante und Ithaka. Für die Ausfuhr in die Bundesrepublik Deutschland spielen diese Tischweinsorten im Vergleich zu den griechischen Dessertweinen eine untergeordnete Rolle.

Italien

Alles, was unvernünftig ist,
haßt den Wein

Unter den weinproduzierenden Ländern unseres Kontinents nimmt Italien mit einer Anbaufläche von 1,6 Mill. ha und einem Ertrag von 70 Mill. hl eine besondere Stellung ein. Nach der geschichtlichen Überlieferung kann Italien als die Heimat der europäischen Weinbaukunst bezeichnet werden. Denken wir in diesem Zusammenhang an jenen gesüßten Gewürzwein, der seit etwa zweihundert Jahren unter der Bezeichnung »Vermouth di To-

*) Decken ist die fachliche Bezeichnung für den Vorgang, durch Verschnitt farbschwache Rotweine nordeuropäischer Weinbaugebiete farbintensiver zu machen

rino« bekannt ist, und heute, ein Weltbegriff geworden, in allen Ländern als Aperitif getrunken wird. Kaum ein Land kann sich rühmen, über so viele Weinsorten zu verfügen wie Italien. Die klimatischen Verhältnisse für den Rebanbau an den Ufern des Gardasees, auf den Hügeln um Turin oder in der Toskana, unterscheiden sich beträchtlich von jenen, die an den Hängen des Vesuvs herrschen oder an den Küstengebieten Siziliens, z. B. in Marsala. Überall stößt der Italienreisende auf interessante Weine, zumeist Rotweine.

Die Weine Südtirols (Region Trentino/Südtirol)

In Südtirol (Anbaufläche 21 700 ha mit einem Jahresertrag von 1,5 Mill. hl) werden angenehme, leichte Weiß- und Rotweine seit alters her angebaut. Insbesondere im Verkehr mit Süddeutschland und der Schweiz spielen sie eine nicht zu unterschätzende Rolle. Sie werden teils nach dem Ort oder Gebiet ihrer Herkunft, teils nach der Rebsorte benannt: Kalterersee, St. Magdalener, Bozener, Terlaner, Lagreinkretzer*).
Eine Eigenart der Gegend ist der Perglbau, der sich bis in den norditalienischen Raum jenseits der Salurner Klause hinzieht. Die hohe Ziehart der Reben überrascht. Man trifft überall jenen laubenartigen Hochbau aus Holz, ein dachartiges Gerüst, das den Tragruten und Schossen der Reben Stütze bietet. Die hintereinander angelegten Laubenreihen geben der Landschaft eine einzigartige Note. Die Traube erlangt durch den Hochbau erhöhte Reife. Die Kellerwirtschaft ist auf der Höhe; beim Ausbau herrscht das Holzfaß vor. Die Rebe gedeiht auf Dolomitkalk und Porphyrgründen des Etschtales. Der Winzer verkauft »Preis auf Ehr« an den Handel. Bei der bekannten Bozener Weinkost, die im Jahre 1974 zum 52. Mal stattfand, besteht Gelegenheit, Wein zu kosten und zu vergleichen, sowie »Weinbeißer« und alte Freunde aus der Fachwelt des In- und Auslands zu treffen.
Als Riesling – in Südtirol ein Sammelbegriff – werden die gewöhnlichen Weißweine deklariert aus Weiß-Vernatsch, Terlaner-Riesling, Spielarten von Kleinberger Elbling, Silvaner-Reben u. a. Der reine Riesling wird in

---

*) Lagreinkretzer stammt von der alteinheimischen Lagreinrebe. Es ist ein Sortenwein, der in der Torggl (Kelter) abgepreßt und rasch von den Trestern abgezogen wurde. Weißgekelterte Rotweine nennt man in Südtirol Kretzer, man sagt auch Höpfwein (Hefewein). Die anderen Südtiroler Rotweine sind »Vergärner«, d. h. auf der Maische vergoren. Beim Kretzer wird der abgepreßte Most vergoren

Südtirol, in der Schweiz und in der Steiermark als »Rheinriesling« bezeichnet; er ist selten und wird besonders geschätzt. Weine aus dem gewöhnlichen Riesling sind mitunter als Welschriesling beschildert.
Der Weinbau in Südtirol ist uralt und reicht nachweisbar 2500 Jahre zurück. Wolfram von Eschenbach, der Dichter des Parzival und als gebürtiger Franke weinkundig, verstieg sich in dem »Willehalm« (um 1215) zu der Behauptung, »der Gesang der Nachtigall sei nur darum so süß, weil sie all den Wein getrunken habe, der zu Bozen vorhanden sein mag«. In einem Traktat von 1678 wird erwähnt, daß der in Tramin »waxende Wein in viel alten und weit von hier geschriebenen Arztneibüchern von absonderlich gesund angerühmt wird«. Auch aus einer Verlautbarung aus dem Jahre 1535 geht hervor, daß nach altem Brauch alljährlich zwei Männer zu bestimmen sind, die alle Traminerweine zu verzeichnen und mit besonderen Siegeln zu versehen haben, damit nicht fremde Weine als Traminer gehandelt werden. Leider wird in jüngster Zeit, nicht nur durch die Ausdehnung der Städte, sondern auch durch das Überhandnehmen von Golden-Delicious-Plantagen der herkömmliche Weinbau, besonders in den schwer zu bewirtschaftenden Lagen, immer mehr verdrängt.
Die Südtiroler Etschlagen sind 200 bis 600 m hoch anzutreffen, im Eisacktal sogar bis zu einer Höhe von 800 m. Sie werden als Weinleiten, die Weinlese als Wimmat bezeichnet. Die weißen Trauben werden in der Torggl (Weinpresse) gekeltert, während die rote Maische »gerebelt« wird, d. h. von den Kämmen befreit, auf den Trestern vergärt.

Die Weine Norditaliens bis Florenz

Im Anschluß an das Tiroler Weinbaugebiet gelangen wir zu ausgedehnten Weinkulturen rund um die alte Konzilstadt Trient. Hier haben die Weine einen anderen Charakter: sie sind von südländischer Beschaffenheit und demzufolge nicht mehr so duftig, sondern dicker und schwerer. Erwähnt seien der kräftige, rubinrote Teroldego, ein Tischwein, der nach längerer Lagerung zum Bratenwein wird, dann der Merzemino, ein schmackhafter Wein sowie der granatrote Lagarino rosato*), dessen Blume an Vanille erinnert.
Nachdem die Etsch die Berner Klause passiert und die fruchtbare Ebene um

---

*) verdeutscht Lagreinkretzer

Verona erreicht hat, stoßen wir in Venetien auf das erste der klassischen italienischen Rotweingebiete: die Landschaft, die sich im Südosten des Gardasees bis zur Moränengegend um Custozza erstreckt, und grüne Täler sowie fruchtbare Moränenhügel rund um die historische Skaligerstadt Verona umfaßt. Als berühmteste Weine dieser Gegend sind der Valpolicella sowie der Valpantena zu nennen, die beide in den gleichnamigen Tälern nördlich von Verona, im Schutz der Monti Lessini, gewonnen werden, und milde, trockene, leicht bittere Qualitäten abgeben. Fast ebenso bekannt ist der Bardolino, ein feuriger Tafelwein, der aus den Trauben der reichen Hügellandschaft am südöstlichen Ufer des Gardasees bereitet wird. Bei Brescia finden wir den frischen, munteren Chiaretto del-Garda als den bekanntesten der unter sehr vielen Bezeichnungen im Handel eingeführten Gardaseeweine. Es handelt sich um trockene, leicht bittere Rot- und Roséweine. Rund um Verona wachsen zahlreiche gute Rotweine, die unter der Sammelbezeichnung »Vino Veronese« bekannt geworden sind, und im Gebiet von Sona-Custozza, Val di Illasi, Val Tramigna, Valle Squaranto und Val Mezzane hergestellt werden. Einer der bekanntesten trockenen Weißweine Norditaliens, der Soave, gedeiht wenige Kilometer ostwärts von Verona bei Monteforte. Es ist der klassische Wein zu Fisch- und Vorspeisen, der auf der Stufe mancher Elsäßer Weine steht und in Schlegelflaschen abgefüllt wird. Nördlich von Venedig, in der Provinz Treviso, wird im Gebiet der Piave die Verdiso-Traube angebaut. Sie bringt ganz leichte trockene Weißweine von hellgrün-goldener Farbe, während die ausgezeichneten Prosecco süßer sind. In Conegliano, dem Zentrum dieses Weinbaugebietes, befindet sich ein bekanntes Weinbau-Institut mit Schule. Das Gütezeichen des Consorzio dei vini tipici del Piave bürgt für Qualität und Herkunft.
Südlich von Verona, in Emilien, und zwar am rechten Ufer des Mittel- und Unterlaufs des Po, werden vorwiegend leichtere Rotweine gezogen, die vielfach der Industrie als Grundweine dienen. Hervorzuheben sind die Lambrusco-Weine, die rund um Modena wachsen; sie sind rubinrot, haben ein trockenes, mitunter auch halbsüßes, leicht prickelndes Aroma und munden vor allem zu den schweren, fetten Speisen der bekannten Modeneser Küche, z. B. zu gekochtem Schweinefleisch, »zampone ala Modenese« (gefüllte Stelzen) und verschiedenen Kochwürsten. Der Lambrusco ergänzt die emilianische Küche auf das harmonischste. In der Lombardei (Provinz Sondrio) werden die berühmtesten Weine im Veltlin gewonnen,

einem von hohen Bergen im Norden und Süden geschützten Gebirgstal, wo durch menschlichen Fleiß zahllose Terrassen längs der Bergflanken angelegt wurden, die einen einzigen Weingarten darstellen. Die Trauben stammen von den ausgezeichneten und reichtragenden Nebbiolo-Reben. Im Veltlin zieht man vor allem an den rechten, sonnendurchglühten Hängen der Adda Rotweine mit weltberühmten Weingutsbezeichnungen: Grumello, Inferno, Sassella und Valgella. Alle Veltliner Weine sind rubinrot, trocken, harmonisch und besitzen eine ausgezeichnete Lagerfähigkeit, wobei sie mit zunehmendem Alter wunderbare Eigenschaften entwickeln. Es sind typische Bratenweine.

Große Geister, wie z.B. Plinius, Vergil, Strabo, Sueton und Kaiser Augustus haben auf die lombardischen Weine des Veltlin ein Loblied gesungen. Einige Jahrhunderte später schrieb Leonardo da Vinci in sein Tagebuch: »In der Valtelina gibt es starke Weine – und ob!«

Auf dem rechten Po-Ufer ziehen sich südlich von Pavia die Hügel des Oltrepó Pavese hin. Aus diesem Gebiet kommen berühmte Weiß- und Rotweine. Die Zone umfaßt 37 Gemeinden, in denen der Anbau roter Trauben, besonders von Barbera- und Croatina-Trauben vorherrschend ist. Unter den weißen Trauben stehen Pinot, Riesling italico und renano*) sowie Moscato di Malvasia an der Spitze. Die nach französischem Muster neueingeführte »Denominazione d'origine« betrifft folgende sechs Weine: Barbera dell'Oltrepó Pavese**), Bonardo dell'Oltrepó Pavese, Moscato dell'Oltrepó Pavese, Pinot dell'Oltrepó Pavese, Riesling dell'Oltrepó Pavese und Cortese dell'Oltrepó Pavese.

Aus Piemont, dem Land »zu Füßen der Berge«, aus Novara, der Region südlich des Lago Maggiore, stammen ebenfalls berühmte italienische Weine. Die roten Weine rund um Novara sind ganz besonders als Begleiter rustikaler Fleischgerichte sowie zu Wild und Käse (Grana Padano, Provolone und Gorgonzola) empfehlenswert. In diesem Gebiet werden aus Nebbiolo-Trauben die tief dunkelroten, granatfarbigen Fara, Boca, Ghemme und Sizzano gewonnen, und weiter westlich im Aostatal: Gattinara, Carema und Donnaz. Piemont ist die Heimat des Vermouth di Torino und des Moscato d'Asti. Dort wird auch der bekannte Asti Spumante, jener süßliche italienische Schaumwein für Hochzeitsreisende, hergestellt. Doch

*) Welsch- und Rheinriesling

**) verdeutscht »jenseits des Po«, von Pavia aus gesehen

König der Weine des Piemont ist der Barolo, der in den Hügelgebieten von Alba gezogen wird. Der Barolo, von rubinroter Farbe mit Bernsteinreflexen und veilchenartiger Blume mit firnigem Nachgeschmack, kann drei Jahre in Fässern gelagert werden. Er ist stark gerbstoffhaltig und außergewöhnlich langlebig.
Der berühmteste Wein des ligurischen Küstenstreifens ist der Cinque Terre mit goldgelber Farbe. Er wird aus Trauben gewonnen, die auf schwer erreichbaren, vom Meer senkrecht aufsteigenden Felsen entlang der Küste von Spezia bis Levanto wachsen.

Die Weine der Toskana und südlich von Florenz

Dort, wo der Apenninenzug ostwärts ziehend die ligurische Küste verläßt, dehnt sich die historisch bedeutsame Toskana mit den Städten Florenz, Siena und Pisa aus. Ein großer Teil der Toskana besteht aus mittelhohen Bergen und sanften Hügeln, die sich der Bodenbeschaffenheit und des Klimas wegen zum Anbau besonders geschätzter Erzeugnisse wie Oliven, Feingemüse und Wein eignen. Der berühmteste klassische Vertreter des Weinbaus in der Toskana ist der Chianti*), ein feiner, bekömmlicher, roter Tafelwein. Seine hohe Durchschnittsqualität, obwohl in so großen Mengen durch Handelshäuser wie Antinori, Bertolli oder Ruffino u. a. hergestellt, hat zur Folge, daß er in der ganzen Welt bekannt und geschätzt wird.
Der Chianti wird nach dem traditionellen toskanischen Verfahren, durch Sortenmischung, hergestellt: aus 70 % Sangiovese, 20 % Canaiolo nero und 10 % Malvasia und Trebbiano. Durch eine zweite Fermentierung wird das Getränk verfeinert. Diese Weine vertragen lange Reisen unter den verschiedensten klimatischen Bedingungen, ohne an Güte einzubüßen.
Als besonders hochwertiger Chianti gilt alter Brolio vom gleichnamigen Schloß der Barone von Ricasoli. In hohem Maße ist dieser edle Bratenwein lagerfähig. Schloß Brolio liegt im hügeligen Zentrum des klassischen Chiantigebietes. Das Garantiezeichen mit dem schwarzen Hahn wird nur für klassische Chiantiweine verabfolgt, die in Italien abgefüllt wurden. Typisch für alle Weine aus der Chiantigegend ist der »Fiasco«, die bekannte bauchförmige, langhalsige Flasche, die mit Bast umwunden ist. Die große

*) Als Chianti dürfen nur die Weine verkauft werden, die aus einem engumgrenzten Gebiet stammen, das zur Provinz Siena gehört

Vorliebe, die vor allem von Ausländern dem Fiasco entgegengebracht wird, hatte zur Folge, daß heute auch andere Weinsorten in die ursprünglich nur für Chiantiweine üblichen Bastflaschen abgezogen werden. Die Handelsgrößen sind 0,5 Liter und 2 Liter »Fiaschi« *). Es sei erwähnt, daß es nach dem neuen italienischen Weingesetz keinen weißen Chianti classico mehr gibt. Er wird von nun an vino bianco della zona del Chianti genannt.
In dem benachbarten südwestlichen Umbrien treffen wir einen geschätzten Weißwein, den Orvieto, an. Am bekanntesten sind die trockenen Sorten (secco). Der Orvieto wäre etwa wie folgt zu charakterisieren: klares Blaßgold, zarte Blume, mild mit leicht bitterem Nachgeschmack, harmonisch. Als »aboccato« werden die ins Süßliche gehenden Sorten bezeichnet. Der Orvieto eignet sich als Begleiter zum Fisch.
Der typische Wein der Marken**) ist der Verdicchio, der an den Hängen von Lesi gedeiht. Er ist von blasser Farbe, ganz trocken, und hat einen leicht bitteren Geschmack, was in großer Hitze sehr angenehm ist.
Gute Gewächse bringt die Insel Elba. Der von dort stammende rote Dessertwein Aleatico aus angetrockneten Trauben ist ebenso bekannt wie der süße Recioto des Veroneser Gebietes.
Der gesamte Raum südlich der Toskana bis nach Rom wird vom Weißwein beherrscht; nur in den Abruzzen, dem gebirgigen Herzen der italienischen Halbinsel, wird ein Rotwein gezogen, der erwähnt werden muß: der Montepulciano d'Abruzzo, ein dicklicher, feiner Bratenwein.
In Latium, auf den vulkanischen Hügeln südöstlich von Rom, treffen wir auf einen namhaften Weißwein, den Castelli Romani, der vielfach unter dem Gattungsnamen Frascati in den Handel gelangt. Geschmeidig, trocken oder halbsüß, strohfarbig bis goldgelb, ist er als Tischwein sehr geschätzt. Und dann gibt es noch den Est! Est!! Est!!! aus Montefiascone, einen trokkenen, leicht bitteren, goldgelben Wein.
An der Küste zwischen Rom und Neapel, in Formia sowie auf den Phlegräischen Feldern bei Neapel finden wir den roten Falerner, einen Wein, der schon zu Zeiten des Römischen Imperiums von Schriftstellern begeistert gelobt und von Dichtern besungen wurde. Der Falerner ist von kräftiger, rubinroter Farbe, angenehm und harmonisch-trocken oder goldgelb, zartblumig und trocken. Im Golf von Neapel wächst an den steilen Hängen des

*) Mehrzahl vin Fiasco, Flasche

**) mittelitalienische Region

Vesuvs ein feiner roter Tafelwein, der Rosso del Vesuvio. Auf Ischia, Capri und Procida, auf der Halbinsel von Sorrent sowie an den Abhängen der Monti Lattari und in Kampanien werden gute Rotweine gezogen, darunter der Conca, ein kräftiger dunkelroter Wein; der Gragnano, ein würziger Tafelwein; der Solopaca (im Gebiet von Benevent); der Taurasi und vor allem der Ravello, der nach längerer Lagerung zu den besten Tafel- und Bratenweinen gerechnet werden kann. Bei Tarent und Bari an der Adria (Apulien) finden wir den Barletta und den Squinzano, zwei beliebte Verschnittweine, dick, schwer und dunkel. Von den Weinen Kalabriens, die am äußersten Ende der Halbinsel gewonnen werden, seien der Savuto (rund um Cosenza), ein herber, stahliger und besonders gehaltvoller Wein, genannt; ferner der Ciró di Calabria, ein Wein mit trockener, angenehmer Blume; der Lacrima di Castrovillari (Pollino), der nördlich von Catanzaro geerntet wird. Der bekannteste Tischwein Lukamiens ist der Agliantico di Volture. Auf dem sonnendurchglühten Boden Siziliens ist der Weinbau seit mehr als zwei Jahrtausenden hoch in Ehren. Die Insel ist die Heimat von heute weltberühmten Dessertweinen, aber auch von ausgezeichneten Rotweinen. An den Hügeln der Straße von Messina wird der rote Faro bereitet, ein leichter, würziger Wein. Südlich davon erstreckt sich die Küstenlandschaft, die vom Ätna beherrscht wird. Seine Abhänge sind mit schwarzer Lava bedeckt und tragen in der unteren Höhenlage von 400 bis 1000 m terrassenförmig angelegte Weingärten, in denen zahlreiche Verschnitt- und Landweine mit hohem Alkoholgehalt, die sogenannten Ätna-Weine, gelesen werden. Im Hinterland von Syrakus, an der Südspitze der Insel, wird der granatfarbene Eloro bereitet. In der Provinz von Palermo finden wir gute, rote Tafelweine.

Marsala und Marsala speciale

Der Marsala*) aus den westsizilianischen Weinen der Orte Marsala, Trapani und Mazzara del Vallo in der Provinz Trapano und in den beiden angrenzenden Provinzen Palermo und Agrigento wird auf ganz besondere Weise hergestellt. Der Boden dieses Gebiets ist vorwiegend kalk- und tonhaltig. Außerhalb dieser nach geographischen und önologischen Gesichtspunkten festgelegten Zone darf kein Marsala erzeugt werden.

*) aus dem Arabischen, verdeutscht »Hafen Gottes«

Dem Unternehmungsgeist des Engländers John Woodhouse ist es zu verdanken, daß die Zubereitung des Weins aus den um Marsala wachsenden Trauben seit 1773 weitgehend verbessert werden konnte. Seitdem wird Marsala in die ganze Welt exportiert. Woodhouse kam auf den Gedanken, dem Marsalawein 1,5 bis 2 Vol.-% Alkohol zuzufügen. Das machte ihn haltbarer und schützte ihn auf langen Seereisen vor dem Umschlagen.
Der Basiswein zur Marsala-Herstellung besteht aus einer Mischung zahlreicher weißer Traubenweine. Man erhält einen hellgelben, sehr trockenen, gezehrten, starken Wein mit 13 bis 17 Vol.-% Alkohol ohne besonders feines Bukett. Zur Süßung werden dem Ausgangsprodukt Traubenkonzentrate aus »mosto muto« (mit Alkohol stummgemachter Most durch Zugabe von Alkohol), und zur Geschmacksvollendung »mosto cotto«, d. h. auf indirektem Feuer in Kupferkesseln eingedickter Most sowie Alkohol beigegeben. Trinkfertiger Marsala muß mindestens 17 Vol.-% Alkohol, vielfach sogar 18 Vol.-% haben; er ist von bräunlicher Farbe und hat häufig einen dem Karamel verwandten Ton.
Nach der italienischen Gesetzgebung wird unterschieden zwischen:
I. P., was soviel wie italienische Spezialität bedeutet,
Marsala superiore, gehobener Marsala,
Marsala S. O. M. (superior old Marsala),
G. D. (Garibaldi dolce), in Erinnerung an den Befreier der Insel.
Letztere sind süßer gestellt. Darüber hinaus gibt es die wirklich edlen Jahrgangs-Soleras *) (vintage Marsala). Mit Jahrgangsangaben bis Mitte des vergangenen Jahrhunderts sind diese Kostbarkeiten noch erhältlich.
Eine gesonderte Kategorie stellen die Marsala speciale dar. Man bezeichnet sie als aromatisierte Weine oder als weinhaltige Aperitifs. Es handelt sich um Marsala, die mit Ei (all uovo), mit Mandelschalen (mandorla), mit Erdbeeren (fragola), Schokolade, Bananenauszügen oder Kaffee versetzt sind. Neuerdings wird auch Zabajone, eine Mischung von Marsala mit geschlagener kondensierter Milch und Ei, fabrikatorisch hergestellt. Es handelt sich hierbei genaugenommen um eine weinhaltige Spirituose, dickflüssig wie Eierlikör.

---

*) Dieses spanische Wort ist aus dem Französischen le sol, der Boden, abgeleitet. Bei dem Solera-Alterungssystem liegt der älteste, füllreife Faßwein auf dem Boden. Die Fässer liegen dreifach gesattelt in der Bodega (Keller): in der mittleren Reihe der heranreifende und in der oberen Reihe der junge Wein. Beim Abfüllen aus der Bodenreihe wird höchstens bis zur Hälfte entnommen und durch Zufüllen aus der nächsthöheren Reihe ergänzt. Die Fässer liegen hohl, nie spundvoll

Der Hafen von Marsala ist Umschlagplatz für den aus der Insel Pantelleria stammenden ausgezeichneten moscato passito de Pantelleria. Qualitätsbestimmend wird für diesen Dessertwein, daß die Zibibbo-Trauben am Stock angeschnitten werden und somit an der Luft eine rosinenartige Austrocknung erfahren. Auf den Inseln Salina und Stromboli wird der Malvasia von Lipari, ein feiner Dessertwein, erzeugt. Sardinien ist die Heimat des Oliena, eines rubinroten Erzeugnisses mit leicht bitterem, firnigem Nachgeschmack. Im Stadium des Alterns wird der Oliena zu einem schönen Bratenwein. Er wurde von Gabriele d'Annunzio lobend erwähnt.

Jugoslawien

Der Wein schmeckt
stets nach seinem Faß

Der recht bedeutende jugoslawische Weinbau mit einem jährlichen Ertrag von etwa 5 Mill. hl auf einer Rebfläche von 250000 ha kann infolge außergewöhnlicher klimatischer und bodenbedingter Einflüsse im wesentlichen in drei verschiedene Gebiete eingeteilt werden:

1. den Norden mit Slawonien und Slowenien, letzteres ein gutes Weißweinanbaugebiet;
2. den dalmatinischen Küstenstreifen mit den Adriainseln und der Halbinsel Istrien, einem guten Rotweinanbaugebiet;
3. den Südosten mit Bosnien, Herzegowina und Serbien mit dem Amselfeld.

Große und moderne Kellereien auf genossenschaftlicher Basis entstanden in den letzten Jahren im Raum von Nova Goriza auf Mergelkalkböden. Die Kellerei von Vipava hat eine Kapazität von 462 Waggon (46200 hl). Es handelt sich dabei um saubere, weiße, leichte Tischweine, daneben auch um angenehme Rotweine aus der Rebsorte Merlot.
Oberhalb des Isonzotals stehen im Raum von Brda (früher Dobrovo) neuerdings 8000 ha im Anbau. Ein Zehntel davon ist Staatsbesitz. Die moderne Kellerei in Brda mit Kommandobrett, Temperaturkontrolle der einzelnen zum Teil tiefgekühlten Zisternen, die mit Elektrosonden ausgerüstet sind, bereitet neben mundigem, rotem Merlot auch Terlaner Rotwein. Dieser hat nur 9 bis 10,5 Vol.-% Alkohol. Er zeichnet sich durch spitze Säure aus, in-

folge seines hohen Milchsäuregehalts. Als Spezialität zu fetten Vorspeisen, z. B. zum Pršut (luftgetrockneter Schinken, Salami und Paprika), ist dieser Wein beliebt. Er wird aus Refosco-Trauben gekeltert. Sein regelmäßiger Genuß, so sagt man, verlängere das Leben. Auch ein achtgradiger Schillerwein, Zwitschek genannt, wird bereitet.
Begünstigt durch das Mittelmeerklima und den karstig-kalkhaltigen Boden, gedeiht im dalmatinischen Küstenstreifen starker und guter Rotwein, der sowohl Trink- als auch Verschnittzwecken dient. Es werden Cabernet, Merlot und Pinot gezogen. Die Weine sind rubinrot und gerbstoffreich. Besonders tanninhaltige Weinsorten, »Plavac« genannt, kommen von dem felsigen und trockenen Gelände der Inseln Solta, Brač und Hvar. Vor allem hat der »Dingač« von der Halbinsel Pelješac einen guten Ruf als Trinkrotwein. Korčula ist ein Rotwein von starker Farbe und besonderem Aroma, reich an Extrakten und Alkohol. Es gedeihen ferner Muskateller sowie kleinere Mengen des feinen Dessertweins Prošek mit hohem Alkoholgehalt. Letzterer wird aus den ausgetrockneten Beeren der Gegend von Split gewonnen und mit konzentriertem Most bereitet. Aus Bosnien, aus der Herzegowina und aus Serbien stammt der leichte trockene Žilavka, ein bukettreicher Weißwein mit einer ins Grünliche spielenden Farbnuance.
Im Süden Serbiens erstreckt sich die 70 Kilometer lange und 15 Kilometer breite Ebene Kosovo Polje (Amselfeld), die einem Garten Eden gleicht. Die Vernichtung des Zaren Lazar durch Sultan Murat I. im Jahre 1389 war für die Serben ein schwerer Schlag. Um diese Schlacht rankte sich ein Legenden- und Liederzyklus, der zu den lebendigsten Jugoslawiens zählt. In jener Zeit war das Amselfeld eine karge Landschaft, die ihre Bewohner mehr schlecht als recht ernährte. Die jugoslawische Regierung erkannte die Chancen für eine großzügige Rekultivierung dieses Landstrichs; sie investierte dafür bedeutende Mittel. Dabei wurde ganz besonders der Weinbau gefördert. Heute breitet sich vor dem Besucher eine schier unübersehbare Fläche hochkultivierten Weinanbaus aus, ein sichtbares Zeichen für die Leistungsfähigkeit der teils privatwirtschaftlich, teils genossenschaftlich neuorganisierten jugoslawischen Weinwirtschaft. Die Förderung des Anbaus von Qualitätswein steht hier im Vordergrund. Ausgezeichnete Bodenverhältnisse in Verbindung mit der außergewöhnlich günstigen Witterung, die das ganze Jahr dort herrscht, bieten beste Voraussetzungen für die Ernte gleichbleibender, hochwertiger Weinqualitäten. Die Weinberge sind nach modernen Gesichtspunkten angelegt; alle Arbeiten können maschi-

nell und rationell ausgeführt werden. Sogar Flugzeuge werden für die Bearbeitung eingesetzt.

Abschließend soll auf zwei besondere Fruchtarten hingewiesen werden, die bei der Herstellung von Spirituosen eine Rolle spielen. Es sind die bosnisch-serbischen Pflaumen, aus denen der unübertreffliche Pflaumenbranntwein »Šljivovica« hergestellt wird, und die besonderen dalmatinischen Weichselkirschen (Maraskakirschen), die die bekannten Liköre von Zadar, »Cherry Brandy« und »Maraschino« ergeben.

Österreich

Es ertrinken mehr in Gläsern
als in allen Wassern

Österreich erntet auf 40 000 ha Rebfläche 2,5 Mill. hl. Der Verbrauch (ohne Kinder) pro Kopf im Jahr soll bei 35 Litern liegen. Man unterscheidet folgende vier voneinander getrennte Anbaugebiete, die zu 85 % für Weißwein und zu 15 % für Rotwein genutzt werden:

1. Das Gebiet nördlich der Donau (Niederösterreich)

60 % der österreichischen Weinproduktion entfallen auf dieses Bundesland. Verschiedenartige Böden – vom Urgestein über Schotter, Sand, Löß bis zum Lehmboden – und ein Kleinklima mit beträchtlichen Unterschieden ermöglichen den Anbau aller Qualitätssorten. Die Sortenauswahl wird bereichert durch Österreichs Spezialitäten: Grüner Veltliner, Spätrot-Rotgipfler und Neuburger. Niederösterreich wird in 7 Bereiche unterteilt:

a) die Wachau, das westlichste und landschaftlich reizvollste Gebiet. In terrassenförmig zur Donau gelegenen Weingärten wird wertvoller Wein gebaut: Rheinriesling, Grüner Veltliner und Müller-Thurgau;
b) die alte, wohlhabende Weinstadt Krems gibt diesem Gebiet seinen Namen*). Die Kremserweine, bei denen ebenfalls der Grüne Veltliner vorherrscht, sind die am häufigsten von deutschen Privatleuten eingeführte Sorte;
c) östlich von Krems erstreckt sich das Weinbaugebiet von Langenlois im reizvollen Kamptal. Langenlois ist Österreichs größte Weinstadt;

---

*) dort wurde Österreichs erster Roséwein, die »Kremser Rose«, erzeugt

d) das Weinviertel ist Österreichs bedeutendstes Anbaugebiet. Bekannte Weinorte sind Röschitz, Retz, Haugsdorf, Poysdorf, Matzen und Wolkersdorf. Auch hier ist der Grüne Veltliner führend. Durch seine gemischten Wein-Ackerbaubetriebe unterscheidet sich das Weinviertel von allen übrigen Anbaugebieten;

e) im Bereich Donauland sind Traismauer, Klosterneuburg und Prellenkirchen die Hauptorte. In Klosterneuburg befindet sich das österreichische Schul- und Forschungszentrum des Weinbaus, das sich in Europa eines guten Rufs erfreut;

f) im Weinbaugebiet Baden im Süden von Wien hat neben Pfaffstätten, Baden, Perchtoldsdorf und Traiskirchen, besonders Gumpoldskirchen mit den Sorten Zierfandler, Rotgipfler und Neuburger Weltberühmtheit erlangt;

g) im Weinbaugebiet Vöslau tritt der Rotweinbau in den Vordergrund. Zwischen Wiesen und ausgedehnten Föhrenwäldern gedeihen dunkelfarbige Rotweine um den Kurort Bad Vöslau.

2. *Weinbaugebiet Wien*

Wien und Wein gehören zusammen. Der erste urkundliche Nachweis für den Weinbau in Wien stammt aus dem Jahre 1132. Hand in Hand mit der Ausdehnung der Hauptstadt mußten die Weingärten weichen. Die Anbaufläche, deren Zentren im 18., 19. und 21. Gemeindebezirk liegen, beträgt unter 800 ha. Die dort gewonnenen Weine sind unter den alten Ortsbezeichnungen Sievering, Nußdorf, Neustift, Stammersdorf und nicht zuletzt Grinzing, dem populärsten Weinort Wiens und ganz Österreichs, bekannt geworden. Die »Wiener Heurigen« gelten als Sehenswürdigkeit*).

3. *Das burgenländische Weinbaugebiet*

Das Rebgelände liegt rund um den Neusiedler See, der durch seine hohe Wasserverdunstung als ausgezeichneter Klimaregler fungiert, insbesondere

*) In den berühmten Lokalen dort, in denen es weingerecht lustig zugeht, dominiert die »eigene Fechsung« (Wachstum) im eigenen Haus. Dieses mittelalterliche Schankrecht wird durch grünes Föhrenreisig der »Buschen-Lokale«, die Wein ausschenken, gekennzeichnet. Ende des vorigen Jahrhunderts schufen die Brüder Josef und Johann Schrammel eine eigene Heurigenmusik, die als »Schrammelmusik« auch außerhalb der Wiener Heurigen-Gaststätten Berühmtheit erlangte

an den sandigen Osthängen des Leithagebirges. Durch die neue Weingebietsverordnung wurde das Burgenland in zwei Bereiche unterteilt:

a) Rust-Neusiedler See im Norden mit bekannten Ausbruchweinen. In Österreich und Ungarn sagt man Ausbruch für Auslese;
b) Eisenberg mit Anbaugebieten um Oberwart, Güssing und Jennersdorf im Süden.

Rust erhielt schon in alter Zeit das Recht, seine hervorragenden Weine auf den Fässern mit »Markenbrand« zu kennzeichnen. Seit Jahrhunderten ist der burgenländische Wein als Spitzenerzeugnis bekannt, und der berühmte Ruster Ausbruch mißt sich erfolgreich mit edlen Tokajer- und Sauternes-Weinen. Leopold I. erhob 1681 Rust zur königlichen Freistadt. Für dieses Privileg mußten jährlich 500 Eimer Wein an den Hof geliefert werden.

4. Das steirische Weinbaugebiet

Der Ausblick auf das steirische Weinbauland ist besonders reizvoll. An steilen Südlagen befinden sich die Weingärten. Die Nordhänge sind mit Laubwald bepflanzt. Über dieser abwechslungsreichen Landschaft, die sich besonders im Herbst so reizvoll darbietet, erklingt das Geräusch der »Klapotez«, jenes Windrades, das die Vögel aus den Weingärten fernhält. Die mannigfaltigen, kleinen Parzellen des steirischen Gebietes werden in drei Anbaugebiete unterteilt; nämlich in

a) das südsteirische Rebgelände, das sich in das Grenzgebiet mit seiner Weinstraße und den Dausaler Bereich gliedert mit spritzig-blumigen Weißweinen;
b) das oststeirische Weinbaugebiet Klöch, auf dessen vulkanischen Böden hervorragende Traminerweine gedeihen;
c) das weststeirische Weinbaugebiet, in dem zwei Spezialitäten bereitet werden: um Stainz aus der blauen Wildbacherrebe ein hellroter, und um Deutschlandsberg ein rubinfarbiger, feinsäuerlicher, aromatischer Wein, der als Schilcher*) bezeichnet wird.

In allen österreichischen Weinbaugebieten sind zahlreiche Zeichen an Kirchen, Kapellen, Bildstöcken und Häusern zu finden, die den Beweis liefern, wie tief dort der Wein im täglichen Leben der Menschen verwurzelt

---

*) es scheint hier ein Zusammenhang mit gewissen jugoslawischen Weinen, wie den Terlaner Rotweinen und dem Zwitschek, zu bestehen

ist. Viele Volksbräuche befassen sich mit dem Wein. Man vermutet, daß schon vor den Römern in Niederösterreich Wein angebaut wurde. Durch die Völkerwanderung und den Einfall der Awaren wurden die Weingärten vielfach verwüstet. Erst unter Karl dem Großen begann man wieder Wein anzubauen. Bayrische Klöster besaßen im Donautal ausgedehnte Weinkulturen. Die Anbaufläche war damals um ein Mehrfaches größer als heute. Weingartenordnungen und »Trinksteuerpatente« geben Einblick in die rückläufigen Weinanbauverhältnisse seit der Reformationszeit bis ins 17. Jahrhundert.

Wie die meisten Länder mit Weinanbau erlitt Österreich einen schweren Rückschlag durch das Einschleppen der Reblaus aus den USA. Inzwischen haben moderne Anbau- und Verarbeitungsmethoden, Sortenreinheit und Technisierung der einzelnen Arbeitsvorgänge die Erzeugnisse aus Österreichs Weingärten zu einem Qualitätsbegriff gemacht.

Portugal

Guter Wein hat diesen Lohn,
daß man red't davon

Portugal ist ein bedeutendes Weinland. Auf etwa 330 000 ha wird eine durchschnittliche Weinernte von 13 Mill. hl erzielt. Zwei weltberühmte portugiesische Qualitäts-Dessertweine*), der Douro-Port und der Madeira, sind seit langem bekannt.

*) Unter Dessertwein versteht man einen Wein südländischer Herkunft. Zur Erzielung eines durch die Gärung des Saftes frischer Trauben allein nicht erreichbaren hohen Gehalts an Alkohol, bzw. Alkohol und Zucker, ist der Most besonderen, landesüblich unterschiedlichen Verfahren (Eindicken) unterworfen. In der Regel werden gewisse Zusätze (Alkohol, Trockenbeeren) verwendet. Dessertwein muß sich durch den diesen Getränken eigentümlichen Geschmack auszeichnen. Wie die Bezeichnung Dessertwein zum Ausdruck bringt, sollen diese Süß- oder Südweine vorzugsweise zum Dessert, der Süßspeise, gereicht werden. Zur Beurteilung der verschiedenen Dessertweine durch den Organoleptiker ist eine möglichst präzise Kenntnis des angewandten Herstellungsverfahren Voraussetzung. Aus dem Etikett ist das nicht zu ersehen. Es wird unterschieden zwischen dem natürlichen Dessertwein (vin doux naturel), wie wir ihn aus dem französischen Haut-Roussillion kennen, dem konzentrierten Dessertwein (Vergären von Most und Zusatz von Trockenbeeren) wie der ungarische Tokajer, dem gespritzten Dessertwein (Zugabe von Alkohol vor Beendigung der Gärung), wie der Douro-Portwein, und die Mistelle, wird durch Stummachen (Alkoholzugabe) noch nicht angegorenen Traubenmostes hergestellt

Portwein ist der schwere, gealterte Süßwein des Dourogebietes, der nach der strengen portugiesischen Gesetzgebung nur mit einem Ursprungszeugnis versehen über den Hafen von Porto exportiert werden darf. Das Anbaugebiet des Douro liegt im Nordosten Portugals, am Oberlauf des Douro. Es erstreckt sich von der spanisch-portugiesischen Grenze bis zu 90 Kilometer oberhalb der Weinhafenstadt Porto. Der Boden dieser durch die Flußtäler zerklüfteten, einzigartigen Weingegend besteht aus Schiefer, dessen Formationen sich an den Ufern manchmal bis zu 1000 m steil erheben. Das Anbaugebiet des Portweins bereitet daher der landwirtschaftlichen Nutzung größte Schwierigkeiten. Eine klimatische Besonderheit der Gegend stellen die außergewöhnlich hohen Temperaturen dar, die während des meist schwülen Sommers in Bodennähe bis auf 60° C ansteigen können. Das felsige, steil abfallende Gelände erschwert die Arbeit des Winzers ungemein. Die harten Schieferbrocken müssen zerkleinert werden, damit der Weinstock seine Wurzeln im Mutterboden ausbreiten kann. Um zu verhindern, daß der zerkleinerte Schiefer und mit ihm die Weinstöcke vom Regenwasser fortgeschwemmt werden, muß der Winzer Terrassen anlegen und Stützmauern entlang der Hänge errichten. Der Traubenertrag je Hektar ist im Dourogebiet viel niedriger als in anderen Weinbaugebieten mit leichteren Bodenbedingungen. Aus diesen Gründen ist der Portwein teurer als Weine anderer Anbaugebiete.
Vor über 200 Jahren erließ der Marquis de Pombal Herstellungsvorschriften und Gesetze, die den heutigen Bestimmungen noch zugrunde liegen. Die Lese beginnt spät, später als man annehmen möchte, Ende September/ Anfang Oktober. Um diese Zeit stellen die Weingüter Trupps (ranchos) von Landarbeitern und -arbeiterinnen aus benachbarten Gebieten ein, die unter fröhlichen Gesängen und Tänzen den mühsamen Weg vom Heimatort zum Weinberg zurücklegen. Der »Neue« wird in Gebinde mit Fassungsvermögen von 5 bis 50 Weinpipen (zu je 534 l) gefüllt und der strengen Winterkälte zur Klärung ausgesetzt. In den großen Bodegas (Keller zu ebener Erde, in Felsen getrieben) der Exporthäuser, wie Cockburn Smithes & Co., Ferreira, Koepke, Real Vinicola, Sandeman u.a. altert der Jungwein unter ständiger Kontrolle von erfahrenen Fachleuten. Diese Keller müssen sich am linken Flußufer, Oporto gegenüber, befinden. Vom Produktionsgebiet bis zu den Speichern in Gaia legt der Jungwein eine

etwa 100 Kilometer lange Strecke zurück, teils auf dem Wasser-, teils auf dem Landweg. Die Pipen (Fässer) wurden früher von Ochsenkarren auf die malerischen barcos rabelos (typische, kiellose Kähne mit Segelausrüstung für den Weintransport) verladen, die durch ihren besonderen Bau mit Hilfe erfahrener Lotsen die gefährlichen Stromschnellen und Riffe überwinden. Die in die Felsen gebrochenen Bodegas in Gaia sind düster; die Temperaturen schwanken nur unbedeutend. Portwein, der nicht mindestens zwei Jahre darin gelagert hat, darf nicht verkauft werden. Wein mit einer Lagerzeit bis zu zehn Jahren wird als »neuer«, einer mit mehr als zehnjähriger Lagerung als »alter« bezeichnet.
Bei der Klassifizierung der Portweine sind Farbe, Alkohol- und Zuckergehalt neben dem Geschmack ausschlaggebend. Der weiße Portwein wird aus hellen, der rote aus dunklen Beeren gewonnen. In der Praxis läßt sich häufig weißer von rotem Portwein kaum unterscheiden, denn mit zunehmendem Alter wird der weiße Portwein dunkler und der rote immer heller. Weißer Portwein wird branco genannt. Der Mindestalkohol beträgt 16,5 Vol.-%; ein höherer Prozentsatz läßt sich durch Hinzufügen von Weingeist erreichen. Die Exportqualitäten bewegen sich zwischen 19 und 20 Vol.-%.
Vor allem Engländer lieben den Vintage Port (Jahrgangs-Port), das sind besonders ausgesuchte Weine eines außergewöhnlich reifen Jahrgangs. Zur fachgerechten Bereitung braucht der Jungwein nur 2 bis 3 Jahre auf Faß zu lagern, ehe er in Flaschen abgezogen wird. Diese statt auf Holz in Glas gealterten Vintage Portweine haben einen anderen, noch schwereren Charakter, der in das feuchtkalte Klima Großbritanniens gut paßt.

Madeira

Nach der strengen portugiesischen Gesetzgebung dürfen als »Madeira« nur die auf der portugiesischen Insel Madeira nach althergebrachter Weise erzeugten, edlen Dessertweine über den Hafen Funchal zur Ausfuhr gelangen. Das Artmerkmal des Madeira ist, bei hohem Alkoholgehalt und rassigem Körper, eine meist vornehm-harmonische Säure.
Die Rebsorte, die zur Herstellung des Madeira im wesentlichen Verwendung findet, ist der Malvasier, der auf vulkanischen Verwitterungsboden in steilen Lagen und in einem warmen, durch die Seeluft gemäßigten Klima vorzüglich gedeiht.
Die besondere Art der Madeiraherstellung besteht darin, daß man die Maische frischer Weintrauben, meist mit den Kämmen, einer offenen Gärung

unterwirft. Am Ende dieses Prozesses wird das Gärgut in Wärmekammern, die auf 50 bis 60°C erhitzt werden, aufbewahrt.
Die abgelassenen, meist ziemlich ausgezehrten (d.h. durchgegorenen) und zum Teil noch erheblich zuckerhaltigen Jungweine erhalten dann einen Zusatz von Destillat. Sofern eine Aufsüßung erforderlich ist, erfolgt sie durch Zusatz von gespritztem Most und eingekochtem karamelisierten Most. Guter Madeira braucht etwa sechs Jahre, um seine Reife zu erreichen. Die von Kennern bevorzugte Sorte ist »Fine old dry Madeira«. Bernsteinfarben mit typischem Madeirabukett, trocken, gezehrt, voller Rasse, Feuer und Charme zeigt er sich im Glas und bildet bei entsprechender Gelegenheit, wie dem »süßen Durchgang«, einen besonderen Genuß. Sein Alkoholgehalt liegt bei etwa 19 Vol.-%.

Andere Weine Portugals

Im Norden, nordwestlich des Dourogebietes, in einer durch Gesetz abgegrenzten Gegend der Provinz Minho, gedeihen die Vinhos verdes (die grünen Weine). Der Boden besteht im Gegensatz zum benachbarten Dourogebiet aus Granit; das Klima entspricht dem Übergang vom Mittelmeerraum zur feuchten Zone Europas. Die Rebe wird an Stützbäumen hochgezogen. Die Weine besitzen nur einen geringen Alkoholgehalt und eine betonte Säure, die in südlichen Ländern selten ist. Angeblich sind die Trauben nicht ausgereift. Die Vinhos verdes sind spritzig und frisch, sie stehen unseren Moselweinen nahe. Der Export erfolgt in Flaschen, um dem besonders empfindlichen Weine die frischen, zarten Bukettstoffe zu erhalten, die auf einem Transport im Faß verlorengingen. Sie sind Weißweine aus den Sorten Alvarinho und Azal. Vinhos verdes aus Amarante und Basto, an den Ufern des Tâmegaflusses, sind sehr geschätzt.
Südlich des Dourogebietes, in einem parallel verlaufenden Tal einer Gebirgsgegend am Dao- und Mondegofluß gedeiht der Dao, ein Rotwein von ausgezeichneter Qualität. Die Rebe wird auf granitartigem Boden gezogen. Die dortigen Traubensorten sind Tourigo und Preto Mortágua.
Im Raum nordwestlich und nördlich der Hauptstadt Lissabon, nahe bei Sintra, wachsen die rubinfarbigen Colaresweine. Auf tonhaltigem Boden am Sacavem, einem Nebenfluß des Tajo, gedeihen die weißen Bucelas, die trocken und säuerlich sind.
Auf einer Halbinsel bei Lissabon werden die nach ihr benannten Moscatel de Setúbal bereitet. Die Rebe gedeiht an den Hängen des an Ton und Kalk-

stein reichen Arrabida-Gebirges. Der Süßwein hat Muskatellerbukett. Dem Zug der Zeit folgend, finden ansprechende liebliche Roséweine, insbesondere der Mateus Rosé, der in Bocksbeutelflaschen originalabgefüllt wird, stärkere Beachtung.

Rumänien

Beim Wein
geht die Zunge auf Stelzen

Die Zeiten, in denen rumänische Weine außerhalb des Landes kaum beachtet wurden, scheinen vorüber zu sein! Auf 300000 ha Anbaufläche, die bis zum Jahre 1980 auf 450000 ha erweitert werden sollen, werden 6 Mill. hl geerntet. Heute kennt man in Rumänien 41 einheimische Sorten. Das rumänische Klima ist dem Weinbau förderlich: An den Hängen der Karpaten sind die Niederschläge gering; in den Reifemonaten ist das Wetter im allgemeinen sehr sonnig und trocken. In Rumänien wird Weinbau auf Sand-, Kies-, Lehm- und Tonböden betrieben, aber es kommen auch Kreide-, Muschelkalk-, Löß- und Schieferböden vor. Fünf Gebiete sind zu unterscheiden:

1. Moldova (das Gebiet zwischen Karpaten und Pruth)

An der nördlichen Moldau liegen die bekannten Weinlagen von Cotnari, Uricani und Husi. In Cotnari wird ein natürlicher Süßwein aus der Rebsorte Grasa, die dem Furmint verwandt ist, gewonnen. Er besitzt ein charakteristisches Honigaroma. Diese Weine stehen den ungarischen Tokajer Ausbruchweinen nahe.
Solche Spitzenweine, im Ausland vielfach als »Perle de Moldavie« im Handel, haben neben ausdrucksvoller, kräftiger Blume, volle Süße und schönen, harmonischen Säuregehalt. Die Weißweine von Husi, meist aus Mädchentraube (Furmint), Riesling oder Aligoté gekeltert, sind herbe, ausgeglichene Tafelweine. Die Weinbauorte an der oberen Moldau: Panciu, Odobesti, Tifesti und Nicoresti wurden für ihre Weine bekannt. Die goldfarbigen Weine von Odobesti haben eine köstliche Blume und angenehm frischen Geschmack. In diesem Gebiet werden neben süffigen Roséweinen auch aromatische erstklassige Rotweine, besonders aus Mädchentraube und Merlot, hergestellt.

2. Dobrudscha

Das außergewöhnlich fruchtbare Gebiet zwischen dem Schwarzen Meer und dem Donaudelta ist als Weinbaugebiet jung; es ist auf Murfatlar konzentriert. Die bernsteinfarbigen, süßen Murfatlarweine aus Muskattrauben stehen den Weißweinen von Cotnari nicht nach. Hier stoßen wir ebenfalls auf die Rebsorten Pinot gris (Ruländer), Welschriesling, Muskat-Ottonel, Pinot noir, Sauvignon und Cabernet.

3. Muntenia (Große Walachei, Altrumänien)

An den Hängen der Südkarpaten (Dealul Mare) gedeihen auf 70 Kilometer Länge die besten Weine dieses Gebiets. Die Weinbauzentren sind Urlati, Ceptura, Valea Calugareasca (Mönchtal), Tohani u. a. Hier werden Weine von beachtlicher Qualität aus Mädchentraube, Riesling und Muskat-Ottonel erzeugt. Die in kleinerem Umfang angebauten Rotweinsorten meist französischer Herkunft wie Pinot noir und Cabernet sowie südosteuropäische Rebsorten wie Negru Vârtos erbringen Rotweine von feiner Qualität.

4. Oltenia (Kleine Walachei)

An den Hängen der rechten Seite des Oltflusses erstreckt sich ein terrassierter Weinbau in einer Länge von 60 Kilometern. Aus den Trauben bereitet man große Mengen hochwertiger Konsumweine. Nach 1945 wurden bedeutende staatliche Weingüter eingerichtet. Die Orte Samburesti und Segarcea sind mit Qualitätsweinen aus den Sorten Cabernet und Pinot noir hervorgetreten. In guten Jahren können sie roten Bordeauxweinen ähnlich sein. Von den Weißweinen wurden die wohlschmeckenden und lieblichen Weine von Dragasani im Ausland bekannt.

5. Transsilvanien

Wir befinden uns hier in einem von den Karpaten eingeschlossenen Hochland. Durch die in Siebenbürgen und im Banat angesiedelten deutschen Volksgruppen hat der Wein ein den Deutschen besonders zusagendes Gepräge. An den Südhängen der Berge findet der Weinbau günstige Klima- und Bodenbedingungen. Die Weine bringen schöne Säure mit, so daß sie der gewohnten Geschmacksrichtung entsprechen. Die Einfuhr der Sorten Kokeltaler Mädchentraube, Kokeltaler Riesling, Banater Riesling hatte in der Bundesrepublik einen beachtlichen Erfolg zu verzeichnen. Neben den bereits genannten Rebsorten wachsen in Transsilvanien auch Traminer und Kadarka (rot). Aus Blaj, am Zusammenfluß der beiden Kokelflüsse, stammen gute, frische, aromatische, blumige Tafelweine, die in Alkohol, Körper und Säure ausgeglichen und harmonisch sind. Das gesamte Gebiet, in dem Spät- und Auslesen vorkommen, ist bekannt für Qualitätswein. Desgleichen haben die milden Weine aus dem Raum von Tirnaveni, Alba-Julia und Medias einen guten Ruf.

Schweiz

Wann der best Wein ins faul Faß kam,
dann muß er ersauern

Auf 13000 ha werden 0,8 Mill. hl Wein erzeugt. In verschiedenen Gebieten der Schweiz gehört der Weinbau zu den wichtigsten landwirtschaftlichen Produktionszweigen. Insbesondere an den Seen und in einigen Flußtälern wurde die Rebe schon in alter Zeit angepflanzt. Der Weinstock gedeiht nicht nur vorzüglich an den Ufern des Genfer, Neuenburger, Bieler und Zürichsees, sondern auch in der trockenen Wärme des Walliser Gebirgstales oder in der südlichen Sonne des Tessin. Drei Viertel der Ernte, vornehmlich in der französischsprechenden Schweiz erbracht, besteht aus Weißwein.
Der Schweizer Weinbau verteilt sich auf drei Gebiete:

1. Die französischsprechende Schweiz mit ihren Weinbergen im Rhonetal und am Jurafuß;
2. die deutschsprechende Schweiz mit Rebbergen am Zürichsee und längs des Rheinlaufes;
3. die italienischsprechende Schweiz mit Tessin auf der Alpensüdseite.

In der französischsprechenden Schweiz wird hauptsächlich Gutedel oder »Chasselas« angebaut, die man in den meisten Ländern als Tafeltraube verwendet. Die Gutedel bringt in der Westschweiz, ähnlich wie im Badischen Weinbaugebiet, eine reiche Auswahl fruchtiger Weine; sie sind frisch und bekömmlich.
Im sonnigen Wallis wird der Wein aus der Gutedel »Fendant« genannt. Die

Sorte »Johannisberg« (im Wallis nicht Riesling genannt, sondern Sylvaner) besitzt dessen Blume in feiner, dezenter Form. Das Wallis produziert einen roten Qualitätswein, der Weltruf genießt: den Dôle. Er zeichnet sich durch einen Feuersteingeschmack aus und ist zugleich zart, samtig und fordernd. Der höchstgelegene Weinberg Europas ist der 1200 m hohe Visperterminen am Eingang des Tals von Zermatt.
Der Kanton Waadt hat nicht die Vielfalt der Rebsorten des Wallis aufzuweisen. Zwischen Lausanne und Genf liegt der Weinberg der »La Côte« an dem sanften Abhang zum See hin. Luins, Féchy, Vinzel, Mont-sur-Rolle, Morges, fast jedes Dorf wurde zum Begriff für leichte spritzige Weine. Östlich von Lausanne bis nach Vevey dehnt sich die Lage von »Lavaux« aus. Kleine Parzellen, von soliden Mauern unterstützt, bilden Tausende von Terrassen, die sich im Blau des Sees spiegeln. Dézaley-Weine haben einen vorzüglichen Ruf. Bekannt sind ferner Villette, Grandvaux, Cully, Riez, Epesses, Saint Saphorin und Chardonne. Daran anschließend, bevor die Rhone in den Genfer See fließt, liegt das Chablais mit den bekannten Weinorten Villeneuve, Yvorne, Aigle, Ollon und Bex. Dorin ist der waadtländische Name für die Rebsorte Gutedel, die dort am weitesten verbreitet ist. Als Besonderheit des Kantons Waadt ist der rasche Übergang vom Jurakalk der Côte zur Molasse des Plateaux Lavaux und schließlich zum Kalk der Voralpen bei Aigle-Yvorne zu nennen. Der charakteristische goût vaudois eines Dorin, Féchy, -Dézaley, -Aigle rührt von den besonderen klimatischen Verhältnissen her, an denen die reflektorische Wirkung des Sees erheblich beteiligt ist.
Salvagnin ist der neugebildete Sammelname für Pinot- oder Gamay-Rotweine waadtländischer Herkunft, die sich einer Ernten-Mengenkontrolle und einer Degustation durch 5 Experten unterworfen haben. Die Confrérie du Guillon, die gelegentlich im Château de Chillon tagt, hat sich ursprünglich im Schloß von Glérolles aus dem Jahre 1160 konstituiert.
Zu den Merkmalen der Weißweine von St.-Saphorin, Aigle-Yvorne, Villeneuve (nach Ansicht Napoleons harntreibend) gehören die große Frische und der zarte, feine Duft. Die Weine aus dem Alpenvorland besitzen zudem noch einen bitteren Nachgeschmack von Feuerstein. Die Chasselas-Rebe gelangte aus dem Mittleren Orient ins Waadtland. Im Mittelalter waren es französische Mönche, die Anbaumethoden aus dem Burgundischen einführten und die entsprechenden Anleitungen dazu gaben. Seit dem Jahre 1960 ist eine bemerkenswerte Qualitätssteigerung festzustellen.

Die »Route des Vignobles«, die Waadtländer Weinstraße, führt den sanften Hügeln der Côte von Nyon entlang bis nach Aubonne. Von Lausanne kann man ähnlich wie von Stuttgart als der Weinstadt sprechen, bei der das Rebgelände bis in das Innere hineinragt. Das Waadtland erntet 28 Mill. Liter Wein, immerhin ein Drittel des Schweizer Ertrages.
In der deutschsprechenden Schweiz werden neben Müller-Thurgau hauptsächlich leichte Rotweine erzeugt. Die Weine von Hallau, vom Zürichsee und der »Bündener Herrschaft« werden insbesondere von den Zürichern geschätzt. Für die Seeweine sind bekannte Orte, wie Schipfgut bei Herrliberg, Sternenhalde und Lattenberg bei Stäfa zu nennen.
Der Neuenburger wurde berühmt, weil er »den Stern im Glas macht« *). Er gedeiht wie die Reben in der Champagne auf Kalkboden. Der Wein wird sehr jung auf die Flasche gefüllt und behält auf diese Weise seine natürliche Kohlensäure. Darauf beruht das Geheimnis seiner Jugend. Schon vor langer Zeit drang sein Ruf über die Landesgrenze hinaus. Im Weingelände des Tessin mit den Städten Locarno und Lugano werden fast ausschließlich rote Weine angebaut, die südlichen Charakter aufweisen: warm und markig.

Sowjetunion

Was der Mann kann,
zeigt der Wein an

Innerhalb der Sowjetunion wird in der Ukraine, in der Moldau, auf der Krim, in Georgien, in Armenien, in Aserbeidschan, in Dagestan und in Turkestan Wein angebaut. Die Anbaufläche hat sich in den letzten fünfzig Jahren etwa vervierfacht; sie soll bei mehr als 1 Mill. ha liegen. Danach muß sich die Erzeugung auch entsprechend vermehrt haben. Vor dem Ersten Weltkrieg lag sie jedenfalls noch bei 15 Mill. hl.
Grundsätzlich wird in der Sowjetunion zwischen Betrieben primärer und sekundärer Herstellung unterschieden. Erstere befassen sich mit dem Anbau der Trauben und ihrer Verarbeitung bis zum zweiten Abstich. Sie liefern die Grundweine an die Betriebe der sekundären Herstellung zur weiteren Verarbeitung. Beide Betriebsarten sind mit modernen Kellereimaschi-

---

*) ein Stern wird am Boden des Glases erkennbar

nen ausgerüstet. Es bestehen insgesamt 145 Weinfabriken*) der zweiten Herstellung. Die Kellerwirtschaft spezialisiert sich mehr und mehr auf die Herstellung von Typenweinen und Schaumwein. Der Schaumweinverbrauch konnte seit dem Ersten Weltkrieg von 0,17 Millionen auf 100 Millionen Flaschen gesteigert werden.
Im Jahre 1961 wurde auf dem XXII. Parteitag der KPdSU unter Chruschtschow auf die Ausbreitung des Weinbaus und seiner Zulieferfirmen hingewiesen. Aus gesundheitlichen Gründen sollte der gewohnte Konsum von alkoholischen Getränken, wie z. B. Wodka**), eingeschränkt und dafür die Bevölkerung zum Weingenuß erzogen werden.
Im europäischen Teil der Sowjetunion werden westeuropäische Rebsorten wie Riesling, Sylvaner, Muskateller, Sémillion, Aligoté und Cabernet angepflanzt. Daneben findet man Bondechourie, Gerouli und Saperavi. Unter Typenbezeichnungen, wie z. B. Kachetinskoje, Moukouzani, Napareuli, Mzbane, Nuchljakowski, Rkaziteli, Sibirkowi und Zinandali kommen die Weine auf den Markt. Georgien hat sowohl trockene weiße als auch rote Weine von 10,5 bis 12,5 Vol.-%. Aus der Armenischen SSR kommen der weiße, trockene Etschimadsin von 15 bis 17 Vol.-% Alkohol und der rote Areni mit 11 und 12 Vol.-% Alkohol; ebenso weißer und roter Muskateller sowie neunzehngradiger Aigeschat. In der Ukraine findet man trockene Weiß- und Rotweine, die oft nach den Traubensorten benannt werden. Im Dongebiet und auf der Halbinsel Krim sowie in Georgien bei Tiflis wird »Champanskoje« im Champagnerverfahren hergestellt. Tankgärschaumwein wird als »Sowjetskoje-Igristoje« bezeichnet. Guten Weinbrand bereitet man in der armenischen Hauptstadt Eriwan. Odessa ist der Sitz des Weintrusts, d. h. der sowjetrussischen Dachorganisation der Weinwirtschaft, die als oberstes Organ für alle Produktionsbetriebe einer bestimmten Region 98 Betriebe der ersten und 15 der zweiten Hand betreut. Die Überführung der Weine erfolgt in Zisternen. Für die Traubenbeförderung in den flachen Weidenkörben ist man auf Panjewagen angewiesen. Der Trust nimmt auch die Prämiierung einzelner Erzeugnisse aus den ihm unterstellten Betrieben vor.

*) In den traditionellen Anbaugebieten vermeidet man den Ausdruck »Weinfabrik«, weil Wein ein individuell verarbeitetes Getränk ist. Daneben gibt es Länder wie z. B. Sizilien, die Wert auf diese Bezeichnung legen

**) Das »Wässerchen« Wodka ist zweimal gebrannter, über Kohle filtrierter Sprit aus Weizenkorn. Wodka ist ganz neutral und wird auf eine Trinkstärke von 40 Vol.-% herabgesetzt

Die Behandlung der Weine geschieht nach modernsten Erkenntnissen. Sie werden auf Eiweiß stabilisiert, mit Hausenblase*) gerundet sowie mit 4 mg Eisen und gelbem Blutlaugesalz geschönt. Für die Eiweißstabilisierung verwendet man Bentonit aus der Ukraine. Das Regulieren der Hefeaktivität in den Weinen erfolgt durch Thermik. Technologen, Apparateführer und Mikrobiologen beobachten die Gärführung. Tiefkühlung und Warmabfüllung sind bekannt. Die Flaschen werden halbautomatisch mit Polyäthylen oder Naturkorken verschlossen.
Aus der Literatur wurden zwei bedeutende Staatsgüter, »Chabow« und »Alexandrowsk« bei Odessa, und die Weinfabrik »Massandra«, die größte in Jalta auf der Krim bekannt. Die einmalig schöne Landschaft dort ist mit der französischen Riviera zu vergleichen. Chabow, eine ursprünglich von Österreichern, Deutschen, Schweizern und Franzosen gegründete Kolonie, ist ein altbekannter Traubenkurort. Weiße Chabow-Weine wurden vor dem Ersten Weltkrieg als Spezialität nach Europa exportiert. Vor allem wird in diesem Gebiet Riesling angebaut. In der Sowjetunion, insbesondere im Norden, werden aus klimatischen Gründen süße Weine bevorzugt.
Die Rebzeilenbreite des Steppengebietes liegt in Neuanlagen bei 2,50 m. Dadurch ergeben sich Anbauflächen großen Ausmaßes, die durch Einsatz von Hubschraubern mit Erfolg bearbeitet werden. Auch Züchtungen neuer Rebsorten, die angeblich in 89 Vegetationstagen reifen, sind in der Sowjetunion zu verzeichnen.

Spanien

Trinke den Wein nie anders,
als aus den Händen der Schönen

Dem Mostertrag zufolge ist Spanien das drittgrößte Weinbaugebiet Europas und das viertgrößte der Welt. In Spanien werden 25 Mill. hl auf 1,6 Mill. ha Anbaufläche geerntet.

---

*) ein altbekanntes und bewährtes Schönungsmittel zur Bindung der Trubstoffe im Wein. Der Hausen ist die größte bis 9 m lange Störart im Schwarzen und im Kaspischen Meer. Die große wirtschaftliche Bedeutung des Hausen besteht in der Kaviargewinnung und der Verwertung der Schwimmblase des Fisches, aus dessen innerer Schicht Leim und Gallert hergestellt werden

Im Jahre 711, in der Schlacht bei Jerez de la Frontera, unterlag das Westgotenreich den vordringenden Arabern. Die Stadt mit über 100000 Einwohnern liegt in der Provinz Cadiz, im südwestlichen Zipfel Spaniens. Von dort kommen Weine, die unter dem Namen Jerez, Xeres oder Sherry weltweit bekannt wurden.
Die klassische Produktionszone befindet sich in dem Dreieck zwischen den Orten Jerez de la Frontera, Sanlucar de Barrameda und Puerto de Santa Maria. Dort werden nur weiße Weine gezogen. Dieses Gebiet wird wegen des hohen Kalkgehaltes des Bodens »weiße Erde« genannt. Die Feuchtigkeit des Winters wird aufgesogen. In der sommerlichen Sonnenglut dagegen erhärtet der Boden, jedoch die Wurzeln der Weinstöcke gelangen in die Tiefe bis an die vorhandenen Wasserreserven. Diese Besonderheit des Bodens hat den Weltruf der Sherryweine begründet. Neben dem Kalkboden, die Einheimischen sagen »albarizas«, gibt es Lehm- und Sandböden, die man dort als »barros« und »arenas« bezeichnet. Das Jerezgebiet hat auf 10 qkm etwa 45 Millionen Weinstöcke, die zum größten Teil auf Kalkböden stehen.
Eine andere Voraussetzung für das Gedeihen des Weinstocks in diesem trockenen Gebiet ist die durch die Nähe des Atlantischen Ozeans bedingte hohe Luftfeuchtigkeit. Auf 80 % des Bodens wächst die Rebsorte Palomino, auf 15 % die Pedro Ximenez. Die Weinlese beginnt in der ersten Septemberhälfte mit einer Messe in der Colegiata, der größten Kirche von Jerez, der ein Festakt vorangeht.
Das Lesegut kommt in 11 kg fassenden Körben aus Olivenruten auf Maultieren zum Stapelplatz. Der Inhalt der Körbe wird auf Matten aus Halfagras geschüttet. Die Trauben zu Pyramiden gehäuft, läßt man tagsüber in der Herbstsonne »kochen«. Sie kommen infolgedessen in vollreifem Zustand in große Bottiche, wo »Pisadores« (Austreter) sie zerstampfen. Der scharfe Rand ihrer Nagelschuhe zerschneidet die Beeren. Dann gelangt die Traubenmaische unter die Presse. Wie in den meisten südländischen Ländern verläuft die Gärung stürmisch.
Der Lagerraum des Weins ist die Bodega zu ebener Erde. Der Fußboden besteht aus festgestampftem Lehm, und mächtige Bögen verbinden die hohen Tragepfeiler. Die Räume sind so angelegt, daß die vom Meer heranwehende frische Seeluft frei hindurchstreichen kann. Die Temperatur in den Bodegas beträgt zwischen 15 und 20 Grad Celsius, sie liegt damit höher als in unseren Kellern.

Der Alkoholgehalt der Weine von Jerez bewegt sich zwischen 14 und 15-Vol.-%. Exportqualitäten werden mit Weingeist aufgespritet. Die Sherryweine lagern zunächst für drei Jahre auf Faß. Danach erfolgt die Einstufung durch die Fachleute in zwei Gruppen:

1. *Finos (Feine)* – sie sind sehr trocken, haben herben Geschmack und blasse, helle Farbtönung, die der Fachmann »topasfarben« nennt. Man bezeichnet sie als
   a) *Finos,* wenn sie gezehrt, ganz hell und strohfarbig sind;
   b) *Amontillados,* wenn sie bernsteinfarbig und vollmundig sind;
   c) *Manzanillas,* wenn die Weine aus Sanlucar de Barrameda, das in Meeresnähe liegt, stammen. Sie sind etwas alkoholärmer als die anderen.
2. *Olorosos (Wohlriechende)* – sie sind im Vergleich mit den Finos dicker, dunkler und weniger trocken. Im Alkohol sind sie höher. Man bezeichnet sie als
   a) *Oloroso,* wenn sie geruchskräftig sind;
   b) *Palos cortados,* wenn sie einen zwischen Oloroso und Amontillado liegenden Typ darstellen;
   c) *Rayas,* wenn sie sehr dunkel und süß sind.

Darüber hinaus gibt es die reinen Südweine mit Sherryton, die Dulces. Bei ihnen ist zu unterscheiden zwischen

1. *Pedro Ximenez,* dickflüssig, sehr dunkel, und
2. *Moscatel* mit deutlichem Muskat- und Rosinengeschmack.

In vielen Bodegas gibt es umfangreiche Bestände an Brandy, einem spanischen Branntwein aus Wein, der mild, aromatisch und voll ist.

Bei der Bereitung von Sherry sind zwei grundverschiedene Alterungssysteme zu nennen. Bei dem einen, Añada genannt, wird der Faßwein sich selbst überlassen, er altert demnach ohne Eingriff. Das ist die einfachste und zugleich natürlichste Methode. Jedoch eignet sich dafür nur ein Teil der Weine. Die andere Methode, Solera, ist schwieriger. Von den Fässern, die gesattelt in der Bodega lagern, befinden sich in der untersten Reihe, am Boden, die mit dem ältesten, füllfertigem Jahrgang, während die oberste Reihe des Stapels den jüngeren Wein enthält. Bei diesem Verfahren darf den 500 Liter fassenden Fässern während eines Jahres nicht mehr als bis zur Hälfte, und das auch nur in Abständen, entnommen werden. Der abgezo-

gene Wein wird wieder durch Wein der nächsthöheren Reihe, d.h. durch jüngeren Wein ersetzt. Die Fässer liegen stets hohl, sie sind niemals spundvoll gefüllt so wie bei uns.
Alle Finos werden nach dem Solerasystem bereitet. Die Alterung der Olorosos kann sowohl nach dem einen als auch nach dem anderen System erfolgt sein. Die Soleras bieten den Vorteil, gleichbleibende Typen zu erzielen, wie sie z.B. im Export verlangt werden.
Wenn wir den Wein in der Bodega am Faß verkosten, so bedient sich der Kellermeister dabei der »Venencia«, das ist ein Heber, an dessen Ende ein Schöpfbecher aus Metall, Holz oder Rohr befestigt ist. Sie wird durch das Spundloch rasch in das Faß eingeführt, gefüllt und herausgezogen. Mit großem Schwung werden dann die Sherrygläser, die sogenannten »catavinos« (gestielte Gläser mit Becher in Tulpenform), halbvoll gegossen.
Bei einem Bodega-Rundgang kann man die besondere Behandlung von Sherry-Weinen beobachten: Der Verschluß der Fässer, der Spund, sitzt leicht auf und wird nicht mit dem Hammer eingeschlagen wie hierzulande. Man hält dadurch bewußt den hohlliegenden Wein unter Luftzutritt, um die Entwicklung des Hefepilzes auf diese Weine zu fördern. In den Fässern erkennen wir eine dicke, weißliche Schicht auf der Oberfläche des Weins. Diese durch Oxydation entstandene Deckenvegetation gehört zu den Voraussetzungen der Sherry-Weine.
Die spanische Überwachungsbehörde »Consejo Regulador de la Denominación de Origen Jerez-Xeres-Sherry« prüft laufend die Erzeugnisse.
Sherry wird in der ganzen Welt getrunken. Besonders in England und in den nordischen Ländern ist er sehr verbreitet. In Deutschland und Frankreich sind die trockenen Sorten beliebt. Oliven passen zum Wein von Jerez, der mit Recht der Stolz Spaniens ist. Die besten Sorten für Tafelweine gedeihen am oberen Ebrolauf. Sie werden als »Rioja« bezeichnet.
Dieses bedeutende Weinbaugebiet liegt in Nordwestspanien. Angrenzende Provinzen sind Burgos im Westen und Saragossa im Osten sowie Navarra im Norden und Soria im Süden. Der Weinbau breitet sich in der Ebro-Ebene bis zu 10 Kilometer nördlich und bis zu 39 Kilometer südlich des Flußlaufs in einer Länge von etwa 100 Kilometer aus. Hauptort und Handelsplatz ist am Oberlauf des Ebro Haro, am Mittellauf folgt Logroño und am Unterlauf Alfaro. Das Gebiet ist fruchtbar: wasserreich, schattig und grün. Man trifft dort sowohl rote als auch weiße Weine an; gelegentlich werden auch Roséweine bereitet. Sie sind alle alkoholreich (bis 15 Vol.-%

Alkohol) und würzig. Unter den roten Weinen gibt es die mit dem runden, milden Charakter des Burgunders und andere, die die feine Art, den Körper und Gerbstoff guter Bordeauxweine besitzen. Ähnlich liegt die Zweiteilung beim weißen Rioja; hier stoßen wir auf den vollsüßen Typ, der mit den Sauternes-Weinen von Bordeaux zu vergleichen ist, und auch auf Weine von trockener Art, die an Chablis und Meursault erinnern.

Gute Riojaweine aus den Handelszentren von Haro und Logroño sind auch in der Bundesrepublik zunehmend zu beziehen. Auf dem Flaschenschild tragen sie das viereckige Schutzzeichen des Consejo Regulador (Überwachungsausschuß) und quer eingedruckt die Herkunftsbezeichnung Rioja. Jahrgangsangaben erfolgen durch Kennzeichnung zwei-, vierjährig usw. Zum Teil kommen die Riojaweine unter Markenweinbezeichnungen und Phantasienamen, wie z. B. »Vina Pomal«, »Diamante«, »Corona«, »Cepa de oro«, »Viña sole«, »Viña real« u. a. auf den Markt. Als besondere Spezialität Spaniens sind die Alella-Weine anzusprechen, die nach den Tälern in der Nähe von Barcelona genannt sind, aus denen sie stammen. Da diese Weine guten Rheinweinen in ihrer Geschmacksrichtung nahestehen, sind sie vielfach mit einer Halsschleife »Estilo Rhin« ausgestattet.

Des weiteren sind die Panades- und Priorato-Weine (aus Katalonien), die Mancha- und die Alicante-Weine erwähnenswert. An den sonnendurchglühten Hängen von Cordoba gedeiht der Moriles, ein Weißwein mit Sherry-Charakter, der fünfzehngradig ist.

Spaniens volkstümlichster Wein ist der Valdepeñas, der in Valdepeñas, Manzanares, Alcazar de San Juan, Tomelloso und Socuellamos angebaut wird. Aus Galizien in der Provinz Orense kommt der Ribeiro, ferner die Weine Salvatierra, Betanzos, Cacabelos und Bienzo.

Tschechoslowakei

Ein neuer Freund
ist ein neuer Wein

Von den Ländern der ehemaligen Monarchie Österreich-Ungarn hatte die Tschechoslowakei den kleinsten Anteil an der Weinproduktion. Heute werden dort 900000 hl erzeugt.

Aus Silvaner und Traminer werden in Böhmen, nördlich von Prag, in den Orten Melnic, Rudnice und Litomerice weiße Tafelweine, bekannt als Loumilla, gewonnen. Rotwein stammt aus den Rebsorten Blauer Burgunder, Portugieser und Sankt Laurent.
In der Moravia, nahe der österreichischen Grenze, kommt auch geringfügig Weißwein aus den Sorten Rhein- und Welschriesling vor.
In der Region der Slowakei, unweit der ungarischen Grenze im Norden von Tokaj, wird der meiste Wein des Landes produziert. In dem Rebgelände von Mala Trna und Nové Mestro wird Tokajer bereitet, während in der Nähe von Bratislava (Preßburg), insbesondere im Raum von Grünava, Konsumweine aus Veltliner, Riesling und Silvaner anzutreffen sind. Das Nationalgetränk der Tschechen ist Bier; infolgedessen liegt der Pro-Kopf-Verbrauch von Wein im Jahr nur bei 10 Litern. Die tschechischen Weine sind fruchtig und leicht, d. h. ihr Gehalt an Alkohol ist gering; ihre Qualität hat sich erheblich verbessert, nachdem die Qualitätskontrolle eingeführt wurde.

Ungarn

Wo der beste Wein wächst,
trinkt man den schlechtesten

Ungarns Rebanbaufläche ist etwa dreimal so groß wie diejenige Deutschlands. Das Ernteergebnis liegt bei 5 Mill. hl. Unter den Weingegenden der ganzen Welt nimmt Tokaj einen besonderen Platz ein, denn die dort gewonnenen edlen Dessertweine erreichen ihre Süße auf natürlichem Weg: durch Einschrumpfen der Trockenbeeren am Stock. Die Tokajer werden in eine besonders langhalsige 0,5 l fassende Flasche gefüllt. Auf Grund ihres Phosphatgehaltes schreibt man ihnen seit alters her Heilwirkung zu. Noch heute ist der Tokajer der einzige Wein, der in nennenswertem Umfang in Apotheken geführt wird.
Im nordöstlichen Ungarn, am Rande der ungarischen Tiefebene, bilden die Hänge der Tokajer Berge im südlichen Teil der Hegyalja (das bedeutet Bergabhang) den Mittelpunkt des berühmten Weinbaugebietes. Schon immer wurde dieser Bezirk durch strenge Weingesetze geschützt, die verhinderten, anderwärts gewachsene Weine in dieses Qualitätsgebiet einzufüh-

ren (und als Tokajer zu verkaufen). Für die einzigartige Beschaffenheit der Weine dieses kleinen Fleckchens sind auch hier folgende Faktoren entscheidend:
Die geologische Zusammensetzung des Bodens, die klimatischen Verhältnisse und die besondere Art der Traubengattungen wie z. B. die Furmint, die Mehlweißer oder lindenblättrige Traube und die gelben Muskateller. Innerhalb der Flußbiegung des Bodrogs zwischen Tokaj und Sáros-Patak liegt das Gebiet der weltberühmten Tokajerweine.
Die »Herbstung« (Lese) zieht sich in sonnenbegünstigten Jahren bis in den Dezember hinein. Die zuckerreichen Trockenbeeren werden mit der Hand »ausgebrochen«, in Holzbottichen bzw. Butten gesammelt und danach in gemaischtem Zustand feinen Mosten zugegeben. Die Tokajer lagern in kleinen, nur 136 Liter fassenden Gebinden, Gönczer Faß oder Kufe genannt. Sehr edle Sorten stammen aus den Gebieten der Orte Mád, Tálya, Tarczal, Tolesva, Olaszliszka und Erdö Bénye.
Bei den Weinen aus Tokaj sind zu unterscheiden:

1. Tischwein (ohne Süße), aus den ihrer Trockenbeeren beraubten Weintrauben;

2. Szamorodner*), aus Trauben ohne Auslese der Trockenbeeren, ein gezehrter, wenig süßer, aromatischer, kräftiger, feuriger Wein, der in sehr günstigen Jahren an einen zweibuttigen**) Ausbruch heranreichen kann;

3. Mászláser, gezehrter Wein, ein-, zwei- oder dreibuttig, aus Trauben mit Zusatz von Trockenbeeren, von süßer, feiner und milder Art;

4. Ausbruch (ungarisch aszu) oder Muskateller, mit Zusatz von fünf oder mehr Butten sogenannten Ausbruchteigs der aufgerissenen Trockenbeeren auf ein Faß von 10 Butten Wein. Einzigartiges Bukett und hohe Fruchtsäure sind in diesem edlen Dessertwein in vollkommenster Harmonie vereint.

Der Alkoholgehalt der Tokajerweine beträgt 13 Vol.-%. Für Deutschland

*) verdeutscht: »so wie gewachsen«

**) die Butte von Tokajhegyalija faßt 28 Liter

liegt der Alleinvertrieb von Tokajer bei der Firma Racke in Bingen. Der bekannteste der ungarischen Rotweine von angenehmer, milder Herbheit, glatt und samtweich, ist der Egri Bikavér (Erlauer Stierblut). Dieser feurige Wein gedeiht im Umkreis der alten Barockstadt Eger (Erlau) an den malerischen, sonnigen Hängen des Bükk-Gebirges. Die Zusammensetzung des Bodens, die windgeschützte Lage der Rebgärten und der niederschlagreiche Herbst sind Voraussetzungen für dessen hochgeschätzte Qualität.
Der Burghügel von Eger erinnert an die Tapferkeit der heute noch berühmten und wie es heißt auch anmutigen Frauen von Eger und nicht zuletzt auch an das Feuer der Erlauer Weine. Die unverzagten Frauen und Mädchen von Eger waren es, die im Jahre 1552, in einem entscheidenden Augenblick des schier aussichtslosen Kampfes gegen die erdrückende Übermacht der türkischen Heerscharen Ali Paschas »die Recken von Eger mit Speise und Trank stärkten und ihren Kampfgeist mit mächtigen Humpen Weins neubelebten«. Wenn man durch das Fistertor hindurch in die unterirdischen Kasematten gelangt, die sich unter der Festung hinziehen, kann man noch die kleinen und großen Fässer bewundern, in denen zu damaliger Zeit das anfeuernde Erlauer Stierblut aufgehoben wurde.
Bekannt sind ferner die körperreichen Weißweine von den sonnigen Südhängen des »Ungarischen Meeres«, des Plattensees (ungarisch: Balaton), die an manche Rheinweine erinnern. Es handelt sich dabei um die Weingegend von Badacsony mit einem erloschenen Vulkan, in der insbesondere der Badacsonyi Szürkebarát (verdeutscht: der graue Mönch) und der Badacsonyi Kéknyelü aus Blaustenglertrauben zu finden ist. Für leichtere Weine, Weißburgunder- und Schillerweine (hellrot) ist das Komitat von Ödenburg bekannt. Im Raum von Fünfkirchen (ungarisch: Villany-Pécz) herrschen die Traubensorten Furmint und Kadarka vor, nach denen auch die Weine benannt sind.
Eine der ältesten Weingegenden ist Mór; ihre beliebteste Traubensorte heißt Ezerjó. Ein süßlich herber Wein von hellgrüner Farbe, voller Aroma und Frische gelangt als Morer Tausendgut (Móri Ezerjó) in den Handel. Weniger bekannt in der Bundesrepublik ist der Debröer Lindenblättrige (Debröi Hárslevelü), ein schwerer, süßer Spitzenwein mit Sortenbukett. Die ungarische Weinausfuhr wird durch die Export Monimpex in Budapest betrieben. Es werden 60 % Weißwein, 15 % Roséwein und 25 % Rotwein geerntet.

Die sechzehn außereuropäischen weinbautreibenden Länder

Ägypten

Du hast einen Weinstock aus Ägypten geholt

Die pharaonischen Grabmalereien bezeugen, daß die ägyptische Weinkultur uralt ist. Doch mit dem Auftauchen der Araber ging das Interesse an der Weinerzeugung zurück. Erst zu Beginn dieses Jahrhunderts wurde mit der Neuanpflanzung wieder begonnen; heute, nach dreißigjährigem Bemühen, können Fachleute bestätigen, daß Ägyptens Weine den früheren Qualitätsstand erreichten. Die Weinerzeugung wird mit 50000 hl beziffert. Im Altertum war das Gebiet um Mariaout im Osten des Nildelta berühmt; Cleopatra kredenzte Cäsar Wein aus dieser Gegend. Wir unterscheiden heute zwei Typen: Clos Mariaout (weiß) und Clos Matanur (rot). Wie in allen islamischen Ländern trinken auch die Bewohner Ägyptens wenig Wein, so daß zwei Drittel der Produktion exportiert werden.

Algerien

Alle Dinge, darinnen Blut ist sind verboten zu trinken

Seit der Abwanderung der Franzosen aus Algerien sind die Erträge im Weinbau dort rückläufig. Auf einer Anbaufläche von 360000 ha werden heute nur noch 6 Mill. hl geerntet, d. i. etwa ein Drittel des Ertrages von vor zehn Jahren. Der Nordafrikaner bevorzugt warme Getränke, vorzugsweise grünen Tee, da der Koran dem Moslem vom Weingenuß abrät. Demzufolge war auch der binnenländischen Werbung für alkoholfreie Traubensäfte kein Erfolg beschieden.

Der algerische Weinbau dient dem Export und wird auf einem Küstenstreifen von 1200 Kilometer Länge sowohl in der Ebene als auf den Hügeln bis 100 Kilometer ins Land hinein betrieben. Die Rebe ist schon seit alters her in Algerien bekannt. Ihr Anbau, zuerst von den Römern gefördert, wurde erst seit der französischen Kolonisation systematisch vorgenommen. Die Voraussetzungen dafür sind in bezug auf Menge und Güte in Algerien sehr günstig. Wesentliche Traubensorten sind: Carignan, Cinsault und Alicante-Bouschet. Über die Qualität der Küstenweine von Zaccar, der Hügelweine von Medea, der Haut Dahra und der von Mascara, die als VDQS (vins délimités de qualité supérieure) gelten, ist zu wenig nach Europa gedrungen. Der Weinhandel hat seinen Sitz in den algerischen Hafenplätzen und verfügt über ansehnliche Lagerhäuser und modern eingerichtete Kellereien. Die ausgebauten Weine schlaucht man zum Export auf Tankschiffe. Der algerische Weinbau verteilt sich auf die Gebiete der Departements von Oran und Algier. Insbesondere bei Tlemcen, Sidi bel Abbes, Mascara und Mostaganem werden große Mengen elf- bis vierzehngradiger Weine produziert. An der Küste und in den Ebenen gedeihen die leichteren, auf den Hügeln und Bergen die besseren Sorten. Hauptzentren des Algiergebietes sind Milliana mit den Côtes de Zaccar, Medea, Ain Bessem sowie der fruchtbare Küstenstreifen der Mitidja bei Cherchel und Courbet im Sahel. Auch bei Skikda (Philippeville) und Annaba (Bône) wird Wein angebaut.

Argentinien

Trinken,
ein Bedürfnis des Geistes

Auf einer Fläche von 260000 ha werden in Argentinien 7,5 Mill. hl Tafelwein (rot, weiß und rosé) erzeugt. Der Pro-Kopf-Verbrauch im Jahr liegt bei 75 Liter. Die Anbaugebiete befinden sich in den Bundesstaaten Mendoza und San Juan am Rande der Anden, nahe der chilenischen Grenze.

Australien

Der Wein
macht die Alten beritten

Die australische Traubenernte fällt zwischen Februar und April und beläuft sich für eine Rebfläche von 56000 ha auf 1,5 Mill. hl. Die hauptsächlichen Sorten sind Muskat, Grenache, Doradillo, Jaen, Sulbana, Shiraz, Pedro Jimenez, Sémillon und Palomino. Rheinriesling und Tokaj werden nur begrenzt angebaut.

Neben Typendessertweinen, die an Sherry erinnern, bestehen die Erzeugnisse vorwiegend aus weißen und roten Tafelweinen sowie aromatisierten Weinen und aus Schaumwein. Neuerdings wird auch Perlwein bevorzugt. Die meisten australischen Kellereien stellen eine Serie unterschiedlicher Typenweine her, die vor allem nach Großbritannien ausgeführt werden.

Brasilien

Nichts richtet die Kräfte so auf
wie der Wein

Brasiliens Weine, die im südlichsten Bundesstaat Rio Grande do Sul gedeihen, wurden bislang in Europa kaum bekannt. Auf einer Rebfläche von mehr als 70000 ha werden nahezu 2 Mill. hl Tafelweine geerntet. Sie wachsen vom Äquator entfernt, in gemäßigtem Klima, ohne sich jedoch durch besondere Erlesenheit auszuzeichnen.

Chile

Vor nachts
wirkt es besonders gut

Chile erstreckt sich von Norden nach Süden in einer Länge von 4200 Kilometer. Daraus ergeben sich innerhalb des Staatsgebietes ungewöhnlich große klimatische Gegensätze: im Süden eine polare, im Norden eine tropische Welt. Der Weinbau, einer der fortschrittlichsten Südamerikas, stammt aus der Frühzeit spanischer Eroberung. Wahrscheinlich gelangte der Weinstock über Peru nach Chile und von hier aus nach Argentinien. Neben dem Getreide nimmt der Wein den zweiten Platz in der landwirtschaftlichen Erzeugung des Landes ein. Auf einer Rebfläche von 113 500 ha werden nahezu 5 Mill. hl geerntet. Chilenische Weine kann man als die besten Südamerikas bezeichnen. Seit Ende der zwanziger Jahre exportiert Chile Wein, und zwar insbesondere nach den USA, Argentinien, Skandinavien, Holland, Belgien und in die Bundesrepublik. Der einheimische Weinverbrauch wird wird mit 50 Liter jährlich pro Kopf der Bevölkerung beziffert.
Die Grundlage des Anbaus bilden spanische und französische Rebsorten, wie z. B. Cabernet, Merlot und Pinot für Rotweine sowie Sémillion, Sauvi-

gnon, Muskateller, Trebbiano, Riesling und Traminer für Weißweine. Sechzig Prozent der Ernte entfallen auf Rotwein. Die Rotweine sind kräftig, harmonisch und mit Bordeaux oder Burgunder vergleichbar; die Weißweine sind trocken. Die Tafelweine füllt man verhältnismäßig jung auf die Flasche. Beste Weine treffen wir im Zentralgebiet an: in der Provinz Aroncagua im Norden bis in die Gegend von Talca, allerdings ist dort im allgemeinen eine künstliche Bewässerung erforderlich. Die Weine aus dem Gebiet östlich von Valparaiso gelangen unter dem Namen Panquehue und Errazuriz-urmeneta in den Handel. Nördlich von Santiago wachsen die besten Weine des Landes, die man irreführenderweise als Vinos Burdeos (Bordeaux) bezeichnet.
Die in Chile beheimateten Deutschen dürfen das Verdienst für sich in Anspruch nehmen, in der Mitte des vergangenen Jahrhunderts die chilenische Getränkeindustrie gefördert, aufgebaut und modernisiert zu haben.

Israel

Israel ist ein ausgebreiteter Weinstock

Aus einem der vorangehenden Kapitel ist zu ersehen, wie häufig der Wein und der Weinstock in der Bibel zitiert werden. Daraus könnte man folgern, daß in Palästina die Wiege der Weinwirtschaft zu suchen ist. Der Wein gehörte einstmals zu den sieben Besonderheiten des Heiligen Landes. Er wurde in die Länder der Alten Welt ausgeführt, und er spielte eine Rolle bei ritualen Anlässen. Nach der Vertreibung des israelischen Volkes gerieten die Weinberge rasch in Verfall. Die Kreuzritter, die dem Wein zugetan waren und ihn aus Zypern einführen ließen, regten vergeblich die Wiederaufstockung der Weinberge an. Den im Lande ansässigen Moslems, denen der Koran den Weingenuß versagt, wurde der Rebanbau und die Weinbereitung sogar verboten. 1882, mit dem Beginn der Kolonisation, trat eine Wende ein. Die neuen Siedler fanden heraus, daß Boden und Klima für den Weinstock wie geschaffen sind; sie legten daher neue Weinberge an. Baron Edmond de Rothschild förderte diese Bestrebungen ungemein, indem er zur Schulung der Siedler und Winzer französische Experten nach Israel sandte. Weite Gebiete in der Ebene von Judäa und an den Hängen von Samaria

wurden demzufolge wieder zu blühenden Weingärten, und es entstanden Kellereibetriebe in Richon-le-Zion und Zicro-Jacob. Im Jahre 1886 führte man aus Frankreich gute Rebsorten ein, wie z. B. Alicante, Cabernet, Muskat, Sauvignon und Clarette. 1906 gründeten die Winzer eine eigene Genossenschaftskellerei; Vertriebsstellen unter dem Namen »Carmel Oriental« wurden im In- und Ausland ins Leben gerufen.
Israel stellt Tafelweine, Dessertweine, Schaumwein und Traubensüßmost sowie Wein zur Essigbereitung, Weinbrände, Wodka und Likör her. Sämtliche Erzeugnisse stehen auf hoher Qualitätsstufe, so daß sie bei internationalen Prämierungen Preise erhielten.
Seit der Gründung des Staates Israel wurde die Weinbaufläche auf das Dreifache erweitert: auf 9400 ha werden über 400 000 hl Wein gewonnen, davon sechzig Prozent Rotwein. Hauptanbaugebiete sind die Ebene von Sharon, die Hügel von Samaria, die Berghänge von Galiläa und Judäa sowie die bewässerten Teile der Negev. Der Weinverbrauch im Lande ist bei nur 4,2 Liter pro Kopf der Bevölkerung im Jahr recht bescheiden. Der deutsche Jahresverbrauch liegt zwischen 20 und 21 Litern pro Kopf. Der Export betrifft in erster Linie die USA und England. Neuerdings werden Israels Weine auch auf Messen und Fachausstellungen in der Bundesrepublik angeboten. Sämtliche zu verkaufende Weine werden koscher*) auf Flaschen gefüllt.

Japan

So trinkt ihn denn und laßt uns
alle Wege uns freuen und fröhlich sein

Durch spekulative Käufe von Bordeaux- und Burgunderweinen ist Japan in allerletzter Zeit als Weinliebhaber in das Rampenlicht gerückt. So gering das Wissen über eine japanische Traubenweinerzeugung auch ist, so bekannt ist dagegen Japans berühmter Reiswein. Es gibt dort über 3500 Herstellerfirmen, sogenannte Sake-Brauereien, die eine halbe Million hl Reiswein bereiten. Fünf Arbeitsgänge sind bei der Bereitung zu unterscheiden:

---

*) Unter »Koscherwein« versteht man Weine, die von Beginn der Traubenkelterung an bis zur Abgabe an den Verbraucher nur durch die Hände von Israeliten gegangen, also von Andersgläubigen nicht berührt worden sind. Koscherwein kann nach den bestehenden Rabinatsvorschriften auch gezuckert sein; in diesem Fall darf nur indischer Rohrzucker verwendet werden

1. Dämpfen des Reises;
2. Erzeugung von Reishefe;
3. Gären des Reises;
4. Gewinnung von Moroni (Rohsake)*);
5. Bereitung von reinem Sake.

Die Herstellung dauert vier Monate: Sie beginnt zum Zeitpunkt der Reisernte (November) und endet im März des darauffolgenden Jahres, wenn die Kälte ihren Höhepunkt erreicht. Das hohe, kühlgehaltene Herstellungsgebäude, die sogenannte Sakagura, mit dicken Mauern und schmalen Fenstern dient nach der Vergärung des Reises als Speicher des reinen Sake. Dessen Bestandteile sind Reis und Wasser – beides muß an Ort und Stelle vorhanden sein. Das Wasser von Nada bei Osaka ist berühmt; es ist reich an Phosphor und Kalium, wodurch die Vermehrung der Hefe günstig beeinflußt wird. Der langkörnige weiche Settsumai-Reis aus dem Gebiet um Settsu (Reg.-Bez. Osaka und Hyago) dient als beste Qualität der Reisweinbereitung.
Der Alkoholgehalt für Handelsware beträgt 15 und 16 Vol.-%, der des unverdünnten Reisweins liegt zwischen 18 und 22 Vol.-%. Man unterscheidet herben und süßen Sake; er wird im allgemeinen heurig getrunken. Sake kann mit Eiswürfeln gereicht werden – im Herkunftsland trinkt man ihn, durch Heißwasserbad erwärmt, jedoch lauwarm im Tongefäß (Tokkuri).

Kalifornien

Dankbarkeit ist die schönste Tugend des Weintrinkers

Die kalifornische Traubenernte fällt in die Zeit von Juni bis November. Im Coachilla-Tal wird des heißen Klimas wegen frühzeitig gelesen, im kühleren Küstengebiet entsprechend später.
Für die Erzeugung von Weißweinen stehen die Traubensorten Sémillion, Sauvignon blanc, Colombard, Chardonnay, Palomino, Silvaner und Riesling zur Verfügung und für die von Rotweinen, z. B. Cabernet, Sauvignon,

*) Sake ist die japanische Bezeichnung für Reiswein, der eigentlich gar kein »Wein«, sondern ein Destillat ist

Pinot noir, Alicante-Bouschet und Reforso. An der Universität von Kalifornien in Davis gibt es einen Lehrstuhl der Önologie, auf den Professor Amerine berufen wurde.
Etwa sechzig Prozent der kalifornischen Weine bilden Typendessertweine, an deren Spitze sherryähnliche Weine stehen, die eine für sie zuträgliche Wärmebehandlung erfahren. Tafelweine mit Jahrgangsangabe dürfen nicht verschnitten werden. In den Vereinigten Staaten werden auf 250000 ha etwa 7,5 Mill. hl Wein erzeugt; man spricht in Kalifornien von 6,65 Liter Pro-Kopf-Verbrauch im Jahr. Erstmals in der Schweiz und damit in Europa sind im Jahre 1969 kalifornische Weine aufgetaucht; sie hießen Emerals dry Riesling, Rosé und Pinot noir.

Marokko

Künftig trinke ich nicht bloß Wasser

Seit zweitausend Jahren ist der Weinstock in Marokko beheimatet, wo Boden und Klima sein Wachstum begünstigen. Die Überlieferung besagt, daß die Römer den Befehl erließen, die marokkanischen Weinstöcke auszureißen, um ihre eigene Weinerzeugung damit nicht zu gefährden.
Der inländische Weinkonsum ist wegen der Auswanderung zahlreicher französischer Familien zurückgegangen. Wie die Algerier bevorzugen auch die Marokkaner warme Getränke, vorzugsweise grünen Tee mit Minze. Das Land ist daher auf Ausfuhr seiner Weinerzeugnisse angewiesen. Bei den Exportqualitäten handelt es sich um 85 v. H. Konsumrotwein, geringfügig nur Rosé und sehr wenig Weißwein. Der marokkanische Ernteertrag, der vor zehn Jahren noch bei 2 Mill. hl lag, ist in dieser Zeit um über die Hälfte abgesunken.
Man unterscheidet in Marokko zwei voneinander grundsätzlich verschiedene Weingegenden und Anpflanzungsarten. Zunächst sind es die traditionellen Rebflächen, die von der einheimischen Bevölkerung bearbeitet werden. Sie befinden sich in den Gebirgsgegenden des Rif, im Atlas und im Zerhoungebirge nahe den römischen Ausgrabungen von Volubilis, nördlich von Meknes.
Der traditionelle Weinbau ist nur von untergeordneter Bedeutung. Er ist in unebenen und darum schwer zu bewirtschaftenden Parzellen anzutreffen. Oft sieht man zwei, ja selbst drei Jahrhunderte alte Weinstöcke, deren

Tragfähigkeit wegen Überalterung, ungenügender Pflege und mangelndem Schutz vor Rebschädlingen (Reblaus) sehr begrenzt ist. Nachdem Marokko 1912 Protektorat wurde, begannen die Franzosen dort mit der Reaktivierung und Modernisierung des Weinbaus. An Rotweinsorten wurden Cinsault, Carignan, Grenache, Alicante-Bouschet und Cabernet angebaut. Die Weinbereitung aus diesen Sorten ergibt Qualitäten, die im Geschmack guten französischen Weinen nicht nachstehen. Der Weißweinmarkt hat in Marokko nur geringe Bedeutung.

Im Raum von Casablanca werden Roséweine gewonnen, die sogenannten »Zwiebelfarbigen«. Eine Eigenart unter den Roséweinen bilden die »grauen Weine« (vins gris). Es handelt sich dabei um solche von leichter Graufärbung, die im Umkreis von El Jadida (ex-Mazagan) und im Osten von Marrakesch erzeugt werden. Sie sind lachsfarbig, frisch, leicht, herb und sehr sauber ausgebaut.

Das Schwergewicht der marokkanischen Weinerzeugung liegt auf zwölfgradigen Rotweinen, die sauber, bekömmlich und reif sind. Die Reife der Trauben ist dank des Klimas so vorzüglich, daß kleine Konsumweine kaum auf den Markt kommen. Doch ist infolge der frühzeitigen Vollreife des Traubengutes zwischen Juli und September für spätreifende Sorten die Gärung der Moste so stürmisch, daß große Weine wie in Europa nicht erzeugt werden können.

Die bedeutendste Kellerei hat ein Fassungsvermögen von 500000 hl; sie wird nur noch von einer Großkellerei in Argentinien, der umfangreichsten in der Welt, überboten. Die Gärtemperatur, die bis auf 30° C ansteigt, muß vor allem sorgfältig beobachtet werden. Besondere Kühlanlagen sind erforderlich, um eine Vergärung des Mostes zu Wein in nur 48 Stunden möglichst zu vermeiden. In dieser kurzen Zeit können bereits zwei Drittel des vorhandenen Traubenzuckers vergoren sein. Die weitere Gärung benötigt dann sechs bis sieben Tage, so daß in einer ungewöhnlich kurzen Zeit von ein bis zwei Wochen Jungwein entstehen kann.

Die Hauptweinanbaugebiete Marokkos liegen im Umkreis der altertümlichen Städte Meknes und Fez. Die tiefdunklen Rotweine von Meknes haben einen guten Ruf. In Ostmarokko, im Raum von Berkane, gedeihen rosafarbige Weine und etwas Muskat, der in Afrika berühmt ist. Auch in der Gegend von Taza wird Wein angebaut. Im Osten von Rabat (Daiet el Eoumi) werden Weine erzeugt, die Ähnlichkeit mit Beaujolais besitzen. Bedeutend ist ferner der Anbau im Umkreis von Sidi Sliman, nördlich von Rabat. Die

Weinverschiffungen ins Ausland erfolgen von den beiden, nördlich von Casablanca gelegenen Spezialhäfen Kenitra und Fedala, die über die erforderlichen Einrichtungen verfügen. In den sogenannten »chais portuaires«, den Lagerkellern der Häfen, führen unterirdische bis 150 Meter lange Rohrleitungen zum Weinhafen. Durch diese modernen Zuleitungen werden die Weintanker in kurzer Zeit automatisch beladen.

Peru

Setzt sich der Wein hin,
stehen die Worte auf

Im 16. Jahrhundert wurde von dem Eroberer Francisco Carabantes die Rebe in Peru eingeführt. Heute beträgt die Erzeugung von Wein 250000 hl. Die Hauptanbaugebiete liegen in der Umgebung der Landeshauptstadt Lima: bei Ica, Chincha, Moquega, Tacna und Lacumba.
Das peruanische Klima ist für die Rebe nicht geeignet. Trotzdem sind die Weißweine als angenehm zu bezeichnen: sie sind leicht und blumig, während die roten Weine durch überhöhten Gerbstoff eine gewöhnliche Art aufweisen. Der Peruaner liebt vor allem sein Nationalgetränk »chicha«, das auf gezuckerter Maisbasis hergestellt wird; aber auch Dessertweine in der Art von Madeira und Jerez weiß er zu schätzen.

Südafrika

Den Leibkalten hitzt er an

In Südafrika wird im Raum von Kapstadt zwischen dem 33. und 34. südlichen Breitengrad Weinbau betrieben; in einem Gebiet, das so weit südlich vom Äquator liegt wie Algeriens Weinbaugebiet nördlich davon. Dieser Lage zufolge herrscht in Südafrika ein mildes, gemäßigtes Klima vor. Das Ernteergebnis liegt bei 4 Mill. hl auf einer Anbaufläche von 80000 ha.
Zwei voneinander verschiedene Landstriche sind zu unterscheiden: der Küstengürtel und die kleine Karoo. Der erstere erstreckt sich von der Küste bis an die beginnenden Bergketten. Dort gedeihen die Reben an den Hängen in leicht säurehaltigen Bodenarten aus Sandstein, Granit und Schieferton; es werden sowohl trockene Weiß- und Rotweine als auch Dessert-

weine von guter Beschaffenheit bereitet. Die bekanntesten Weinbauorte sind: Stellenbosch, Paarl, Malmesbury und Tulbagh. Der Weißwein neigt zum frühzeitigen Trockenwerden.
Das andere Anbaugebiet, die höher gelegene kleine Karoo, beginnt hinter der Drakenstein-Gebirgskette und dehnt sich bis an das Swartberggebirge aus. Das Klima ist dort etwas rauher, die Niederschlagsmenge geringer. Der alluviale Boden weist große Unterschiede auf, demzufolge sind auch die Weine dieses Gebietes sehr verschieden. Vorzugsweise werden Muskat und Brennweine bereitet. Worcester, Robertson, Montagu, Ladismith und Oudtshoorn heißen dort die bekanntesten Weinbauorte. Von Bismarck und Napoleon wird berichtet, daß sie »vin de Constance« in ihren Kellern lagerten. Paarl, nach dem auch viele Dessertweine benannt sind, bildet das große Zentrum des Weinbaus in Südafrika.
Die Weinlese findet in Südafrika zwischen Februar und April, meist unter idealen Witterungsverhältnissen, statt. Vorherrschende Rebsorten sind diejenigen, die wir aus Algerien und Marokko schon kennen. Der Riesling wird am Spalier gezogen. Zuckerung ist nicht erforderlich, dagegen aber Zugabe von Zitronensäure zur Säureanreicherung, um eine bessere Haltbarkeit zu erzielen.
Die südafrikanische Bevölkerung wird zunehmend weinbewußt; es darf kein Wein die Südafrikanische Union verlassen, wenn er nicht zuvor durch die Probe vom Ausfuhr-Kontrollausschuß für gut befunden wurde.

Tunesien

Er geht, als wenn alle Häuser sein wären

Die Weinerzeugung Tunesiens liegt bei 500 000 hl. Kommt man von Osten nach Tunesien, so sind die ersten Reb- und Olivenanlagen an dem kleinen Hafen Kelibia anzutreffen, wo Alexandrinischer Muskat angebaut wird. Sein starker parfümierter Duft ist für den Orient bezeichnend.
In Karthago befindet sich der große tunesische Weingarten, den ursprünglich punische Weinbauern anlegten. Die traditionellen Rebsorten wurden während der Kolonialzeit durch zeitgemäße Traubensorten ersetzt, wie z. B. die roten Sorten Grenache, Cinsault, Carignan, Muskat, Pinot noir, Cabernet und Alicante-Bouschet sowie die weißen Sorten Pedro Ximenez, Sémillion, Sauvignon, Clairette de Provence, Alexandrinischer Muskat und

Frontignan. Die Weinproduzenten haben sich in Genossenschaftskellereien vereint, dadurch sind die Erzeugnisse dort von guter Qualität.
Weiter nach Westen stoßen wir auf Weinbau in den Orten Bizerta, Mateur, Raf-Raf, Tébourba, Massicault, Sedjourni, Karthago, Khanguet, Grombalia, Bou Arkoub, Bir Drassen und Kelibia am Kap Bône. Auch am Golf von Tunis sowie im Süden des Landes, in Hammamet, Zaghouan, Thibar am Fuß der Berge von Téboursouk wird Wein angebaut.
Die tunesische Gesetzgebung schützt vor allem drei Typen von Wein: den Qualitätswein von Tunis (rot, weiß und rosé), einen elf- bis dreizehngradigen Wein, der mindestens ein Jahr gelagert sein muß, den Tunesischen Muskat aus Rades oder Thibar und den Qualitätswein mit kontrollierter Herkunftsbezeichnung.

Türkei

Trinke täglich Wein,
dann wirst du gesund sein

In Anatolien, das vielfach als Wiege der europäischen Weinerzeugung gilt, werden 500000 hl Wein gewonnen. Ein großer Teil der geernteten Trauben gelangt als Tafeltrauben zum Export. In Thrakien, am Marmarameer, bei Izmir und in Anatolien werden weiße und dunkelrote Tafelweine produziert. Auf die internationalen Märkte kommen vor allem der anatolische Buzbag und Tafelwein aus Thrakien. Von den roten Qualitätsweinen sind die Sorten aus Adabag und Kalebag hervorzuheben. Die Türken schätzen zumeist die süßlichen Sorten, auf dem Etikett durch die Bezeichnung »sarap« erkennbar. Unter den roten türkischen Dessertweinen finden die Typen aus Tekel Gaziantep und Tekel Kalebag Ankara und unter den weißen Weinen der Tekel Misbag Izmir Beachtung.

Uruguay

In vielen Fällen ist den Menschen
der Wein aber notwendig

Obwohl das Nationalgetränk Uruguays der Mate ist, konnten Liebhaber des Weins gewonnen und die Weinerzeugung in den letzten zehn Jahren verdoppelt werden; sie beläuft sich gegenwärtig auf 850000 hl.
Hauptsächlich wird im Süden des Landes von vielen kleineren Erzeugern Wein angebaut; ihre Zahl wird mit über 7000 beziffert. Die Anbauzonen

sind im Raum von Canelones, ferner um die Landeshauptstadt Montevideo, in San José, Colonia, Paysandú, Florida und Maldonado anzutreffen. Die Winzer haben sich zu großen Genossenschafts-Bodegas, die mit modernsten Einrichtungen versehen sind, zusammengeschlossen. Die Rebe wurde Ende des vergangenen Jahrhunderts eingeführt. Die dort angebaute Rebsorte Harriague, in der übrigen weinerzeugenden Welt unbekannt geblieben, stammt aus den französischen Pyrenäen, wo sie unter dem Namen »tamat« geläufig ist. Dort wird ein kräftiger Rotwein von brauchbarer Qualität erzielt, jedoch stammen die besten Weine aus den bekannten Rebsorten Alicante, Carignan, Grenache, Barbera, Nebbiolo und Cinsault. Von den Weißweinen sind die aus Sémillion, Weißburgunder und amerikanischer Isabella neben einigen Hybriden*) die bevorzugten; letztere ergeben einen nur gewöhnlichen Landwein. Im übrigen gibt es in Uruguay weder eine methodische Einstufung der einzelnen Erzeugnisse noch irgendeinen gesetzlichen Schutz.

Zypern

Für Ernste,
die heiter werden wollen

Der Weinhandel von Zypern mit Ägypten, Griechenland und Rom war schon im Altertum bekannt. Nach dem Niedergang des Oströmischen Reiches im Jahre 476 verfiel die Weinkultur; sie wurde erst durch die Kreuzfahrer wieder belebt. Den wesentlichen Aufschwung erfuhr der Weinbau nach dem Jahre 1571, als die Türken Zypern in Besitz nahmen. Im Südosten der Insel, an den Berghängen von Troghodhus und Mekhera, werden Tafelweine erzeugt, von denen vor allem die roten Weine von Alfames und Othello kräftig und gerbstoffhaltig sind. Trockene Weißweine stammen aus Afrodita und Ansinoé. Auch ein halbsüßer, frischer Roséwein aus Kokkinella ist bekannt. Heute werden etwas mehr als 1 Mill. hl geerntet.
Der beste zypriotische Wein ist zweifelsohne ein Dessertwein, Commandaria genannt, der vornehmlich in den Weinbauorten Kolokhono, Zoopiyi, Yeress, Ayias und Mancas bereitet wird. Man sollte in diesem Zusammenhang auch nicht vergessen, daß es Weinerzeuger von Zypern waren, die im 15. Jahrhundert die ersten Reben nach Madeira brachten.

---

*) wild wachsende Trauben, d. h. keine gezüchteten Keltertrauben. Weine aus Hybriden sind nach dem Weingesetz in Deutschland nicht verkehrsfähig; diese Weine haben einen fremdartigen, sogenannten Fox- oder Wanzengeschmack, der abstoßend ist

HERBERT DE BARY

Eigenarten der europäischen Weine

Format 15,3 × 21,2 cm, Umfang 196 Text- und 116 Bildseiten; Ganzleinen gebunden; mit vierfarbigem, laminiertem Schutzumschlag, DM 24,80

Das Buch »Eigenarten der europäischen Weine«, Verfasser Herbert de Bary, erscheint bereits in der 15. Auflage. Es vermittelt in leicht verständlicher Form – mit anschaulichen Bildern aus europäischen Weinbaugebieten und Übersee reich illustriert – der Praxis die nötige Kenntnis und Übersicht. Europas Weinbaugebiete mit ihren Gepflogenheiten, die Hauptumschlagsplätze, die Bezugsquellen sowie die üblichen Bezeichnungen der einzelnen Sorten in den verschiedenen Ländern werden behandelt, darüber hinaus Schaumweine, Champagner, Weinbrand, Cognac, Wermutwein und Apéritif. Auch Obst- und Beerenweine sowie Süßmoste sind gestreift. Desgleichen die modernen Erkenntnisse der Weinanalytik und welche Weine am besten zu welchen Speisen gereicht werden. Auch die Tendenzen des neuen Weingesetzes werden aufgezeigt.
Der Verfasser hat sein Leben dem Wein gewidmet. Er kennt die europäischen und afrikanischen Weinbaugebiete aus eigener Anschauung. Er hat seit 1929 täglich Wein gekostet, so daß er als Sachverständiger ein Güte- und Werturteil über Echtheit, Arteigenheit und Preis abzugeben vermag.
Alle am Wein interessierten Kreise, vom Importeur bis zum Gastronomen, vom Vertreter und Verkäufer bis zum Mundschenk und Kellner sowie der Weinfreund selbst, werden wertvolle Anregungen aus diesem Handbuch schöpfen. Darüber hinaus gilt es, trotz Sport und Automobilismus den Nachwuchs für unseren alten gemeinsamen Freund, »den Wein«, zu gewinnen, zu schulen und ihn auch mit der überkommenen kulturellen Seite des Weingenusses vertraut zu machen.

ORION-HEIMREITER-VERLAG GMBH